KB117734

병자호란

일러두기

1. 중국 지명은 한자 독음으로 적었습니다.
2. 당시를 기준으로 후금에 속한 지명은 만주어 발음으로 쓰되, 일부 지명은 한자 독음을 함께 적었습니다.
3. 여진족 인명의 경우 만주어 발음으로 쓰되, 독자들에게 한자 독음이 익숙한 인명은 한자 독음으로 쓰고 만주어 발음을 함께 적었습니다.
4. 작품 내에 등장하는 연월일은 실록 등의 사료에 따라 음력으로 표기한 것입니다. 또한 사료의 국역은 저자가 의역한 것입니다.

임용한
시간순삭
전쟁사

1

병자호란

그냥 지는 전쟁은 없다

임용한·조현영 지음

아, 태평한 세월이 오래되어 국방을 잊었다. 장수들은 시간만 때우며, 보직 이동만 기다린다. 군인명부의 반은 비었고, 군사는 훈련하지 않는다. 성곽은 무너지고 해자는 메워졌다. 조정에서 다른 관료들에게 이런 이야기를 하면 '우리에겐 명이 있다.'라고 하거나 '우리는 성리학의 도를 지키는 나라이니 하늘이 도울 것이다.'라고 말한다.

《홍길동전》의 저자 허균이 쓴 〈서변비로고〉에 나오는 구절이다. 허균은 1592년 임진왜란이 발발하자 노모와 만삭의 아내를 이끌고 함경도로 피란했다. 스물두 살의 아내는 산고로 세상을 떠났고, 갓 태어난 첫아들마저 죽었다. 허균은 이 기억을 평생의 트라우마로 안고 살았다. 비단 허균뿐이었을까? 그렇게 군대 없는 나라의 비극을 처절하게 경험했지만, 10년도 지나지 않아 이런 절규가 터져 나온 것이다. 잊기만

한 것이 아니다. 더 위험한 전쟁의 징후가 다가오고 있는데도 아무도 신경 쓰지 않았다.

중국통 허균의 예언이 맞아떨어진 전쟁, 병자호란. 허무하게 패망했지만 우리에게 큰 통찰을 남긴 전쟁이다. 병자호란은 치욕의 역사이고 누가 보아도 짜증나는 이야기만 가득하다. 하지만 우리 역사상 가장 교훈이 풍부한 사례이기도 하다. 지난 400년간 우리의 지성을 옥죄어 온 국수주의, 주관적 애국, 정신승리와 마녀사냥의 풍토에서 빠져나오지 못하면 우리에게 미래는 없다. 이것이 병자호란사를 쓰는 이유이자 목적이다. 지금껏 알던 병자호란 이야기 뒤에 숨은 행간을 많은 분들과 함께 나누기를 바란다.

차례

1부 동북아를 뒤흔든 전쟁의 시작

2부 산성에 닥친 전쟁의 파도

1부

동북아를 뒤흔든 전쟁의 시작

"도망쳐서 피하고자 하면
여진의 기병이 바람처럼 휩쓸어
남아나는 백성이 하나도 없을 것이다."
…
명 관리가 조선 사신에게 한 전언

01 누르하치의 등장

만주 땅에 중원을 노리는 자가 있었다

'두고 봐라. 나 누르하치가 모든 여진 부족을 복속시키고 말 것이다.'

누르하치는 건주여진의 추장으로, 뛰어난 용사였다. 당시 명은 만주의 여진족을 건주여진, 해서여진, 야인여진으로 구분했는데, 이들 안에는 또 여러 부족이 있었다. 누르하치는 야심을 감춘 채 야금야금 세력을 확장해가고 있었다.

와신상담

'요동에서 여진을 견제하라!'

명은 만주의 여진족을 견제하기 위해 요동에 고려의 피가 섞인 이성량이라는 군벌을 키웠다. 이성량은 명 군대의 힘으로 여진족을 위압하는 한편 여진 부족 간의 알력을 조장하며

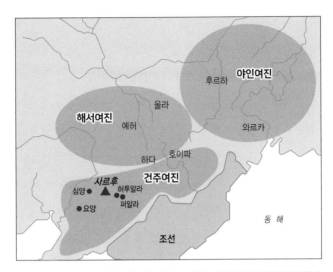

17세기 초의 만주 조선의 북쪽에는 건주여진이, 그 위로는 해서여진과 야인여진이 있었다. 여진족은 조선과 명 사이에 있다는 지리적 이점을 이용해 모피와 인삼을 거래하며 부를 축적했다.

이를 이용해 만주에 군림했다. 임진왜란 때 조선에 온 명군 사령관으로 잘 알려진 이여송이 바로 이성량의 아들이다.

1583년 누르하치의 조부와 부친이 이성량군 병사에 의해 사살되는 사건이 발생한다. 이 사건의 진상은 명확히 밝혀지지 않았지만, 이성량이 고의로 살해한 것이 아니라 전투 중 발생한 사고였다는 것이 정설이다. 이 사건에는 누르하치의 숙적이었던 건주여진의 추장 니칸 와일란이 연관돼 있었다. 어쨌든 이성량은 누르하치에게 큰 빚을 졌고, 누르하치는 이 악연을 역으로 이용했다. 원한을 마음속에 숨긴 채 이성량의 호의를 받아들였고, 이성량의 아들들과 의형제처럼 지내며 큰 신임을 얻었다. 이성량으로서는 고맙기도 하고 기특하기도 했다. 누르하치는 숨긴 것이 아니라 정말로 마음속에서 원한을 비웠을 수도 있다. 누르하치에게 중요한 것은 개인적인 원한이나 복수가 아니라 거대한 야망이었다. 이를 위해서라면 원수도 이용해야 하니, 원수에게 의리와 은혜를 베풀 수도 있었다.

누르하치는 1583년 니칸 와일란에게 전쟁을 선포하고 그를 악착같이 추적하면서 그에게 동조하는 부족을 하나하나 격파하거나 합병했다. 전쟁의 명분은 할아버지와 아버지의 원수인 니칸 와일란에 대한 복수였다. 탁월한 선택이었다. 이 명분을 내세우지 않았다면 명은 누르하치의 정복전쟁에 바로 제동을 걸었을 것이다.

니칸 와일란도 건주여진의 통합을 추구하던 누르하치 못지않은 야심가였다. 하지만 지도력, 전투력 등 모든 면에서 누르하치의 상대가 되지 못했다. 그는 이리저리 후퇴를 거듭하다 누르하치에게 자신의 세력을 조금씩 내어주고 만다.

만주에 부는 칼바람

1586년 옛 고구려의 중심 지역인 혼하 강변에서 최후의 결전이 벌어진다. 누르하치는 니칸 와일란의 최후 거점인 아르혼을 공략했다. 치열한 접전 끝에 요새를 함락했지만, 누르하치 자신도 30여 곳에 상처를 입을 정도의 혈투였다.

니칸 와일란은 탈출에 성공해 명 수비대 진영을 향해 달아났으나 누르하치의 추격대는 그가 명 진영으로 들어가기 직전에 붙잡아 명군이 보는 앞에서 살해했다. 명 수비대는 이 광경을 그저 바라만 보고 있었는데, 누르하치의 위력에 겁을 먹었든가 복수극에 간여할 필요가 없다고 생각했을 것이다. '여진족이 서로 싸우고 죽이는 건 적당히 방치하고 적당히 간섭한다.' 전형적인 '이이제이' 수법이다. 하지만 이들은 누르하치가 이를 역으로 이용하고 있다는 사실은 간파하지 못했다.

교묘하게 힘을 키워가던 누르하치는 확신했다. '명의 황제는 눈과 귀가 멀었음에 틀림없다. 거리낄 이유가 없다.' 그는 명을 거뜬히 속여 넘기고 건주여진을 통일했다. '부패로 빛을 잃은 것인가, 무능으로 길을 잃은 것인가! 어쨌든 나의 시대가 다가온다.' 누르하치는 무릎을 꿇는 족장들을 보며 조용히 웃었다.

명의 전성기였다면 밀실정치의 대가 영락제는 물론 어느 황제라도 누르하치의 복수극을 방치하지는 않았을 것이다. 누르하치와 그의 아들들은 이때 명의 행태에 고마움(?)을 느끼면서도 그들이 준 교훈을 뼛속 깊숙이 새겼던 것 같다. 훗날 후금을 건국한 뒤에 황제는 자녀들에게 이렇게 가르쳤다.

"명이 망하는 광경을 잘 보았느냐? 너희들은 절대로 저렇게 되어서는 안 된다."

누르하치가 명의 보호관찰을 뚫고 비상하자 남은 여진족들이 속속 그에게 귀순했다. 1588년 9월 누르하치는 지금의 하얼빈 유역을 정복했다. 이는 무엇을 의미하는가? 바로 1115년 정복왕조인 금을 세웠던 전설의 여진족장 '아골타(아쿠타)'의 재림이었다.

심지어 아골타를 넘어섰다. 아골타는 거란족의 세력권 밖이던 만주 동쪽 깊숙한 땅에서 힘을 모아 나라를 세웠지만 누르하치는 명의 눈과 이빨 바로 아래에서 만주와 간도를 제패했다.

'금은 간신히 중국의 반을 삼켰지만, 나에게는 그 이상의 운명이 기다리고 있다는 계시가 아닐까?' 누르하치, 이 야심가의 심장은 세차게 뛰었을 것이다.

누르하치를 어찌 대적할 것인가?

1592년 일본의 도요토미 히데요시가 약 20만 대군을 앞세워 조선을 침공했다. 위기감을 느낀 명은 조선과 지척지간에 있던 요동 총병 이성량의 병력을 동원하고, 그의 아들 이여송을 총사령관으로 임명했다. 이여송은 평양성을 탈환하는 공적을 세우지만, 다음 해에 벽제관 전투에서 일본에 패하면서 크게 자신감을 잃는다. 그러자 명은 이여송을 요동으로 돌려보내고, 대신 왜구와의 전투에서 명성을 날린 절강성 부대를 투입했다.

시간상 불가능했겠지만, 만약 임진왜란 발발 당시 명이 요동군 대신 처음부터 절강군을 투입했더라면 역사는 어떻게 달라졌을까? 실제로 이성량의 요동군이 조선에 투입되면서 자연히 여진족에 대한 명의 견제는 더욱 약해졌고 이는 여진족의 비상에 발판으로 작용했기 때문이다.

기우는 저울

누르하치는 기회를 놓치지 않았다. 임진왜란이 진행되는 동안 그는 신속하게 동진해 건주여진의 라이벌 부족들을 빠르게 제압해 나갔다. 만주와 몽골의 접경지대에 사는 몽골족 일부도 그에게 복속했다. 누르하치는 몽골 전사들을 높이 평가했다. 화약 무기의 발달로 몽골 기병들은 점차 시대에 뒤처진 군대가 되어가고 있었지만 중소 규모의 전투에서는 여전히 최강이었다. 요동으로 돌아간 이여송도 1597년 현재의 내몽골 지역에서 몽골 차하르부와 싸우다가 포로가 되어 처형되었을 정도였다.

명은 사태의 진상을 뻔히 알면서도 누르하치보다 오히려 이성량을 견제했다. 임진왜란 발발 1년 전인 1591년에 명 정부는 이성량을 파면했다. 군비 유용, 인사권 남용 등이 죄목이었다. 이성량의 죄상이 거짓은 아니었겠지만, 이 시대에 총병쯤 되면 누구라도 법대로 군대를 경영할 수만은 없었다. 한마디로 걸면 걸리는 게 이 시대의 법이다.

이런 상황이니 그 누구도 누르하치에게 손을 쓸 수가 없었다. 이성량과 그의 아들들이 누르하치가 품고 있는 원한과 야심을 알아차렸을 때는 이미 호랑이가 우리를 벗어난 후였다.

조선에 군이 없다

"농이 지나치군. 그래봐야 오랑캐 아닌가?"

조정 관료들은 물론 친구들조차 자신의 말을 믿어주지 않자 허균은 답답하다 못해 절망스러웠다. '아, 북방에서 직접 들은 이야기이거늘!' 하지만 허균은 포기하지 않고 1608년 누르하치의 침공을 경고하는 〈서변비로고〉와 〈병론〉을 썼다.

세상에 군대 없는 나라는 없다. 군대 없이 유지되는 나라도 없다. 그런데 신기하게 그런 기적적인 나라가 하나 있다. 조선이다. 변변한 군대도 없이 전쟁으로 단련된 왜군의 침략을 이겨냈다. 나도 가족을 잃었고, 수많은 억울한 죽음이 있었지만, 그래도 이건 기적이다. ─〈서변비로고〉

'기적적인 나라, 조선'. 이 말은 반어법이다. 기적은 한 번 이상 일어나지 않는다. 그런데 조선은 그 처절한 전쟁을 겪고도 변하지 않았다.

아, 태평한 세월이 오래되어 국방을 잊었다. 장수들은 시간만 때우며, 보직 이동만 기다린다. 군인명부의 반은 비었고, 군사는 훈련하지 않는다. 성곽은 무너지고 해자는 메워졌다. 조정에서 다른 관료들에게 이런 이야기를 하면 "우리에겐 명이 있다."라고 하거나 "우리는 성리학의 도를 지키는 나라이니 하늘이 도울 것이다."라고 말한다.

— 〈서변비로고〉

우리는 교과서에서 이렇게 배웠다. "조선은 전란 중에도 만주의 동향을 예민하게 관찰했다. 임진왜란 후에는 군제 개혁을 실시했다. 훈련도감을 급료병 체제로 전환하고, 국방력 강화를 위해 노력했다."

허균은 그 시대에 살았고, 병조 관원으로도 근무했던 사람이다. 그렇다면 어느 쪽이 진실일까? 정말 조선에는 군대가 없었던 걸까? "군대가 없다."라거나 "임박할 전란을 대비하지 않는다."라는 말이 군대와 병사가 아예 없다는 말은 아니다. "전란에 대비하고 준비는 하고 있지만, 준비가 몹시 허술하며 현재 조선의 군사력이 그들을 상대할 능력이 되지 않는다."라는 말이다. 조선은 임진왜란 전에도 당연히 대비를 했다. 성벽을 수선하고 군사를 훈련했지만 왜군은 허약한 성을 가볍게 넘었고, 군사들은 실전에서 상대가 되지 않았다. 다행히 수군만은 역량이 있었기에 전세를 유지할 수 있었던 것이다.

그렇다면 조선에는 군대가 없다는 말의 진의는 무엇일까? 누르하치와의 전쟁은 당연히 지상전이 중심이 될 것이다. 이순신이 환생한다고 해도 수군의 활약을 기대할 수는 없다. 이런 상황에 조선의 성과 육군이 여진과 몽골의 기병을 막을 수 있을까? 허균은 불가능하다고 판단했다.

"여진 기병은 10일이면 평양에 도달할 것이다." 이것이 허균이 조선에 군대가 없다고 한 이유이다. 그의 진의는 승산 있는 군대가 없다는 것이었다.

여진의 침입을 경고하고 나선 허균처럼 전략적인 식견이 있는 사람이 아주 없지야 않았지만 대다수는 "여진은 기병이 다수고 수전에 약하니 강화도로 피란하면 된다."라거나 "안동으로 피란하면 안전하다."라고 했다. 허균은 그 사고의 허술함에 다시 한 번 절망한다. 그는 "우리가 갈 수 있으면 적도 올 수 있다."라고 반박했지만 이 역시 통하지 않는다. 이때가 놀랍게도 임진왜란이 끝난 지 10년도 채 되지 않았을 때였다. 아무리 인간이 망각의 동물이라지만, 어떻게 이런 일이 벌어질 수 있었던 걸까?

오랑캐 원병

"조선에 원병을 보내겠다고 전하라."

조선에서 임진왜란이 터졌을 때 누르하치는 이를 기회로 삼으려고 했다. 조선과는 그리 친하지 않은, 오히려 껄끄러운 사이에 가까웠으나 그의 야망에 사적인 감정은 문제가 되지 않았다.

"이게 무슨 일이오! 오랑캐의 원병이라니!"

조선도 당연히 누르하치의 세력 확장은 알고 있었다. 하지만 명이 잘 관리하고 있을 거라 믿었는데 어느새 이 누르하치라는 인물이 건주여진을 통일하고, 이제는 한술 더 떠 조선에 원병을 보내겠다는 소식이 전해진 것이다. 당연히 대신들은 펄쩍 뛰었다.

좌의정 윤두수는 "중국에서 보낸 자문을 읽었더니 누르하치가 우리를 구원하러 온다는 말이 있었습니다. 그 말이 사실이라면 우리나라는 멸망할 것입니다."라고 했으며 호조판서 이성중은 "누르하치가 오는 일은 반드시 신속히 막아야 합니다. 요동에 문서를 보내거나 사신을 파견하는 것이 좋겠습니다."라고 했다.

단 한 명의 원군도 절실하던 그때에 강력한 여진 기병이 자진해서 참전하겠다는데도 거부했을 만큼 원래 건주여진에 대한 조선의 경계심은 강했다.

단순히 아무것도 몰라서 이런 경계심이 풀어진 건 아니었다. 오히려 알고 있긴 했으나, 너무 피상적으로만 알았기 때문이었다.

누르하치의 진의를 파악하라!

압록강변에 위치한 도시 만포. 이곳은 이전부터 밀무역자나 불법 월경자들이 많아 긴장감이 팽팽한 곳이었다. 1595년 7월, 이곳에 갑자기 누르하치가 보낸 사신이 나타나 서신을 건넨다.

"4월에 건주여진 병사들이 무단으로 월경한 조선인 14명을 체포했는데, 이들을 아무런 대가 없이 돌려보내겠다. 아울러 이 일을 계기로 앞으로 양국이 우호적 교류를 나누기를 희망한다."

누군가가 이전에 하지 않던 행동을 갑자기 하면 분명 흑심이 있는 것이다. 조선은 이때부터라도 건주여진 전담부서를 만들어 첩보를 수집하고 세심한 연구를 했어야 했다. 조건도 좋았다. 건주여진이 그리 멀리 떨어져 있지도 않은 데다 누르하치는 교역을 원했다. 명도 이 교역을 적극 반대하지도 않을 터였다. 더욱이 이때까지만 해도 누르하치는 이성량의 아들들과 형제처럼 지내고 있었다. 아들 중 하나인 이여송은 임진왜란 중에 요동으로 철수했고, 이 일로 조선 조정과 이여송 사이에 앙금이 생겼지만, 그렇다고 조선과의 관계가 파국으로 치달은 것은 아니었다. 오히려 자기 명예회복을 위해서는 조선의 도움이 필요하다고 여겼다. 상황을 종합해보자면, 이때 조선은 요동의 이씨 가문을 통해 누르하치의 정보를 수합할 수도 있었다는 얘기다.

그리고 무엇보다 최고의 정보원들이 가까이에 있었다. 바로 누르하치에 패전한 여진 부족인들이었다. 하지만 안타깝고 불행하게 조선은 이런 여러 기회를 활용할 생각조차 하지 않았다.

결국 조선은 호의에 감사하지만 명의 법에 따라 조선과 건주여진의 교류는 곤란하다는 답신을 보냈다. 그마저도 응답조차 하지 않으려다가 꽤나 고심한 끝에 마지못해 보낸 것이다. 지금 조선은 전란 중이니 불필요하게 여진을 자극할 필요가 없다는 생각에 그나마 작은 성의를 보인 것이었다.

계획된 비극

1595년 10월, 누르하치의 제안을 튕겨낸 조선에서 바로 사건이 벌어진다. 위원군(평안북도 북쪽)에 여진인 27명이 몰래 삼을 캐러 들어왔다가 조선군에게 발각됐다. 조선 측 기록에 따르면 이들이 삼을 캐어 가고, 들판에 있는 소도 약탈했다고 한다. 순박한 민간인이 아니라 약탈자 집단이었을 수도 있고, 조선군에게 쫓겨 도망다니다가 굶주림에 소를 잡아먹었을 수도 있다. 어쨌든 약탈 사건이 벌어지자 군수 김대축은 이들을 '위험한 범죄자 그룹'이라고 단정하고 현장에서 모조리 사살한다.

사태는 불안하게 돌아가고 있었다. 사실 누르하치의 서신이 왔을 때부터 선조는 누르하치의 침공 가능성을 심각하게 우려했다. 건주여진은 과거 조선이 그들을 공격했던 일을 잊지 않고 있을 것이고, 어쩌면 교역은 단순히 핑계일지도 모른다고 생각한 것이다. 선조는 신하들에게 이렇게 말했다.

"누르하치의 일도 크게 근심스럽다. 저들이 군비를 증강하고 있다. 만일 저들이 강이 얼어붙을 때를 기다려 침공한다면 오랑캐의 기병이 우리 땅에 가득 퍼질 것이다. 이렇게 되면 우리는 앞, 뒤로 적을 맞게 되어 망하고 말 것이다."

혹시나 했는데 역시나였다. 여진인 학살에 노한 누르하치가 조선 침공을 준비하고 있다는 첩보가 들어왔다. 11월경 통역관 하세국이 누르하치의 근거지 퍼알라에 파견되었다가 숙소에서 우연히 여진인 학살 사건의 유일한 생존자를 만났는데, 그와 그 집안사람들이 이런 첩보를 전해줬다는 것이다.

학살 사건의 여파로 퍼알라의 주민들 사이에 그런 소문이 돌았을 수도 있지만, 누르하치 쪽에서 의도적으로 흘린 공작이었을 가능성이 높다. 그런데도 조선은 사태를 단순하게 판단해버린다. '여진은 야만적인 부족이라 복수에 집착한다. 그 부족 사람들이 조선 관원에게 학살당했으니 겨울에 강이 얼면 바로 쳐들어오겠구나!'

조선의 판단대로 누르하치가 정말 불미스런 사건 한 번에 욱해 조선을 침공하려 했을까? 당시 만주 정세를 살펴보면 누르하치가 조선 침공을 감행할 이유는 전혀 없었다. 그는 감정에 동요되지 않고 전략을 한 단계씩 실현하는 능력이 탁월했다. '건주여진 통합'이란 1단계 목표를 달성하고, 나머지 여진과 몽골 부족을 복속시키는 과정에 있었는데 이런 때에 조선 침공은 전력을 낭비하고 샛길로 빠지는 행위일 뿐이었다.

더욱이 그가 가장 신경을 쓰는 일은 따로 있었다. 여진이 충분한 힘을 축적하기 전에 명의 의심을 사지 않는 것! 조선 침공은 이 모든 일을 수포로 돌아가게 하고, 사방에 적을 만들 뿐이었다. 하지만 조선은 이런 전략적 분석을 할 여유가 없었다.

오랑캐가 사는 성

그 당시 조선은 우물 안의 탁상에서 편협한 상식에만 의존해 판단하다 보니 국제정세라는 다원적 축을 보지 못한다는 고질적 문제점을 안고 있었다. 그래서 첩보 한 통을 단선적인 개연성만으로 해석하고 판단했다.

"야만적인 여진을 자극했으니 복수를 하겠구나. 당장 사신단을 꾸려라!"

침공 소식에 화들짝 놀란 조선은 급히 사신단을 꾸린다. 이 위험한 임무를 맡기려면 담력과 판단력, 또 친화력도 있는 인물이어야 했다. 낙점된 주인공은 무과에 급제한 뒤 남부(한성에 있던 동·서·남·북·중 5부의 하나)의 주부로 근무 중이던 신충일이었다.

신충일의 사신 파견은 조선으로서는 야만족이 활동하는 오지로 들어가는 모험적 행로였다. 외교라면 매사에 소극적이던 조선이 오지 탐험에 맞먹는 용기를 보인 이유는 누르하치의 위험을 그만큼 심각하게 여겼기 때문이다. 조정에서는 명군의 호위 없이 신충일 단독으로 누르하치의 영역에 들어가는 것은 위험하다고 판단해 여러 차례 회의를 거듭했다. 결국 통역관을 먼저 보내 안전을 확약받고서야 신충일이 압록강을 건넜다.

안전조치는 아무리 해도 부족하지 않다고는 하지만 만포에서 허투알라(현재 무순시 흥경)까지가 정말로 그런 오지는 아니었기에 이런 반응은 좀 지나치지 않았나 싶다. 더욱이 누르하치가 조선인을 본 적 없는 문외한도 아니었는데 말이다.

1595년 12월 신충일은 만포에서 압록강을 건너 허투알라로 향했다. 후금의 수도로 알려진 허투알라는 심양의 동쪽에 위치하는데 만포에서 허투알라까지는 150킬로미터 정도의 여정이었다. 허투알라에는 누르하치가 세운 허투알라 성城이 있다. 필자는 십여 년 전 만주 답사 중에 허투알라를 지나간 적이 있는데, 일정 변경으로 방문하지는 못했다. 너무 아쉬웠지만 그날 성을 보았다 한들 신충일의 여정을 묘사하는 데 도움이 되진 못했을 것이다. 최초의 수도는 따로 있기 때문이다. 허투알라를 세우기 전에 누르하치가 터를 잡았던 최초의 수도는 퍼알라이다. 허투알라에서 2.5킬로미터 정도 떨어진 곳으로, 지금은 흔적도 없지만 당시 신충일의 목적지는 사실 이곳이었다.

'영락없는 여진족장의 성이구만.' 출발 일주일 뒤 퍼알라에 도착한 신충일은 속으로 이렇게 말했다. 외성의 둘레는 겨우 10리(약 4킬로미터), 내성은 2리(약 800미터) 정도로밖에 보이지 않았다. '돌로 성을 쌓으면 무엇하는가, 제대로 된 건물 하나 보이지 않고, 성벽에는 문루(주변 정찰을 위해 문 위에 지은 누)조차 없구나.'

외성은 돌을 위로 2~3자쯤 쌓은 다음에 연목을 깔고, 다시 돌로 2~3자를 쌓은 뒤에 연목을 깔았습니다. 높이는 10여 자 남짓하고, 성벽 안팎은 모두 진흙으로 발랐습니다. 성벽에는 성첩도 활터도 격대도 해자도 없었습니다.

—《건주기정도기》◆

성문은 나무판자를 조립한 것이었고, 자물쇠도 없어서 나

◆ 신충일은 귀국 후에 《건주기정도기》라는 기행문을 남겼다. 만족할 만큼 풍성한 기록은 아니지만, 여기에는 누르하치의 생김새부터 퍼알라 성의 구조, 병력 등 명과 청 어디에도 없는 기록들이 있어서 청 건국기 연구에 귀중한 자료가 되고 있다.

무빗장을 걸었다. 고려시대 이전의 여진, 즉 말갈에 관한 기록에는 철기가 없고, 쇠를 다룰 줄 모른다고 쓰여 있다. 설마 이때까지도 철을 다루지 못했을 리 없겠지만 허름한 성을 보고는 여진이 여전히 가난하고, 철기가 부족하다는 인상을 받았을 수 있다.

외성 성문 위에는 문루가 세워져 있었지만 초가지붕이었다. 심지어 내성에는 문루조차 없었다. 대신 내성 성벽 위에는 성첩(성벽 위에 덧쌓은 낮은 담)도 있고, 중간중간 판자로 세운 간이 초소들이 있었다. 내성 안에는 다시 목책(말뚝을 박아 만든 울타리)을 두른 구역이 있는데, 그 안에 차마 왕궁이라고 하기 어려운 누르하치의 거주지가 있었다. 퍼알라에 대한 신충일의 인상은 한마디로 '방어력이 보잘것없다'는 것이었다. 성을 방어하는 건물도 없고 내성문은 밤에 닫지도 않았다. 닫아봤자 마음만 먹으면 쉽게 부서뜨릴 수 있는 수준이고 목책은 민가의 울타리 수준에 불과했다.

그리고 가장 마음에 드는 정보는 퍼알라에 글을 아는 자가 거의 없다는 사실이었다. 신충일은 글을 아는 자가 자신의 접대를 담당했던 3명뿐이었다고 증언했다. 그중 한 명은 귀화한 중국인으로, 문서 업무를 담당했다. 신충일은 그와 필담을 시도해 보았는데, 한자를 알 뿐 대화가 되지 않을 정도로 학식이 낮았다.

조선 관료들은 학식이 낮다는 말을 두 가지 의미로 이해했다. '탐욕스러워 힘을 얻으면 못할 짓이 없다.'라는 의미와 '약탈은 하지만 지배는 못한다.'라는 의미이다. 따라서 신충일은 이렇게 판단했다. '이들이 조선을 침공한다면 목표는 약탈이다. 점령지에 눌러앉아 통치할 엄두는 내지 못할 것이고, 설령 통치한다 하더라도 오래가지는 못할 것이다.'

족장의 얼굴

신충일은 눈에 보이는 장면 장면을 기억에 새기며 퍼알라의 중심부로 들어갔다. 드디어 누르하치가 조선에서 온 사신을 만나기 위해 등장했다. 신충일은 그의 인상을 이렇게 기억했다.

누르하치는 살이 찌지도 마르지도 않았지만 체격은 건장했습니다. 코가 곧고 컸으며, 얼굴빛이 쇳빛이고 길쭉했습니다.

이것은 누르하치의 모습에 관한 조선에 남아있는 유일한 기록이다. 누르하치의 초상은 딱 하나가 남아있는데, 상당

누르하치 초상화 누르하치는 무예가 뛰어났고 지략에도 능했다. 이 초상화는 사후에 그려진 것으로 추정된다.

히 노년의 모습이다. 신충일이 그를 만났을 때 누르하치는 아직 펄펄한 37세였다. 나이의 변화를 감안하고 보면 그의 묘사는 초상화의 용모와 아주 비슷하다. 보통 이런 초상화는 왜곡이 심한데, 신충일의 묘사 덕분에 누르하치를 그린 작가가 꽤 사실적으로 그렸음이 증명된 것이다.

12월 말에 도착했기 때문에 신충일은 신년맞이 연회에 참석할 수 있었다. 누르하치는 신충일을 보자 "지금부터는 두 나라가 한 나라같이, 두 집이 한집같이 영원히 우호를 맺고 대대로 변치 말자."라고 말했다.

의미심장한 말이었지만, 신충일은 덕담이라고 생각했다. 아니면 조정에 그렇게 보고했어야 했는지도 모른다. 지금 생각해보면 덕담처럼 던진 이 한마디 말을 어떻게 해석하고 이해하느냐가 이후 반세기 동안 벌어진 전쟁과 갈등의 모든 것을 좌우했다. 극소수의 사람을 제외하고는 당시 이 말의 진의를 제대로 이해한 사람은 없었다.

누르하치는 학살 사건도 항의하지 않았다. 사석에서 여진 인 몇 명이 말을 꺼내기는 했지만, 언급만 할 뿐 논쟁은 피했다. 오히려 월경한 사람들의 집을 색출해 가족까지 추가로 처벌했다고 말했다. 또 교역 확대를 건의하고 조금 더 나아가 군사 협조까지도 슬쩍 운을 띄우기는 했지만, 조선이 부담스러워할 수준은 아니었다.

신충일은 안심한 채 돌아왔고, 조정도 그의 보고에 안심했다. 소문은 부풀려지고, 무지는 공포로 둔갑하는 법이다. 신충일이 묘사한 퍼알라의 모습은 무지에 기반했기에 문명권과 거리가 먼 후진국의 모습이다. 거칠고 야성적인 모습이야 예전에도 마찬가지였을 테고, 거칠고 투박한 것이야 야만인에게는 정상적인 모습 아닌가. 문제는 신충일의 보고에는 여진군에 대한 공포가 없었다는 점이다.

"멀리서 보면 기병이지만 가까이 가서 보면 가난하고 피곤한 농민 병사들이었다. 누르하치의 권력은 불안하고, 다른 여진 부락들은 여전히 충성스럽지 않다."

한마디로 조선이 이전부터 알고 있던 여진족의 모습 그대로였다. 신충일은 여기에 낙관적 평가마저 더한다.

"소수 부족이 좀 강하다 한들 글을 아는 자도 없는 저들의 문명 수준을 보건대 약탈 집단에 불과하며, 공격을 한다고 해도 마을을 휩쓸고 분탕질을 할 뿐이지 광범위한 영토를 정복할 수는 없다. 정복한다 해도 통치하지는 못한다. 무장 수준도 조선이 여진 정벌을 감행했던 15세기에서 달라지지 않았다. 저들은 아직 화포도 없지 않은가? 저들이 강해진 것이 아니라 우리가 불운해진 것이다."

누르하치 주변에는 글을 아는 자가 없었다?

사신을 보내 얻을 수 있는 최대의 성과는 적의 전략적 목표를 파악하는 것이다. 여기서 문자 해독 능력은 중요한 척도가 된다. 신충일은 합리적이고 명석한 인물이었지만, 누르하치 주변에 글을 아는 자가 없었다는 것은 명확한 오보였다. 그렇다고 신충일을 비난할 일은 아니다. 그는 거칠고 위험한 환경에서 최선을 다했지만, 그의 매서운 눈을 비켜나갈 만큼 여진인들은 충분히 영악했으며 규율이 엄했다. 매일 술과 고기로 신충일을 후대했지만 며칠 동안 사적인 대화를 조금 나누는 정도로는 중요한 정보를 얻어낼 수 없었다.

04 누르하치의 영토 확장

그는 이제 중원을 노린다

기우는 저울

17세기가 되자 누르하치는 만주의 잔존 부족들을 계속 정복하면서 자신의 영역을 동쪽으로는 만주 동부 끝까지, 북쪽으로는 몽골의 영역까지 넓혀 갔다.

조선은 여진족 정보망을 가동해 불완전하게나마 누르하치의 동향을 파악하고 있었다. 조선 조정은 늘 누르하치를 흉악하고 위험한 인물로 간주하고 있었다. 그가 여진 부족을 정복하는 척하다가 혹은 정복의 여세를 몰아 조선을 침공할지도 모른다는 가정을 세웠고 그의 군대가 국경 근처에 나타나면 촉각을 곤두세웠다.

"저것들 둘이 결탁하는 거 아냐?"

태평하던 명도 누르하치를 보며 불안해하기 시작했다. 하지만 국내 정치든 외교든 뒤뚱거리면서 제대로 판단하지 못하던 늙은 곰 만력제는 엉뚱하게도 누르하치와 조선의 결탁을 의심한다. 명에도 누르하치를 경계한 관료는 많았겠지만, 당시 명 조정은 조선과는 비교할 수 없을 정도로 심한 동맥경화에 걸려 있었다. 어떤 첩보든 상부에 보고되면 길을 잃고 헤매거나 뇌물에 덮여버렸다.

그래서 누르하치의 진정한 야심인 '중원 정복의 야망'은 명도, 조선도 눈치채지 못하고 있었다. 조선은 '여진의 중원 정복'이란 발상 자체가 차마 생각조차 할 수 없는, 조선의 세계관을 무너트리는 끔찍한 일이었다. 또 조선의 군사력을 뻔히 알면서도 침공 못 하는 자가 어떻게 중원을 침공하겠느냐는 나름의 합리적인(?) 판단이기도 했다. 반면 누르하치는 자신이 직접 북경까지 가서 조공을 하면서 간교할 정도로 명 조정을 능수능란하게 다루었다. 누르하치의 탁월한 정략이라기보다는 뇌물의 힘이었음이 분명하다. 명확한 증거는 없지만 뇌물이 아니었다면 명의 턱 밑에서 이처럼 위험한 종양이 자라날 수가 없었다.

1616년 누르하치가 드디어 칸으로 등극한다. 그리고 2년

후 명은 복직한 이성량을 다시 파면한다. 누르하치의 칸 등극, 그리고 유일하게 누르하치와 대적할 만한 장수의 재파면. 명과 여진 간 힘의 저울이 점차 여진 쪽으로 기운다. 명에서 이성량을 재파면하기 10년 전 그해에 조선에서는 광해군이 즉위했다. 새 국왕의 즉위를 알리기 위해 명에 간 이덕형은 명 관리들이 누르하치를 걱정하는 이야기를 들었다.

"누르하치의 1차 목표는 요동이다. 그다음은 조선이다. 그러니 지금부터 조선은 당장 요새를 손보고 군사를 배치할 계획을 세워야 한다. 이들은 임진왜란 때의 왜적과 수준이 다르다. 임진왜란 때처럼 조선이 도망쳐서 피하고자 하면 (지구전으로 버티면서 명에 원병을 청하려는 전술을 쓰다가는) 여진의 기병이 바람처럼 휩쓸어 남아나는 백성이 하나도 없을 것이다. 이번에는 우리도 도울 수 없다. 귀국에서 스스로 대처해야 한다."

이덕형은 이를 조정에 보고했다. 그러나 변화는 없었다. 허균이 누르하치의 위협을 경고하는 글 〈서변비로고〉를 쓴 때가 바로 이 무렵이다. 허균은 북방에서 근무한 무관과 현지인들을 만나 그들의 의견을 청취하면서 국경 방어를 강화하는 방안을 기술했는데, 이 글은 서문만 남아있고 내용은 소실되었다. "아무도 누르하치와 북방 방어를 걱정하지 않는다."라는 허균의 말은 과장됐지만 결과적으로 얘기하면 틀린 말도 아니다. "조선에 군대가 없다."라는 말도 사실이 아니었지만 군대가 있어도 적을 막을 능력이 없다면 없는 것과 다름이 없다.

상인으로 변장해 공격하라!

허술한 요새

"내일 3천에서 1천 명의 몽골 상인들이 말을 끌고 무순으로 온다."

1618년 4월 무순에 이 같은 소문이 퍼진다. 누르하치의 병사들, 누르하치에게 매수된 군인들과 상인들이 퍼트린 것이다. 무순은 현재의 심양에서 동쪽으로 40킬로미터 지점에 위치한 도시로, 과거 한사군(한 무제가 설치한 4개의 행정구역)의 하나인 현도가 있었다고 알려진 도시이다. 명이 서만주를 지배하기 위해, 또 누르하치를 견제하기 위해 가장 중요하게 여긴 군사도시였다.

이곳에는 방어를 위해 1만 명 이상의 명군이 주둔하고 있었다. 퍼알라에서 무순까지는 겨우 이틀 거리에 불과했다.

보통 성인의 하루 이동거리가 50~60리(20~24킬로미터)이므로 기병이 마음만 먹고 움직이면 하룻밤 사이에 도착할 수도 있었다.

이때가 되면 명도 누르하치가 자신들을 속여왔다는 사실을 알고 있었다. 10년 전부터 명은 조선과 연합해 곧 누르하치의 소굴을 때려 부수겠다고 말해왔는데 조선조차 전형적인 중국인의 허풍이라고 고개를 저었다. 명의 허세는 오히려 스스로를 속여넘겼다.

다음 날 시장이 열리자 성안의 주민과 상인, 군인들이 거래를 하려고 성 밖으로 몰려나갔다. 순간 상인으로 변장했던 후금 병사들이 공격을 시작했다. 위험한 접경지대에서 너무 쉽게 계략에 넘어간 것이다.

명의 군사도시 무순이 단숨에 함락된다. 이것이 끝이 아니었다. 후금과 몽골기병의 혼성부대는 무순 주변 100리 안에 있는 요새와 마을들을 일시에 공략해 엄청난 물자와 수십만 명의 주민을 노획했다(숫자는 과장이 분명하지만 확인할 수가 없다). 요동에서 파견한 1만의 명군이 철수하는 후금군을 추격했지만, 후금 기병들의 습격으로 몰살당했다.

이 소식을 들은 광해군과 관료들은 큰 충격을 받는다. 비변사가 아뢰었다.

"누르하치가 흉악한 역심을 품고 병력을 증강해 10여 년 사이에 감당하기 어려운 오랑캐가 되고 말았습니다. 우리나라와 국경이 맞닿아 있는 관계로 조만간 반드시 우리를 물어뜯을 형세로 요동과 광령(남만주 지역) 모두 누르하치의 공격을 우려한 지 몇 년째입니다. 이번에 누르하치가 명을 침공해 들어갔는데, 그의 성격으로 볼 때 변경을 침략하는 정도로 그치지 않을 것입니다. 명이 전군을 동원한다 해도 섬멸하기는 어려울 것 같습니다. 옛글(송나라가 금의 성장을 보면서 했던 말)에 '여진 군대가 1만 명만 되면 세상에 대적할 자가 없다.'라고 했습니다."

다행히 광해군과 비변사는 누르하치를 과소평가하거나 무순의 승리가 운이라고 치부하지 않았다. 오히려 그 반대였다. 광해군 집권 동안 누르하치의 중국 침공은 시간문제라 여기는 분위기였다. 누르하치가 거병하면 명은 상대가 되지 않을 것이라는 분석도 하고 있었다.

명의 파병 요구

앞으로 벌어질 최악의 시나리오는 두 가지였다. 첫째, 명의 통제를 벗어난 누르하치가 조선을 침공해서 약탈한다.

이 예상은 오판이었다. 명도 조선의 협조를 구하기 위해 이런 생각을 부추겼다. 하지만 중원 정복을 꿈꾸는 누르하치는 조선에 힘을 낭비할 마음이 없었다.

둘째, 명의 연합작전 요구였다. 이 예상은 맞았다. 명은 무순이 함락되자마자 조선에 포수 7천 명을 요청했다. 일반적으로 알려진 사실과 다르게 조선은 담담하고 신속하게 대처했다. 마음의 준비 덕분인 듯하다. 비변사는 빠르게 움직여다음 날인 13일 벌써 파병군의 군량, 병력, 지휘체제 등 만약에 대비한 초안을 뽑아 올렸다.

4월 15일 광해군은 별다른 토를 달지 않고 비변사의 안을결재했다. 그러면서 의미심장한 한마디를 남겼다.

"중국의 병력으로도 누르하치를 한 번에 섬멸한다는 보장이 없다. 이번에 요동에 회답을 보낼 때는 경솔하게 정벌하지말고 신중하게 만전을 기하는 것이 좋겠다는 말을 기분 나쁘지 않게 잘 써서 보내는 것이 좋겠다."

명은 14만 대군이 요동으로 모여들고 있으며, 더 많은 병사가 오고 있다고 허풍을 쳤지만 광해군은 믿지 않았다. 또한 광해군은 임진왜란의 경험 덕분인지 명군과 누르하치의전력에 대해 비교적 정확히 예측했다. 하지만 그 무엇보다중요한 것은 바로 조선의 군사력이었다. 광해군은 말했다.

"조선 군대가 형편없다는 사실은 온 천하가 다 안다."

조선군의 문제점은 야전野戰과 공격 능력이었다. 수비는 곧잘 하는데 공격이 안 됐고, 더 큰 문제는 원정 경험이 없다는 사실이었다. 공격은 고사하고 수비, 이동, 보급 등 모든 것에 대한 준비가 전무했다.

솔직히 형편없기는 명 군대도 마찬가지였다. 광해군은 과연 명군이 후금의 홈그라운드로 들어가 누르하치를 섬멸할 수 있을지 회의적이었다. 광해군은 명에 조선군의 사정을 호소하기도 하고, 명군의 계획이 너무 모험적이라고 충고도 했다. 명군이 정말 자신있다면 조선군이 굳이 출정할 필요 없이 압록강에 진을 치고 누르하치의 퇴로를 막으면 되지 않겠냐고 타협안도 보내봤다. 그러나 명군은 고집불통이었다. 결국 광해군은 출정을 결정한다.

살이호산 호랑이의 포효

호랑이 굴로 들어가다

1619년 3월 2일 명의 대군이 요동에 집결했다. 총사령관 양호는 정유재란 때 이여송의 후임으로 파견된 사령관이었다. 이번 연합군에는 임진왜란 참전자들이 많았다. 10만의 명군은 4개 군단으로 나뉘어 누르하치의 근거지인 허투알라로 진군했다. 집결지는 무순과 허투알라의 중간에 위치한 사르후(살이호산)였다. 이곳에서 합세해 허투알라를 공격할 계획이었다.

동로, 서로, 남로, 북로 4개 군단 중 조선군 1만 3천과 명군 1만의 연합군은 동로군이었다. 연합군 총사령관 유정 역시 임진왜란 참전자였는데 120근 대도를 잘 써서 별명이 '유대도'였다. 용장이자 진짜 군인, 친한파 장군으로 명성이 높았다. 조선군 지휘부는 총사령관 강홍립, 좌영장 김응하 등으로 구성되었다. 김응하는 임진왜란 때 명성을 날린 조선군 최고의 용장이었다.

누르하치는 기병을 이용한 내선작전(내부에서 병력을 집중해 단거리로 움직이면서 넓게 포위해오는 적을 각개격파하는 전술)으로 맞섰다. 이때 4로군 간의 거리는 위험할 정도로 벌어져 있었고, 이 중 동로군의 이동로는 터무니없이 멀었다.

이것이 패배의 원인이었다는 해석도 있는데, 명군도 누르하치의 대응 방법을 예측했을 것이다. 양호의 생각을 추정해보면, 4로군이 서로 떨어져 크게 우회하면 후금 기병이 각개격파를 시도할 때 본거지에서 너무 멀리 나오게 된다. 이 상태에서 하나의 부대는 공격할 수 있지만 연달아 이동 타격하기는 힘들므로 명에게 유리하다. 그렇다고 명군이 근접하기를 기다리면 명의 4로군이 서로 가까이 붙게되어 이 또한 명에게 유리하다.

그렇다면 처음부터 함께 가거나 근접해서 진군하면 되지 않을까? 그렇게 행군하려면 도로 등 여러 조건이 받쳐줘야 한다. 4로군이 적절한 간격으로 동시에 진군할 수 있었다면 그렇게 했을 것이다. 그럴 여건이 되지 않으면 1개 군단, 혹은 2개 군단씩 종대로 진군해야 하는데 그것이 더 위험할 수 있다.

그래서 양호는 이런 결론을 내렸다. '이렇게 멀리 떨어져 행군하면 후금군이 공격을 해도 1개 군단밖에 공격하지 못할 것이다. 후금 기병은 강하다. 희생 없이 이기기는 힘들다.' 후금군이 4로군 중에서도 제일 멀리 외롭게 진군하는 동로군을 공격해 준다면 명군에게는 더할 나위 없이 고마운 일이었다. 이것이 조선군의 능력을 누구보다 잘 아는 양호가 무리하게 진격을 시킨 이유였을까? 적어도 연합군 총사령관 유정은 그런 의심을 했던 것 같다. 자신의 아들과 함께 참전했던 유정은 양호가 자신을 사지에 몰아넣었다고 부하들이 보는 앞에서 대놓고 투덜거렸다.

양호는 이렇게 생각했을 수도 있다. 동로군이 위태하게 행군하지만, 지도를 보면 누르하치가 바보가 아닌 이상 동로군으로 부대를 보내진 않을 것이므로 안전하다. 누르하치는 서쪽의 3개 군단에 집중할 것이다. 그동안 동로군은 누르하치의 퇴로를 차단해 심적 압박을 가하고, 동쪽의 여진 부족의 지원도 차단하는 전술적 효과를 거둘 수 있다.

그러나 양호의 구상이 무엇이었든 모든 게 틀렸다. 누르하치와 팔기군(누르하치가 창설한 만주족 군사 조직)의 장군들은 서쪽에서 오는 명의 3개 군단을 차례로 공격해 각개격파했다. 이들은 3일 동안 100킬로미터를 이동하며 쉴 새 없이 헌신적으로 싸웠다. 반면 명군은 전혀 손발이 맞지 않았고, 명령을 이행하지도 않았으며, 위기에 처한 아군을 구하지도 않았다.

2개 군단이 전멸하고, 제일 뒤처져 있던 이여백의 군대는 일전을 치르지도 않고 후퇴했다. 나중에 이여백은 이 일로 누르하치와 내통했다는 의심을 받고 자결했다.

결국 양호는 전투를 포기하고 총퇴각을 명령한다. 그러나 하필 이 명령이 조선군이 속해있던 동로군에게는 전달되지 않았다. 아마도 연락병이 중간에 포기했거나 후금군에게 잡혔을 것이다.

아무것도 모른 채 전진하던 조명연합군을 향해 후금의 주력이 거세게 달려들었다. 갑작스런 적의 공격에 연합군은 방어대형도 갖추지 못했다. 더구나 조선군은 행군이 늦고 보급이 여의치 않아 명군의 뒤에 처져서 진군하던 상황이었다. 결국 선두의 유정 부대는 세 방향에서 조여오는 후금군에 포위되어 전멸했다

조선군은 후방 지역인 부차에 있어서 약간의 여유가 있었지만, 이틀을 굶었고 급습을 당한 상태이다 보니 진영조

차 갖추지 못했다. 중영中營과 우영右營은 언덕 위에 포진했지만 좌영은 미처 언덕에 오르지 못하고 벌판에 진을 쳐야 했다. 이것도 세 부대가 유기적으로 방어할 수 있는 포진이 아니라 각기 언덕을 찾아 오른 것이었다.

강홍립은 벌판의 중영이 불안해 우영에게 돕게 했다. 하지만 프로이센의 프리드리히 군대처럼 오랫동안 특별한 훈련을 거친 부대가 아닌 이상 적의 기병과 대치 중인 상황에서 진을 이동한다는 건 전술상 초보적인 금기 사항이었다. 당연히 후금은 이 기회를 놓치지 않았다.

후금군은 일차 돌격을 한 뒤 조선군이 화약을 다시 재는 간격을 이용해 좌우영을 덮쳤다. 바람마저 조선군 쪽으로 불어 재장전에 시간이 걸렸던 탓에 좌우군은 전멸하고 만다. 이에 후금군은 중영을 포위한 후 항복을 권유했고 결국 조선군은 항복하고 4천 명이 포로가 됐다. 상당수 병사는 나중에 탈출을 감행했지만 생존자는 2,700명뿐이었다.

강홍립 음모론

사르후에서의 패전은 광해군의 속을 뒤집어놓았다. 파병을 주장했던 사람들을 문책하고 싶었겠지만, 그들이 먼저 역공을 했다. 광해군이 강홍립에게 밀지를 보내 일부러 패하게 했다는 음모론을 퍼트린 것이다. 이 밀지론은 우리 역사상 가장 성공적인 가짜 뉴스일 것이다.

이 음모론이 먹혀든 원인은 일단 사람들이 패전을 믿고 싶지 않아 했다는 게 가장 컸다. 패전으로 인한 상심에 위안을 줄 희생양이 필요했는데, 그게 광해군이 된 것이다. 사람들은 평소 파병에 회의적이었던 광해군의 태도를 기억하고 있었다. 게다가 광해군의 지지자들에게조차 개운치 않은 사

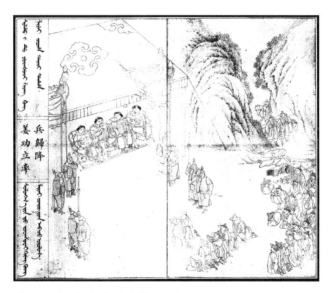

《만주실록》에 그려진 〈강홍립솔병귀향도〉 강홍립 장군이 누르하치에게 항복하는 모습이 묘사되어 있다. 강홍립 장군의 항복은 음모론으로 이어져 이후 인조반정에 큰 영향을 끼쳤다.

건이었던 인목대비 폐위 사건도 한몫했다. '어머니를 쫓아
내는 사람이 부모의 나라, 임진왜란 때 우리를 도와준 은혜
의 나라를 잊는 것쯤이야 쉽지 않겠는가!' 이러한 생각이 기
저에 깔려 음모론 확대에 한몫을 했다.

광해군으로서는 임진왜란 이후 공들여 키운 최정예 부대
가 한순간에 사라진 셈이었다. 이제 누르하치가 침공해오
면 막을 군대가 없어진 것이다. 광해군은 총력전으로 이 위
기를 극복하려고 했다. 전면전에 대비하려면 국경에 필요한
군사만 5만이라는 계산이 나왔다. 광해군은 무과에 급제했
지만 복무하고 있지 않은 이들에게 총동원령을 내리고, 당
장 급제 기준을 대폭 낮춰 대규모 무과를 시행하라고 명령
했다. 광해군이 원한 수는 2만~3만 명이었지만 심한 반대에
부딪혔고, 결국 도마다 1천여 명씩 총 8천~1만 명 정도를 뽑
게 된다.

정원은 줄었지만 좋은 기회를 놓칠세라 사람들이 구름같
이 몰려들었다. 분별력 있는 대신들은 응시자가 넘쳐나니 관
리 감독이 제대로 이뤄지지 못할 것이라 예측했다. 그들의
예측대로 대리시험이 횡행했다. 그러자 대간들은 "군대는
수만 많다고 되는 것이 아니라 정의로워야 한다."라고 투덜
거렸고, 어떤 이들은 이런 식으로 하면 천인이나 신분에 하

자가 있는 인물이 섞여들어올 수 있다고 호들갑을 떨었다.

말도 많고 탈도 많았던 1만의 급제자 속에 24세의 청년 임경업도 있었다. 사대부들이 걱정했던 대로 집안은 보잘것없었다. 천얼 집안 출신이라는 말도 있었다. 평화로운 시기였다면 무과급제도 쉽지 않은, 이번 같은 전시에조차 운 좋게 무과급제는 가능해도 관원으로 승진하기는 어려운 그런 집안 출신이었다. 난세에 탄생한 이 젊은 장수는 훗날 조선의 제1방어선 의주를 책임지게 된다.

 역사 꿰뚫기

강홍립 밀지로 본 '가짜 뉴스'의 역사

강홍립 밀지론은 역사학자들까지도 속여넘겨서 1970~80년대까지도 학계에서 정설처럼 돌아다녔다. 광해군을 쫓아내기 위해 만든 루머가 거꾸로 광해군을 영웅으로 만드는 근거가 되었다는 게 다만 역사의 아이러니이다. 광해군을 영웅시하는 사람들은 아직도 이 가짜 뉴스를 굳게 믿는다. 정치 투쟁에서 가짜 뉴스는 변수가 아니라 상수다. 정치인들 사이에 오가는 가짜 뉴스를 우리는 음모와 모략이라고 한다. 이건 광해군만의 비극이자 불운이었을까? 아니다. 역사상 거의 모든 군주들이 음모론의 주인공이었다해도 과언이 아니다. 그렇다면 광해군은 왜 음모론에 쓰러졌을까? 그것은 그의 체제가 그만큼 불안정했고, 상대를 포용하는 배려가 부족했기 때문이다.

희대의 모사꾼인가,
난세의 영웅인가

심양 함락

1621년 조선은 초긴장 상태였지만 누르하치의 관심은 다른 곳에 있었다. 그해 3월 누르하치는 심양을 함락한다. 무순 함락보다 더 큰 충격이었다. 심양에는 7만~8만 명의 대군이 있었고, 성은 대비가 철저했다. 그럼에도 불구하고 총병관 하세현이 누르하치의 유인술에 걸려 성 밖으로 출전해 싸우다가 패했다. 그래도 심양성은 견고했는데 결정적인 사건이 발생한다. 작전이었는지, 대세가 기울었다고 보고 변심한 것인지는 모르지만, 이전에 누르하치를 피해 투항해 들어왔던 몽골인들이 여진과 내통한 것이다. 이에 7만 명의 병사와 주민이 학살당하고 심양이 함락된다. 누르하치는 그 여세를 몰아 요양까지 점령했다. 이제 누르하치는 사르후의 호랑이를 넘어 명실상부한 만주의 패자로 거듭나게 된다.

심양전투가 있기 한 달 전, 비변사는 광해군에게 이렇게 보고한다.

"불행히도 우리나라는 적들과 국경이 육지로 접하고 있어서 오랑캐의 기병이 달려오면 며칠 내로 당도할 수 있습니다. 신들이 밤낮으로 애를 태우며 근심하지만 좋은 계책이 없습니다. 요동과 심양 사이에 명군이 28만 명이나 되는데도 근심한다고 합니다. 그러니 우리나라의 병력으로 당해낼 수 있겠습니까?"

적들이 움직이지 않으면 다행이지만, 만약 한 번 움직이면 조선의 능력으로는 전투 능력과 수비면에서 모두 승산이 없다는 뜻이다. 광해군 시절에 비변사는 후일 인조 때보다 후금의 군사력을 더 정확하게 파악하고 있었고, 솔직했다. 그러면 우리는 어떻게 해야 할까? 조정의 결론은 나라가 멸망하더라도 부모를 배신할 수는 없다는 것이었다.

정체불명의 군대

"조선인은 들으라! 나는 요동에 흩어진 명의 잔존세력을 모아 압록강변의 진강(현재 요녕성 진안구에 위치)을 점령했고 요동과 건주, 조선 사이에 주둔하는 독립적인 군단을 형성했다."

1621년 정체불명의 명 군대가 압록강변에 나타났다. 수장인 모문룡은 당장이라도 명군과 협력해 건주를 공격하겠다는 기세로 소리쳤다. 하지만 그의 뒤에 서있는 '독립적인 군단'은 반 난민 수준이었다. 명의 백성들도 하지 않는 효자 노릇을 자처하며 하늘의 도움만 바라던 조선사람들은 난세에 영웅이 등장했다며 흥분했다.

광해군은 신중했다. '우리가 중국 사람의 허풍에 당한 적이 한두 번인가?' 광해군은 모문룡의 위험성을 정확히 파악하고 있었다. 그가 조선에 들어와 살면 자신에게 영지를 내어달라고 요구할 것이 뻔했다. 그의 세력이 커지면 명이 또다시 조선에게 출병을 요구할 수도 있다. 이건 조선뿐 아니라 광해군에게도 치명적이다. 명이 출병을 요구하면 조선의 철부지들이 부화뇌동하거나 반대파들이 광해군을 공격할 구실로 삼을 것이 뻔했다. 그는 사르후의 패전, 그리고 패전 소식이 전해지자마자 일었던 내통설을 결코 잊지 못했다. '다시는 그런 일이 벌어져서는 안 된다!' 광해군은 옛일을 곱씹고 또 곱씹었다.

최악의 시나리오는 모문룡을 토벌하기 위해, 혹은 모문룡과 조선의 결탁을 견제하기 위해 누르하치가 조선 쪽으로 눈을 돌리는 것이었다. 조선군이 여진을 향해 출병했음에도 누르하치가 조선을 공격하지 않는 이유는 그의 당면 목표가 중국 산해관과 몽골이며, 조선의 군사적 위험은 낮게 보았기 때문이다. 이 사실은 조선도 정확히 파악하고 있었다. 그런데 갑자기 튀어나온 모문룡이란 자와 그 집단이 이 거대한 판을 흔들고 있었다.

광해군은 난국을 타개할 아이디어를 냈다. 모문룡에게 평안도 앞바다에 있는 섬 가도로 들어갈 것을 제안했다. 누르하치의 군사력은 해전을 벌일 수 있는 수준은 아니었다. 모문룡에게는 안전하다고 설득할 수 있고, 조선은 모문룡에게 땅을 주면서도 누르하치의 침공 위험을 약화시킬 수 있었다. 관원을 보내 협상을 시도했다. 하지만 모문룡은 들으려 하지 않았다.

아나나 다를까 12월 15일 누르하치의 기병이 압록강을 넘어와 모문룡의 진영을 휩쓸었다. 마침 그곳에 있던 조선 관원 이원형은 누르하치 군대와 모문룡 군대의 수준 차이를 똑똑히 목격했다. '수천도 안 되는 군대에 저렇게 속수무책으로 무너지다니!'

모문룡은 옷을 벗어던지고 군사들 틈에 섞여서 간신히 도망쳤다. 용병부대였는지 약탈에 눈이 멀었던 것이 그나마 다행이었다. 그들은 모문룡을 추격하다가 용천군으로 밀고 들어가 한바탕 약탈을 한 후 곡물창고를 털어 밥을 지어 먹고는 유유히 사라졌다.

광해군은 기가 막혔다. 모문룡의 수준도 수준이지만 조선군의 수준도 그 못지않게 처참했다. 습격대는 의주, 가산으로 들어와 용천을 돌아나갔는데, 조선군은 그들의 움직임을 탐지조차 하지 못했다. 조선군 역시 모문룡군이 유린되는 동안 수비대 전열조차 갖추지 못해 저항 한 번 못했다. 용천부사는 종들 속에 숨어서 목숨을 건졌다.

사르후 패전 후 3년간 조정은 만 명이 넘는 무사를 선발했다. 비변사는 국경에 4만~5만의 병력을 배치해야 한다고 소란을 떨었지만 최일선인 의주, 용천의 군비가 이 모양이었다. 그제야 광해군은 문득 3년 전 자신의 손으로 죽인 허균의 예언 글이 생각났다.

누르하치와 전쟁이 벌어질 것도 알고, 전쟁을 대비하려면 어떻게 해야 하는지도 안다. 관리도 알고, 북변의 무사도 알고, 그곳의 주민도 알고 있다. 그러나 수십 년 동안 피의 교훈을 두 번, 세 번 겪고도 달라진 건 아무것도 없었다.

문제의 인물 모문룡은 조선측 기록으로만 보면 사기꾼에 악질 협잡꾼이었다. 하지만 중국측 시각은 반반이다. 조선과 동일한 시각도 있고, 난세의 영웅으로 보는 시각도 있다. 객관적으로 대단한 수완가였던 건 사실이다. 하지만 사기와 거짓말을 서슴지 않는 '악질' 수완가였다. 여진군의 공격에 죽을 뻔하고도 1년 가량을 버티던 모문룡은 1622년 11월에야 가도로 들어갔다. 하지만 그 전부터 비밀리에 이주 준비

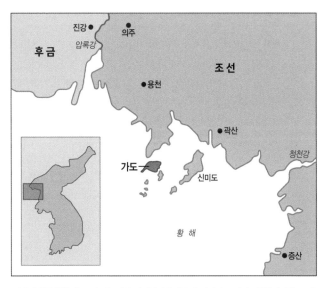

모문룡이 주둔한 가도 가도는 작은 섬이었지만, 후금을 견제하고 명과 교류할 수 있는 요충지였다.

를 했던 것 같다. 섬으로 들어가라는 조선의 제안을 거절하고 있었지만, 어느 시점에선가 모문룡은 광해군이 훌륭한 선물(?)을 주었다는 사실을 깨달았다. 모문룡은 즉시 수군을 양성했고, 명과 조선 사이에 위치했다는 점을 이용해 양쪽에서 무역과 사기로 수익을 올렸다.

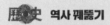 **역사 꿰뚫기**

정묘호란을 예언한 허균의 죽음, 그 진실은?

광해군 10년(1618) 8월 24일, 인정전에서 벌어진 국문장. 관원들은 허균의 입을 막고 끌고 나가더니 바로 처형해 버린다. 죄목은 역모. '민중을 선동했다'는 것이다. 직전까지 인목대비 폐모론에 앞장서며 광해군과 북인 정권을 위해 노력하던 허균에게는 어이없는 혐의였다. 이것이 사실이든 아니든 허균이 이런 혐의를 뒤집어쓴 데는 그가 평소에 국방 문제, 여진 침공에 관한 경고를 그치지 않았던 것이 구실이 된 것만은 확실하다.

그러면 허균은 왜 광해군과 북인들에게 배신당했을까? 필자는 북인 측이 허균을 폐모론의 선봉장으로 이용하다가 반발이 커지자 허균을 희생양으로 삼았다고 본다. 그러면 허균은 왜 서인 탄압과 독재 강화에 동조했을까? 허균은 조선의 국방 상황에 위험을 느끼고 있었고, 국방력을 강화하기 위해서는 광해군의 권력에 비상한 힘을 주어야 한다고 생각했던 것은 아닐까?

그들의 삼각관계

한 끗 차이

명 조정은 모문룡에게 총병직을 하사하고 교역을 허가한 후 이를 구실로 엄청난 지원을 한다. 왜였을까? 물에 빠진 사람은 지푸라기라도 잡아야 하는 법이다. 모문룡이 지금 당장은 비록 허세뿐일지라도 정말로 군대를 키워서 후금의 동쪽을 쳐준다면 명으로선 그보다 고마운 일은 없다. 게다가 모문룡의 군단이 요동에 상륙해 내륙으로 진격해서 후금이 이들을 향해 군대를 돌리면 도매금으로 조선까지 전쟁으로 끌어낼 수도 있다.

그렇게 모문룡과 조선이 압록강 북부 지역으로 진출한다면 누르하치의 최대 약점, 건주여진의 오랜 숙적이던 해서여진과 완안부가 이탈할 수도 있다. 명으로선 모문룡을 어떻게든 이용해야 했다.

모문룡을 비난하는 사람들은 그가 조정에 뇌물을 바치고, 군사력도 형편없으면서 자기 전과를 엄청나게 과장해 이런 저런 수익을 올렸다고 했다. 물론 사실일 수도 있지만, 어쨌든 명은 속는 척하면서 이 유민 집단을 한번 키워보자는 생각도 분명 했을 것이다. 혹여 바라던 효과를 거두지 못한다 하더라도 누르하치가 분노해서 모문룡 쪽으로 군사를 돌리거나 조선을 침공한다면, 수도 북경과 가까운 최고의 군사 요충지인 산해관에 가해지는 압력을 조금이라도 낮출 수 있다. 운이 좋다면 조선으로 깊이 들어갔다가 과거 거란이나 몽골이 그랬던 것처럼 조선이란 늪에 빠져 군사력을 소진해 버릴 수도 있다. 명은 다른 건 몰라도 수, 당, 거란, 몽골이 한반도를 침공했다가 얼마나 큰 피해를 보았는지는 똑똑히 기억하고 있었다. 임진왜란 때 조선이 하는 걸 보니 그것도 옛날이야기라 여기긴 했지만, 혹시 아는가? 조선이 각성하고 옛날 모습을 되찾을지? 명의 노림수는 바로 그것이었다.

명이 남몰래 품은 이 소망이 조선에게는 곧 재앙이었다. 그래도 외교는 마법의 테이블이다. 언제든 판세는 바뀔 수 있었다.

광해군은 모문룡과 가도라는 카드를 만지작거렸다. 광해군은 명의 요구와 후금의 압박을 임기응변으로 처리할 수 있다고 말한 적이 있는데, 아마도 이런 구상을 했던 것 같다. "지금 우리는 중립을 지킨다. 모문룡에게는 어쩔 수 없이 최소한의 형식적 지원만 하고 있다. 하지만 너희(후금)가 우리를 과도하게 압박하면 우리는 모문룡을 선택할 수밖에 없다."

그러나 모문룡 카드의 효과는 알 수 없게 되었다. 모문룡이 가도로 들어가고 5개월 후 인조반정이 터지며 광해군은 폐위된다.

낙장불입

인조는 즉위하자마자 명과 모문룡에게 광해군이 후금과 내통하고 진심으로 명을 도우려 하지 않았기에 우리가 광해군을 폐위했다고 전했다. 명과 모문룡 입장에서는 아니라고 할 이유가 없었다.

대놓고 친명정책을 선언할 때만 해도 인조와 집권세력은 자신이 있었다. '후금의 목표는 산해관이고 당장 우리를 침공하진 않을 것이다. 사르후의 손실은 2~3년이면 메울 수 있다. 사대부와 백성은 우리를 지지하고, 군대 재건에 힘을 보낼 것이다. 서북에는 모문룡도 있다.' 그러나 '모문룡' 쪽에서 먼저 인조의 넘치는 자신감에 손상을 입혔다.

모문룡을 직접 만나본 관원은 기겁했다. 군대는 오합지졸에 병사가 들고 있는 창이란 게 막대기에 쇠꼬챙이 꽂은 것이었다. 더구나 모문룡의 허풍과 뻔뻔함은 기가 찰 수준이었다. 요동을 탈환하려 출동한다고 하고는 포나 몇 발 쏘고 돌아왔다. 조선 측 관찰자들은 여진군 소부대 하나 격파할 실력도 못 된다고 보고했다. 그래도 모문룡은 항상 당당했고, 거창한 계획을 읊었다. 포크레인 한 대 없는 건설사가 조선 관원을 황량한 벌판으로 데려가 거대 신도시를 세우겠다고 말하는 격이었다.

조선 관원: 자금은 얼마나 있소?

모문룡: 걱정 마시오. 곧 유전을 인수할거요.

조선 관원: 건설 인력은 어떻게 조달할거요?

모문룡: 신도시 건설 소문이 나서 지금 백만 명이 이곳으로 몰려오고 있소.

조선 관원: 신도시를 세울 때까지 그들의 주거와 식량은 어떻게 해결할 것이오?

모문룡: (빤히 쳐다보면서) 당신들이 지원해 줘야지!

이해를 돕기 위해 풀어쓴 비유지만 실제로 이와 비슷한 논의가 오갔다. 하지만 인조 앞에 모문룡 문제만 있는 건 아니었다. 막상 정권을 잡고 보니 쉬운 일이 하나도 없었다. 1624년 '이괄의 난'이 터져 사르후전투 이후 서북에 키워놓은 군대가 사라져버렸다. 군을 재건해야 하는데 가장 큰 걸림돌은 군량이었다. 서북에 5만은커녕 1만 명을 주둔시키기도 힘들었다. 이런 상황에서 매년 3만 석(당시 관료들의 1년 녹봉의 합이 12만~14만 석이었다) 이상의 군량을 모문룡에게 제공해야 했다.

조정은 혼돈에 빠졌다. 국방 문제는 뭐 하나 제대로 되는 것이 없었다. 게다가 모문룡은 완전히 변해버렸다. 그는 거래와 밀당의 귀재로 온갖 사기꾼 기질은 다 발휘했지만 그나마 조선에 대한 선은 지켰다. 그러나 명의 신임을 얻고 세력을 키운 뒤로는 점점 제멋대로 행동하기 시작했다.

섬에 있던 모문룡 일당이 차츰 육지로 진출해서 치외법권자처럼 행동하기 시작했다. 무장한 군병들은 폭력을 행사하고 민간인들은 황해도까지 내려와 장사를 하며 눌러앉았다. 조선은 모문룡이 점차 독립군벌이 되어가고 있음을 감지했다. 감이 빠른 사람은 모문룡이 명을 배반하고, 후금에 붙을 수도 있다고 보았다. 실록을 보면 실제로 현지에서도 그런 소문이 돌았던 것 같다.

최전선을 정비하다

이 과정에서 심하게 피해를 입은 지역은 의주였다. 대군
이 진격하려면 도로와 병참기지가 될 수 있는 확실한 교두
보가 필요하다. 평안도를 통과하려면 의주에서 정주-선산-
곽산을 거쳐 안주로 오는 길과 의주에서 귀주를 거쳐 안주
로 오는 두 길이 있다. 이 두 길이 모두 의주에서 발원한다.
후금이 침공할지 모른다는 소문은 매년 들려오니 매일같이
비상대기 상황인데, 모문룡은 출격 같지도 않은 출격을 하
면서 매번 지원을 요구하고, 모문룡 군대의 횡포도 더 심해
졌다. 의주 군대는 후금이 아니라 모문룡 때문에 출동하는
일이 더 잦았고, 주민들은 황폐해져가는 땅을 버리고 도주
해 의주의 인구는 갈수록 줄었다. 삼국의 세력이 교차하니
의주부윤은 우왕좌왕하다가 교체되기 일쑤였다.

일단 의주부윤에 제대로 된 인물을 임명해야 했다. 논란
끝에 이완이 뽑혔다. 이완은 이순신 장군의 맏형 이희신의
아들이다. 이순신이 노량에서 전사했을 때 그가 대신 북채
를 들고 북을 쳤다. 그렇다고 이번 임명이 이순신의 후광 때
문은 아니었다. 이완은 충청병사로 있으면서 실력을 인정받

앉고 1624년 11월 의주부윤으로 부임했다.

이완은 아버지가 일찍 사망했기 때문에 어린 시절부터 이순신과 함께 살면서 그의 언행을 보고 배웠다. 그 역시 부하들을 아끼고 신망을 얻으면서도 원칙과 규율이 엄했다. 승부욕과 책임감이 강해서 임무를 회피하는 법이 없었다. 그는 부임하자마자 의주의 분위기를 일신하고 암약하던 스파이를 체포했다.

모문룡의 병사와 주민이 횡포를 부리면 병사를 출동시켜 전투까지 벌여서 그들을 진압하고 체포했다. 중국인이라도 용서하지 않고 형을 가해 죽인 적도 있었다. 또한 순찰대를 조직해 주민을 보호했다. 그렇다고 융통성이 없지도 않았다. 모문룡이 억지 요구를 하면 국제관계를 생각해 요구는 들어주면서도 수량을 확 깎아 최소한의 수준으로 제공했다.

이런 이완이 의주부윤으로 부임하자 모문룡은 이를 갈았다. 애국심만 가득하고 융통성이 없는 자라면, 도발로 과잉대응을 유도해 외교문제로 비화시키면 된다. 양쪽의 눈치만 보며 우물쭈물하는 전형적인 관료라면 자신이 가지고 놀 수 있다. 재물을 탐하는 형편없는 관료라면 최상이지만, 조선 조정이 이런 민감한 자리에 그런 인물을 파견할 정도로 어리숙하지는 않다. 강직하고 고집도 있지만, 융통성이 아주 없지도 않아서 최소한의 양보만 하는 배짱 있는 이완 같은 관료야말로 모문룡에게 최악이었다. 그래서 모문룡은 이완을 제거하기 위해 온갖 계략을 짜냈다.

멈출 줄 모르던 경주마, 칸의 최후

    조선에서 정권이 바뀌고, 모문룡이 압록강 북안에 출몰하며 모기처럼 쪼아대고 있어도 누르하치는 동요하지 않았다. 그의 목표는 시종일관 산해관이었고, 중원이었다. 그의 나이도 이제 60대 후반. 전장에 출정하기조차 쉽지 않은 나이였지만 성공한 창업자들이 흔히 그렇듯 그도 멈출 줄을 몰랐다.

    1626년 1월, 기어이 누르하치의 대군이 산해관을 향해 몰아쳤다. 그런데 쓰나미 수준으로 밀어닥치던 초기의 기세가 산해관 앞에 있는 작은 성, 영원성에서 꺾였다. 명 최후의 영웅 원숭환이 처음으로 누르하치를 격퇴한 것이다. 이것이 유명한 '영원성전투'다.

    영웅은 영웅을 알아본다. 누르하치는 만만치 않은 상대

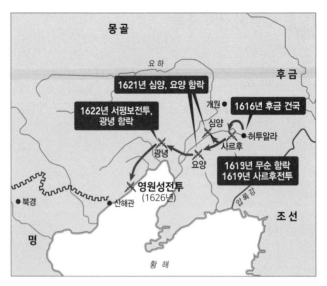

누르하치의 진격과 영원성전투 누르하치는 후금을 건국한 후 파죽지세로 요동 지역을 점령했다. 그러나 유일하게 영원성 하나만큼은 공략하지 못했다. 그는 끝내 영원성을 돌파하지 못하고 세상을 떠난다.

가 나타났음을 바로 직감했다. 새로 등장한 홍이포(네덜란드의 대포를 모방해 만든 중국식 대포)의 위력도 놀라웠다. 노장 누르하치에게는 이제 시간이 얼마 남지 않았다. 누르하치는 멈추지 않았다.

영원성전투에서 패배한 누르하치는 즉시 군대를 돌려 4월에 몽골 정복을 시작했다. 원숭환과 산해관을 돌파하려면 후금의 체력을 더 키워야 했다. 하지만 결국 신이 그를 멈추게 만들었다. 9월, 누르하치의 수명이 다한 것이다.

천하의 판도를 바꾼 칸의 최후였다.

왕좌의 게임

영원성전투와 누르하치의 사망은 조선에 엉뚱한 풍파를 일으킨다. 친명파는 명이 드디어 본실력을 드러냈다고 치켜세웠다. 누르하치가 영원성에서 발포한 홍이포에 맞아 사망했다는 소문이 더해지자, 그들은 자신들이 누르하치를 너무 과대평가했다고 한탄했다. 후금이 이제 망할 것이라고 기대하는 사람도 있었다.

하지만 인조와 대신들은 후금의 멸망을 기대할 정도로 어리석지 않았다. 더구나 누르하치에게 10명 이상의 아들이 있다는 사실도 알고 있었다. 정확히는 아들 16명에 딸 8명이었다. 누르하치의 처와 첩이 16명이나 된다는 사실까지 알았는지는 모르겠다. 하여튼 다들 이렇게 기도했다.

'그중 누군가가 후계가 되겠지. 그 와중에 자기들끼리 내분이나 생겨서 치고받았으면 좋겠다.'

조선의 간절한(?) 바람과 달리 누르하치의 후계자는 순조롭게 정해진다. 물론 분란의 위험이 없지는 않았지만 누르하치는 사전에 충분히 안배를 해두었다. 아주 특이한 경우

이긴 하지만, 여진의 미래를 내다보았는지 유력한 아들들도 내분보다는 단합을 택했다. 누르하치의 후계자는 조선에서는 별로 거론되지 않았던 8번째 아들 홍타이지였다.

홍타이지는 1621년부터 조선 침공을 주장한 인물로, 조선에 대한 강경파로 알려져 있었다. 조선은 홍타이지가 조선 침공을 반대했던 이복형제 다이샨과 갈등이 있다는 첩보를 얻고 둘을 이간시켜보자는 논의를 했었다. 그러나 누르하치가 죽자 다이샨은 홍타이지의 즉위를 후원했다.

1626년 12월 말, 모문룡이 인조에게 비밀문서를 보내온다.

"국경의 장수 중에 역모를 꾸미는 자가 있습니다."

누구인지 정확히 언급하지는 않았지만 의주부윤 이완이 분명했다. 인조와 대신들은 비웃었다.

"모문룡 같은 인간들은 자신이 다룰 수 없는 사람을 극도로 증오하는 경향이 있습니다. 이완이 바로 그런 인물 아니겠습니까? 이젠 이런 우스운 짓거리까지 하는 걸 보니 얼마나 악에 받쳤는지 눈에 환히 보이는 듯합니다."

중국인 살해 사건으로 형식적인 징계를 받긴 했지만, 이완에 대한 평은 모두가 똑같았다. '의주는 이완이 아니면 안 된다.' 그렇게 1626년이 저물고 운명의 1627년이 밝았다.

홍타이지의 초상화 홍타이지는 아버지 누르하치만큼 냉정하고 신중했다. 황제 즉위식에서 조선 사신들이 고개 숙이기를 거부하자 신료들이 발끈했지만, 홍타이지는 하찮은 분노 때문에 조선에 명분을 만들어주지 않겠다고 얘기하며 사신들을 돌려보냈다.

정묘호란

적이 파죽지세로 내려오다

범 내려온다

전쟁은 갑작스레 닥쳐왔다. 1월 17일 모문룡의 연락관으로 파견한 원탁이 보낸 급보가 도착했다.

1월 13일에 후금 군대가 의주를 포위했습니다. 전투가 벌어졌는데 승패는 모릅니다.

곧이어 정주목사의 보고가 도착했다.

1월 14일에 후금의 군대가 능한산성을 포위했다가 선천, 정주로 진격 중에 있습니다. 곧 안주에 도달할 것입니다.

인조와 대신들은 믿을 수가 없었다. 어떻게 의주가 하루 만에 후금의 수중에 떨어진단 말인가? 의주 병력은 유사시에 동원하는 민병까지 합쳐 4천~5천 명 정도였다. 이완과 의주의 병사들은 6천~7천 명의 병력만 있으면 의주를 지켜 낼 수 있다고 자신했다. 이 말에 3천 명을 증원해 주었던 것이다. 그랬던 의주가 하루도 버티지 못하고 함락되다니….

의주성전투의 실상은 알려진 것이 거의 없다. 조선군이 후금군을 상대로 잘 싸워 하루는 버텨냈지만 그날 밤 후금군 특공대가 수구문을 통해 잠입해 수문장을 죽이고 성문을 열었다는 설이 있고, 낮 전투 없이 밤에 특공대가 성문을 열었다는 설이 있다. 실록의 기록은 후자 쪽이다.

후금군이 성문으로 밀려들어왔다. 이완 이하 장수들은 급하게 병력을 모아 시가전을 벌였지만, 기선을 빼앗긴 상황에서 병력마저 압도적으로 차이가 나는 바람에 더 이상 방법이 없었다. 이완 이하 장병들은 거의 전사한다.◆

후금군의 일부 부대가 의주를 공격하는 동안 나머지 부

◆ 숙종 때 이완을 포장하면서 "이완이 강력하게 저항했고 강홍립의 항복 권유를 거부했다. 이완은 밤새도록 활을 쏘다 엄지손가락이 끊어졌다. 이완은 탄식하고 전사했다."(《숙종실록》 39권, 숙종 30년 7월 25일 계해)라고 했다. 이건 후대에 상상이 가미된 기록이라고 생각된다.

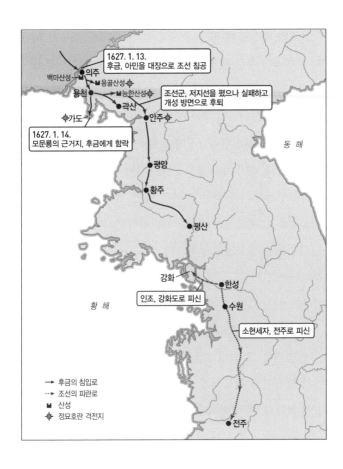

정묘호란 전개도 전쟁이 벌어지자 조선의 전략 거점이었던 의주, 안주, 평양은 아무런 역할을 하지 못했다. 인조는 후금과 맞서 싸우지 않고 강화도로 피란하는 것을 택했다.

대는 철산으로 달렸는데, 철산에 거주하는 모문룡이 목표였다. 철산은 하루 만에 함락되었지만 모문룡은 가도 옆의 신미도로 도주했다.

용천의 용골산성은 방어에 성공했지만, 위치상 후금군의 진격을 가로막을 수는 없었다. 후금군은 곽산-선천 가도를 따라 파죽지세로 남하했다. 이 진격을 저지할 요충지는 능한산성뿐이었다. 유사시 정주, 선천, 곽산 3군의 병력이 이곳에 집결하게 되어 있었다.

후금군이 능한산성에 도착했을 때 3군의 수령과 군민들이 이미 능한산성에 들어와 있었다. 찬사를 받아 마땅한 신속한 집결이었다. 1년 전 정주목사 정호서는 전쟁이 발발하면 3군의 병력을 능한산성에 모이도록 하는 전술을 병조판서 장만에게 건의해 재가를 받았다. 이때부터 3군 수령들이 충실하게 훈련을 해왔던 것 같다.

정호서는 이때 정주를 떠나 황해도병사가 되어있었지만, 3군의 병력이라면 능한산성을 사수할 수 있다고 장담했다. 과연 조선군은 첫날 전투에서 후금군을 격퇴한다. 하지만 17일 밤 후금군이 야간 기습을 감행하자 의주성과 마찬가지로 성벽이 쉽게 뚫리고 만다. 여기까지가 조정이 침공 소식을 처음 들은 17일까지의 상황이었다.

17일, 조정에서 오간 대화에서 당혹감과 혼란 그리고 그동안 조선의 전쟁준비가 얼마나 엉터리였는지가 적나라하게 드러난다.

"이 침공의 목표가 우리인가 모문룡인가? 삼남지방(충청, 전라, 경상 지역을 이르는 말)에서 얼마나 징병해야 하는가? 2만~3만 정도 징병하면 적을 막을 수 있을 것인가? 황해도를 포기하면 임진강은 막아야 하는가, 포기해야 하는가? 임진강을 막는다면 어느 부대를 보내야 하는가? 훈련도감병인가, 경기병사인가? 강화도로 피란하면 어느 부대가 왕을 호위해야 하는가?"

그 사이 후금군이 안주에 도착한다. 무슨 대책을 세우든 안주성이 며칠은 버티며 시간을 벌어줘야 했다. 후금군은 21일 새벽, 안주성 공격을 감행했다. 안주성의 병사들은 남이흥의 지휘 아래 하루종일 싸워 세 번의 공격을 막아냈다. 하지만 이번에도 저녁 무렵 성이 뚫리고 만다. 적군이 성벽을 돌파해 관아로 밀려들자 남이흥과 장수들은 화약고를 터트려 자폭했다.

2차 방어선인 안주마저 무너지자 3차, 4차 저지선인 평양과 황주(황해도 서북부)의 주민과 병사들이 도주하기 시작했다. 순식간에 방어 병력이 1/4 정도로 줄어버린다. 평양의 윤훤과 황주의 정호서는 성을 포기한다. 이제 더이상 적을 저지할 방법이 없었다.

인조는 한성을 포기하고 강화로 피란을 떠난다. 그러자 후금군이 황해도에서 진군을 멈췄다. 2월 2일에 후금군이 보낸 사신이 나타나고서야 조선은 후금의 침공 목적을 알게 됐다. 타깃은 모문룡뿐만이 아니었다.

"명과 관계를 끊어라. 후금이 형이 되고 조선이 아우가 되어 형제국이 되자."

큰 충격을 받은 조선은 어떻게든 시간을 끌어보려고 했다. 삼남의 병력을 총동원하고 흩어진 병력을 모아 반격하려는 계획도 짜보았다. 그러나 이미 자신감을 완전히 상실한 상태였고 후금군은 순순히 물러나지 않았다.

더 이상 버틸 수 없었던 인조는 3월 3일 후금의 사신과 함께 하늘에 제사를 지내는 동맹의식을 거행하고 후금과 조선이 형과 아우가 된다는 맹약을 한다. 유일한 성과라면 후금이 명과 단절하라는 조건을 철회한 것이었다. 후금의 입장에서는 상관없었다. 명은 어차피 자신들에 의해 없어질 나라였다. 명과 동맹을 끊든 말든 조선이 힘이 있다면 후금에게 덤벼들 것이고 힘이 없다면 관망할 것이다.

후금이 조선에 바라는 것은 오직 하나. 자신들이 중원을 정복할 동안 그저 가만히만 있어 주는 것이었다. 그렇게 정묘호란이 끝났다.

첩보의 진실

정묘호란 와중에 모문룡은 섬에 틀어박혀 싸우지 않았다. 큰소리만 치는 허세꾼임은 진즉에 알았지만 일말의 양심조차 없었다. 그런 주제에 5월 30일 인조에게 이런 비밀 서신을 보낸다.

"국가의 일을 그르치는 자는 윤훤·이완·정호서·남이흥이고, 국가에 유익한 자는 성준구·안경심·원탁입니다. 우리는 의義로 거병하여 지난 7년 동안 노심초사해왔는데 불행하게도 간악하고 음흉한 무리의 저해를 받아 오늘의 사태가 있게 되었습니다. 그런데 국왕께서도 신하들의 말만 들어 또한 오늘의 사태가 생기게 하였으니, 통한스럽습니다."

자신을 믿고 조선의 영토를 떼어주는 등의 전폭적인 지원을 해줬으면 군대를 키워 압록강 이북으로 진격하거나 자신이 후금군을 막아주었을 텐데, 자신을 모함하고 저지하는 신하들의 말만 들어서 이런 참화를 겪게 됐다는 말이었다.

인조는 이 편지를 보는 순간 정묘호란 직전 모문룡이 보냈던 애매모호한 첩보가 떠올랐다. 그때는 단지 이완을 모함하려는 편지라고 웃어넘겼는데 이제 와 생각해보니 그게 아니었다. 의주성이 손도 못 쓰고 무너진 건 경계에 실패한 탓이 크지만, 더 근본적인 이유가 있는 것 같았다. 3만이 넘는 대군이 의주를 향해 진격해 오는 것을 조정이나 의주의 첩보망이 전혀 탐지하지 못한 것이다.

사실 첩보망 자체가 형성되어 있지 않았다. 핑계에 불과하겠지만 명과 여진 사이에서 조선인 첩보망을 구축하기란 쉽지 않았던 것도 사실이다. 그런 점에서 명-여진-조선에 삼다리를 걸치고 있던 모문룡은 엄청난 메리트가 있었던 셈이다. 사실 인조도 모문룡의 군사적 능력에는 애초에 기대를 접었지만, 첩보전에서는 도움을 받을 수 있으리라 기대했다.

그러나 모문룡은 정묘호란 동안 조선을 돕기커녕 항복하는 장수가 나오기만 기도하고 있었다. 이완, 남이홍 중 항복하는 장수가 나왔다면 그는 강홍립, 이괄 등의 사례를 들며, "서북 방어는 역모의 우려가 없는 나, 모문룡에게 맡겨야 한다. 우리를 섬에만 묶어두지 말고 방어 가능한 지역을 떼어달라."라고 주장할 참이었다.

이것은 필자의 추정이지만 충분히 가능성이 있다고 생각한다. 후금군이 물러나자 모문룡군은 즉시 신미도에서 상륙해 평북 지역의 빈 군현들을 점거했다. 청천강 이북으로부터 상소들이 올라왔다. 현재 모문룡의 군대가 꽉 차있고, 수령이 아직 부임하지 않았고, 피란민은 돌아오지 않았다는 내용들이었다.

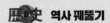

역사 꿰뚫기

협잡꾼 모문룡의 첩보조직

실제로 모문룡은 조선이 모르는 첩보조직을 운용하고 있었다. 그렇다면 그는 후금군의 이동이나 정묘호란의 징조를 포착했던 것은 아닐까? 그가 포착했다는 가정하에 모문룡은 그 첩보를 조선에 알려주는 대신, 변방의 장수 중에 딴마음을 먹은 자가 있다는 정보를 흘렸다.

모문룡은 조선의 관료들이 강홍립 이하 사르후의 패장들에게 밀약설을 뒤집어씌우고, 또 모두가 이를 철석같이 믿는 것을 보았다. 또 이괄의 난도 목격했다. '그렇다면 이것도 먹힐 수 있지 않을까?'라고 생각했던 것 같다.

적은 다시 오고야 말 것이다

마지노선

현재 평양에서 개성을 지나 서울로 온다고 할 때 남쪽으로 180킬로미터쯤 내려오면 사리원이라는 지역(당시는 황주 소속)이 있다. 정묘호란 후 이곳에서 대규모 개축공사가 벌어졌다. 정방산성이었다. 축성공사라는 게 성만 쌓는다고 되는 일이 아니다. 성을 지킬 병력을 먹일 군량도 축적해야 하고, 성을 관리하려면 주민들이 들어가 살 거주지도 마련해야 한다. 대규모 축성사업일수록 주민들이 더 기피하는 이유는 성을 쌓는 공사가 힘들어서가 아니라 매년 군량을 실어나르고, 보수하는 등 관리 및 유지가 큰 짐이 되기 때문이다.

이번 공사는 유달리 힘들었다. 축성 위치를 두고도 계속 말이 바뀌었다. 조정에서 보아도 정방산성은 방어력 면에서는 제일 떨어지면서도 규모가 너무 크고 넓었다. 성을 지키려면 황해도 병력을 다 투입해야 할 정도였다. 이렇게 하면 정방산성은 지킬 수 있을지 몰라도, 주변 요새들이 약해져서 적의 우회를 막을 수 없게 된다.

고민이 되니 자꾸 다른 곳을 기웃거렸다. 황주읍성을 보강하면 어떨까? 근처에 있는 덕월산성은 어떤가? 다시 조사가 시작되고, 관료가 파견되고, 회의하고… 논쟁은 원점으로 돌아왔다. 그렇게 축성사업은 7년이 넘도록 지속되었지만 줄곧 비판과 회의론이 이어졌다.

정묘호란 이후 최대의 노동력이 투입된 곳이 바로 이 정방산성이다. 그렇다면 왜 조정은 전략적 확신이 서지 않는 성에 집착했던 것일까? 정묘호란을 겪은 후 조선은 이 한 가지만은 명확히 각성했다. 후금은 반드시 다시 쳐들어온다는 것이다. 정묘호란 이후 척화와 주화의 논쟁이 더욱 거세졌던 이유이다. 척화든 주화든 분명한 건 조선은 강해져야 한다는 점이다. 강해지려면 정묘호란으로 드러난 전술적 문제점을 개선해야 했는데, 문제점이 한두 가지가 아니었다.

① 방어선이 버텨줘야 한다

조선의 군사제도는 기본적으로 동원체제다. 그런데 인구

는 삼남지방에 밀집되어 있다. 삼남의 병사를 동원해 북쪽 전선에 투입하는 동안 방어선이 버텨줘야 한다. 하지만 정묘호란 때는 의주(압록강)-안주(청천강)-평양(대동강)이 단 하루도 버텨주지 못했다.

이 정도 병력이면 방어할 수 있다고 자신했던 성들이 하루도 버티지 못하고 무너졌다. 의주는 기습에 무너졌다 하더라도 능한산성과 안주성은 변명의 여지가 없었다. 병사들이 잘못해서가 아니라 후금군의 전력 예측에 실패했기 때문이었다.

② 평양은 너무 멀다

따라서 의주에서 평양 방어선을 강화하려면 이전보다 병력을 증원해야 한다. 서북지방에서는 주민을 더 긁어낼 수 없으니 삼남지방의 병력을 투입해야 한다. 그런데 너무 멀다. 수비대를 늘리면 군량 지원도 늘려야 하는데, 거리가 멀면 군량 운송비가 더 많이 든다.

③ 황해도 이남에는 방어 지형이 없다

평양이 뚫리면 한성까지 적을 막을 곳이 없다. 정방산성이 바로 이 세 가지 문제에 대한 해결책이 될 수 있지 않을까? 황해도에 방벽을 세우고, 대규모 병력을 이곳에 집결시킨다. 이렇게 되면 중남부 지역 병사의 배치 거리가 절반으로 줄어든다. 군량 및 유지비는 아마 절반 이하로 줄어들 것이다. 게다가 모문룡군의 약탈도 피할 수 있다. 유사시에 정방산성 주둔군을 의주, 안주, 평양에 증원병으로 파견하면 전쟁 개시 후 삼남에서 병력 동원령을 내리는 것에 비해 몇 배는 빠르게 투입할 수 있다.

하지만 황해도 병력을 정방산성에 집중하면 오히려 황해도 방어선이 무의미해진다. 즉, 정방산성은 후방기지로 의주-평양 라인의 예비대 역할만 가능하다. 만약 증원부대를 전방에 투입하기 전에 적이 평양까지 온다면 정방산성은 무용지물이 된다. 그렇다면 차라리 비용이 들더라도 정방산성을 포기하고, 의주-평양 라인을 강화하는 것이 안전하지 않을까?

그래서 나온 대안이 압록강 방어선을 포기하고 청천강 방어선에 병력을 집중하자는 안이었다. 일단 1차 방벽이 단단해야 하는데, 정묘호란을 겪고 보니 의주, 안주 할 것 없이 방어할 병력도 군량도 부족했다.

하지만 이 방안도 심각한 문제가 있다. 평북지방 주민을 청천강 이남으로 이주시킨다면 어느 땅을 주고 살게 할 것인가? 자칫하면 평남, 황해도 지역이 굶주린 난민으로 가득 차 군인을 먹일 식량이 한 톨도 남지 않게 될 수도 있다.

평북이 비면 모문룡이 당장 상륙해 빈 땅을 차지할 것이다. 영토를 남에게 거저 주는 것은 말할 것도 없고, 후금의 대규모 침공을 부를 수도 있다. 그렇게 되면 후금과 모문룡을 충돌시켜 최소한 모문룡이라도 제거할 수 있지 않을까? 이미 모문룡이 조선을 공격할지 모른다거나 후금에 투항하려 한다는 첩보가 차고 넘쳤다. 그 첩보 중에는 자기 몸값을 올리기 위한 모문룡의 자작극도 있었겠지만 인조와 관료들은 상황이 급해지면 모문룡은 얼마든지 후금에 항복할 사람이라고 확신하고 있었다.

이렇게 늘어놓고 보니 다시 정방산성이 최고의 대안으로 보인다. 그렇게 꾸역꾸역 정방산성 공사는 진행되었고, 어느덧 7년 이상의 시간이 흘렀다. 하지만 성을 지어도 문제는 남아있었다.

④ 병력, 무기, 장비, 군량도 부족하다

무기와 장비의 부족은 상상 이상이었다. 화약은 제조량이 절대적으로 부족했고 갑옷, 투구도 부족해서 일선의 병사들은 맨몸으로 싸웠다. 심지어 지휘관도 갑옷이 없어 화살에 맞아 전사한 사례도 있었다. 이 정도 상황이면 다른 장비는 말해 무엇할 것인가. 이 또한 제대로 된 전투 한번 못해본 중요한 이유 중 하나였다. 더 근본적인 문제는 생산시설과 기술자가 적어 생산량도 낮고, 생산비용도 높다는 점이었다.

⑤ **모문룡을 해결해야 한다**

병력, 장비, 군량, 이 모두를 보강하려면 군사비를 늘려야 했다. 그러나 이 비용 중 상당수를 모문룡이 빨아들이고 있는 실정이었다. 그때나 지금이나 조선이 군사력 재건에 실패한 이유가 전적으로 모문룡 때문이라는 해석도 있다. 이 악당(?)은 조선의 군사력을 빨아들일 뿐 아니라 그렇게 키운 군대로 조선을 위협까지 했으니 말이다.

정묘호란이 끝난 후 모문룡은 더 노골적으로 조선을 적대시하고, 무법행위를 하기 시작했다. 명에 대한 의리로 여전히 그를 감싸는 사람도 있었지만, 모문룡을 처단하자는 상소가 올라올 정도였다. 모문룡이 조선군을 공격해서 땅을 점령하려고 한다거나 후금과 내통하려고 한다는 소문은 말할 것도 없었다. 하지만 명과의 관계 때문에 노골적으로 그를 비난하거나 손절할 수도 없는 노릇이었다.

위태로운 방어선

영웅의 억울한 죽음

1629년 영원성전투 이후 영웅 원숭환은 산해관 방어와 요동지방 군사력 재건의 총책임자가 되었다. 어느날 그는 산동에 속한 쌍도(현재 대련시 남쪽에 있는 섬)로 모문룡을 호출했다. 그의 생각은 이랬다. '모문룡은 악명이 높지만 그가 지닌 전략적 자산, 지정학적 위치나 군사집단의 잠재력은 무시할 수 없다.' 원숭환은 바로 그것을 탐내고 있었다.

모문룡은 원숭환의 부름이 조금 꺼림직하기는 했지만, 거래가 잘 성사되면 자신의 가치를 크게 높일 수 있을 거라 생각했다. 모문룡 자신도 언제까지나 가도에 박혀 살 수는 없는 노릇이었다. 그는 쉴 새 없이 영지를 찾고 있었지만 조선의 태도는 완강했다. 원숭환은 분명히 이 고민에 대한 희망

섞인 언질을 주며 그를 호출했을 것이다.

모문룡처럼 닳고 닳은 인간을 속여 넘기기란 결코 쉬운 일이 아니다. 원숭환은 도리와 규정을 준수하는 강직한 인물이었는데, 오히려 이런 이미지 덕분에 천하의 모문룡을 속일 수 있었는지도 모르겠다. 원숭환은 모문룡을 연회장으로 초대한 다음 전격 체포한 후 처형한다. 황제의 재가도 받지 않고 군사령관으로서 현장 지휘권을 행사한다는 명분이었다. 그러고는 신속하게 가도로 병력을 보내 가도의 군민을 흡수했다.

이 사건으로 원숭환은 조선에서 영웅이 되었지만, 세기의 협잡꾼 모문룡은 죽을 때도 홀로 죽지 않았다. 명 조정은 원숭환이 요동에서 가도 세력까지 흡수하고 독립 군벌화하려는 것으로 의심했다. 원숭환이 키워놓은 군대를 탐내는 자도 있었다.

그해 겨울 후금군은 산해관을 피해 북쪽 루트로 우회하여 북경을 침공했다. 원숭환은 북경으로 출동해 격전 끝에 위기의 북경을 구했다. 그러나 숭정제는 원숭환이 모문룡에게 했던 방식 그대로 원숭환을 불러들인 뒤 기습적으로 체포했다. 결국 원숭환은 다음 해 8월, 역모의 누명을 쓰고 북경 광장에서 잔혹하게 처형된다.

중국사에서 억울하게 죽은 장군이야 한둘이 아니지만 중국인들은 송의 악비와 원숭환의 죽음을 지금도 애통해 한다. 이들은 한족 왕조를 수호하기 위해 여진 왕조인 금과 청에 맞선 한족의 영웅이었다.

조선 조정도 원숭환의 죽음에 기가 찼다. 그런데 이 정도면 명의 국정운영 능력과 미래에 회의를 품어야 하는데, 그부분만은 철통같았다. 친명 척화파였던 사람이 명에 실망해서 주화파로 돌아섰다는 사례는 찾아볼 수 없다.

문관들의 정신력은 요지부동이지만 현장에 있는 무장들에게는 찬바람이 불었다. 원숭환이 죽자 당장 가도의 형세가 불안해졌다. 원숭환의 아들은 후금에 투항했고 부하들조차 명 조정에 절망해 후금 투항을 고민하기 시작한다. 원숭환의 부하들이 이럴진대 모문룡의 부하들이야 말할 것도 없었다.

심폐소생술

의주에 주둔 중이던 부원수 정충신과 평안도 병사 이완(정묘호란에서 전사한 이완과 다른 인물)은 모문룡의 죽음을 기회로 삼아 가도군의 조선 침략을 원천봉쇄할 방법을 구상했다. 정충신은 가도와 신미도에서 나오는 길목인 철산의 사포를 봉쇄하기로 했고 이완은 청천강 입구인 안융진을 중심으로 근처 포구를 막았다.

문제는 두 장군의 사이, 즉 사포와 청천강 사이였다. 그 사이에 위치한 군현의 자체 방어력이 전무한 상황이었다. 최소한 중간 지점에 부대 하나를 기동타격대(비상시에 재빨리 출정할 수 있도록 특수훈련을 받은 부대)로 배치해야 했다. 하지만 현실은 처참했다. 주민은 달아나고, 성은 무너지고, 군의 사기는 바닥이었다. 이런 조건에서 기동타격 임무를 수행하려면 일단 지휘관이 유능해야 한다.

정충신과 이완이 적임자를 떠올렸다. 바로 광해군 때 1만 급제자 속에 섞여 있던 청년 임경업이었다. 임경업은 무과 급제 후 반정공신인 김류의 군관으로 근무했는데 이괄의 난이 터지자 결정적 전투였던 안현전투에서 전공을 세워 원종 일등공신이 되었다. 이완과 그의 아버지 이수일도 이 전투에서 함께 싸웠다.

임경업은 압록강과 청천강 사이, 정확히 중간 지점인 선천의 검산산성 방어사로 임명되었다. 부임하자마자 그는 전란에 지친 백성들을 이끌고 빠르게 검산산성을 증축했다. 임경업은 이전부터 여러 번 축성사업을 진행했는데, 주민을 혹사하거나 불만을 초래하는 일 없이 빠르게 과업을 완수하는 리더십을 발휘했다. 그는 병사들의 신뢰와 주민의 인심을 얻는 특별한 재능이 있었다.

모문룡이 죽고 가도는 위기를 모면했지만 전란의 피해를 가장 크게 입은 평북지방의 복구는 지지부진했다. 주민을 모으고 생산력을 회복하려면 안전보장이 선결 조건이다. 조정의 방어 의지와 안전보장의 상징이 바로 최일선 기지인 의주성이었다.

조정에서는 평북 포기 전략이 논의되고 있었지만, 외부에 발설할 수는 없었다. 완전히 결정되기 전에는 의주를 재건하는 척이라도 해야 했다. 조정은 의주로 군량을 운송해서 쌓아놓고 커다란 병기창고를 지었다. 방어 의지를 과시해 흩어진 주민들을 모으기 위해서였다. 의주 재건을 약속하면서 정묘호란의 유가족들을 향해 당신들이 나서서 학살당한 일가친척들의 복수를 해야 한다고 피력했다.

무능했다면 조정이 그랬고 야비했다면 선동가들이 그랬지, 백성들은 비겁하지 않았다. 믿기지 않지만, 이 무능한 정부를 믿고 고향으로 돌아오는 사람들이 적지 않았다. 의주 사람이 아니더라도 간혹 복수나 설욕을 외치며 자진해서 의주로 들어오는 무사도 있었다.

물론 모두가 그렇지는 않았다. 타지역 인물을 의주에 배치하면 도망치기 일쑤였다. 1/3이 도망쳐 버리는 경우도 있었는데 도망자들도 할 말은 있었다.

"정부가 믿음을 주지 못하지 않느냐? 뭐든 하는 척하다가 끝난다. 의주 백성이 불쌍하다, 불쌍하다 하면서 식량지원, 의복지원은 말로 끝난다. 상을 풀고 관직을 풀자고 하면 그건 좀 곤란하다고 하고, 한다고 해도 찔끔뿐이다."

"의주성은 올 때마다 그대로군."
봇짐을 든 상인 두 명이 의주성 앞에 멈춰섰다.
"이 구멍 좀 봐. 호랑이도 왔다갔다 하겠어."
성은 허물어지고 해자는 매워져 있었다. 정묘호란이 끝나고 5년이 지나도록 성은 방치돼 있었다.

그동안에도 후금이 침공하고 가도에 있는 모문룡의 잔당들이 상륙했다. 강변에 후금 기병이 나타나는 등 의주는 비상상황이 끊이지 않았다. 1631년 참다못한 의주 백성들이 정부에 성과 해자를 복구해야 한다는 탄원서를 올렸다. 정부는 아직도 의주를 강화할지 포기할지 결정하지 못했다. 속내를 드러낼 수도 없고, 그렇다고 확신이 없는 일에 투자를 할 수도 없었다.

세종이었다면 일단 밤새도록 고민하면서 대신들을 불러

모으고, 해결책이 안 나오면 전체 관료회의라도 열어 답을 찾았을 것이다. 하지만 인조는 아무 말 없이 바로 비변사에 안건을 넘겼다. 그래도 노련한 비변사 대신들은 묘수를 찾아냈다. 묘수라기보다는 꼼수였다.

 "성문과 몇 군데를 수리하는 척합시다."

13 분노의 서한

서신이 도달되어서는 아니 된다

1633년 1월 29일 궁궐 문을 나서는 이조판서 최명길은 마음이 편치 않았다. 이달에 갑작스럽게 후금과 무역분쟁이 발생한 것이다. 무역은 정묘호란의 강화조건 중 하나였다. 후금은 국가 간 무역은 서로에게 윈윈이라는 입장이어서 지속적인 확대를 요구했다. 하지만 조선에게 무역은 애초부터 강압으로 시작된 수탈이었다.

후금이 무역 확대를 요구하긴 했지만 모문룡의 요구에 비하면 수십 분의 일도 안 되는 수준이었다. 조선의 재정이 아무리 허약하다 해도 재정을 파탄낼 만한 요구도 아니었다. 그런데 지금껏 척화와 현실 사이에서 오락가락하던 인조가 갑자기 분노한다.

"더 이상은 못 참겠다."

최명길의 계책

흥분한 인조는 후금의 태종 홍타이지에게 강경한 항의서한을 쓴다. 이 서한에서는 교역단절을 요구할 뿐 그 이상의 조치는 언급하지 않았지만 누가 봐도 국교단절에 전쟁까지도 각오한 조치였다. 기어이 일이 벌어진 것이다.

신하들은 한숨을 쉬면서도 말이 없었다. 지금까지도 도저히 확인할 수 없는 부분이 이 시기 조정의 척화파와 주화파의 비율이다. 토론장에서는 항상 척화파가 많았다. 이때도 주화파는 전전긍긍하면서 말을 꺼내지 못했다.

당시 최명길은 주화파의 수장이었다. 최명길은 1605년 (선조 38년) 생원진사시에 장원으로 급제, 1611년에는 공조좌랑이 되고, 1612년에는 병조좌랑이 된다. 이 무렵에 부친은 영흥부사가 되었다. 부자가 함께 관운이 트이는 순간 세상이 무너졌다. 북인이 득세한 1614년(광해 6년)에 최명길은 별것 아닌 사건으로 북인에게 트집을 잡혀 삭탈관직을 당했다. 운 좋게 죽음은 면했지만, 그날로 광해조에서 그의 관료운은 끝나버렸다. 1618년 무렵부터 그는 반정모의에 가담했다. 인조반정의 주역인 김류, 이귀, 김자점, 최명길 중 가장 현실적인 판단력과 과감한 실천력을 지닌 자가 최명길이었다.

그런 최명길조차 난감했다. 인조는 모시기 쉽지 않은 군주였다. 어리석은 군주보다 어리석고 고집 센 군주가 모시기 힘들다. 똑똑하면서 고집이 센 군주는 더 모시기 힘들다. 인조는 똑똑한 편이었다. 그런데 고집이 센 타입이라기보다는 보신주의 성향이 강한 군주였다. 판단은 정확한데 정치적으로 눈치를 많이 보면서 결정을 회피했다. 그래서 더 힘들었다. 그의 모든 장점이 보신주의와 이기심에 덮여 일관성을 잃었다. 그러다가 극단적인 상황이 되면 인조는 과감하게 현실주의자가 되었다. 최명길은 솔직히 인조의 이런 성격 덕을 본 인물이다. 인조는 반정의 주역들에게는 최대한 실질적 보상을 해주었다.

이런 정치적 의리는 종종 무능력한 인물을 신뢰하고 중용하게 했다. 그런 점에서 최명길은 인조에게 복이었다. 어떤 조직에서든 부하는 두 종류가 있다. 말은 많지만 쓸모있는 해결책은 제시하지 못하는 부하와 어떻게든 일을 해결하는 부하이다. 최명길은 후자에 속했다. 당시의 문관들 중에서는 쉽게 찾기 힘든 재능이었다.

그런데 이번에는 인조의 의리도 통하지 않았다. 최명길은 인조를 설득했다. "감정적인 대응으로 강대국을 자극해서는 안 됩니다." 하지만 흥분이 그만 용기로 발전해버린 인조는 고집을 꺾지 않았다. 최명길은 난감했다. 인조의 서신이 야기할 결과는 불을 보듯 빤했다.

집으로 돌아온 최명길은 급하게 누군가를 불렀다. 이제는 최후의 수단을 쓸 수밖에 없었다. 다행히 의주에는 자신과 말이 통하는 사람이 있었다. 최명길은 밀봉한 편지를 심부름꾼에게 전하며 단단히 이른다.

"절대로 실수가 있어서는 아니 된다. 또한 이 편지를 분실하거나 타인에게 들켜서도 아니 된다."

2월 2일 인조의 항의서한을 들고 사신 김대건이 의주로 출발했다. 아마도 김대건은 2월 7일이나 8일쯤에 의주에 도착했을 것이다. 김대건이 압록강을 건너려고 하자 의주에 주둔하던 도원수 김시양과 부원수 정충신이 김대건을 저지했다. 일단 김대건을 붙들어놓은 두 사람은 인조에게 이런 식으로 여진을 자극해서는 안 된다는 절박한 상소를 올렸다.

김시양과 정충신의 행동은 조정을 발칵 뒤집어놓았다. 군 사령관이 왕의 사신을 제멋대로 체류시킨 행동은 유래가 없는 일이었다. 그만큼 절박한 항명이었다. 반역죄로 처형해도 할 말이 없는 행동이었지만, 인조도 내심 불안했던지 정충신을 처벌하지 않고 전쟁을 불사하겠던 기세도 유야무야된다.

사실 최명길이 편지를 보내는 장면은 소설적 상상이다. 김시양과 정충신이 최명길의 지시나 부탁을 받았다는 증거는 없다.

그러나 정황상 가능한 이야기다. 두 사람의 행동은 평소 같으면 반역죄에 준하는 목숨을 건 행동이다. 나라와 백성을 위한 살신성인일 수도 있지만 조정의 누군가와 사전 교감 없이 이런 행동을 하기란 쉬운 일이 아니다.

최명길과 정충신은 각별한 사이였다. 두 사람이 국방문제를 논의한 편지가 지금도 남아있다. 광주 향리였던 정충신은 소년병으로 임진왜란에 참전해서 원수까지 승진했다. 이괄의 난을 진압했고, 정묘호란 때도 후금군과 접촉하면서 접전 직전까지 갔다. 비장(행동이 신속, 용맹, 과감한 장수)이란 이야기까지 들었던 김응서와 김경서는 사르후전투에서 전사했고, 정충신과 비슷한 연배였던 이완과 남이홍은 정묘호란 때 전사했다. 그는 임진왜란 참전자이자 당시까지 현역에 남아있는 최고의 실전형 장수였다.

정묘호란을 겪으면서 정충신은 조선군의 전력분석이 완전히 오판이었음을 깨달았다. 능한산성과 안주성 전투를 보면 조선이 예측했던 것보다 훨씬 많은 병력이 필요했다. 하지만 병력을 조달할 수가 없다. 정충신은 최명길에게 보낸 편지에서 이 사실을 솔직하게 이야기한다.

"지금 조선의 전력으로는 청천강 이북을 지킬 수 없고, 군대를 유지할 군량과 물자도 부족하므로 청천강 이남으로 병력을 모아야 합니다."

이건 영토를 포기하자는 주장이 아니라 현재의 역량에 대한 냉정한 평가였다. 이런 상황에서 후금과 전쟁을 벌인다는 건 객기이자 무책임한 행동이었다. 평생 죽을 고비를 수없이 넘겼던 노장은 적이 아니라 아군에게 목숨을 걸기로 했다. 사실 목숨에 미련도 없었다. 그는 이미 병들었고, 자신의 생이 얼마 남지 않았음을 직감하고 있었다.

최명길이 편지를 보냈는지, 정충신이 김시양을 설득했는지, 그것도 아니면 두 사람이 의기투합했는지는 미스터리이지만 두 장군은 조선 역사에서 보기 드문 선례를 남겼다. 김시양은 이 사건으로 관직에서 물러나 야인이 되었다. 인조는 당황스럽고 괘씸했을 테지만 전쟁이 코앞인 상황에서 최고의 무장을 잃고 싶지는 않았다. 인조는 잠시 정충신을 해임했다가 다시 경상병사로 등용했다. 하지만 지병이 도진 정충신은 병자호란 발발 직전인 1636년 5월에 사망한다.

1633년 전쟁 위기

인조가 친정親征을 외치다

내가 직접 나서겠다

인조는 정충신을 용서했지만 의견을 수용하지는 않았다. 김대건은 끝내 압록강을 건넜다. 그동안 조선은 긴장하며 전쟁 준비에 돌입했다.

"침공이 발생하면 내가 직접 장사를 대동하고 북상해 싸우겠다." 흥분한 인조가 이같이 선언했다. 왕이 이벤트 없이 출정할 수는 없으므로 출정식까지 준비하라고 지시했다. 왕의 직접 출정은 조선 건국 이래 전례가 없는 일이었다. 당시 인조는 비변사에 이런 비장한 메시지를 보냈다.

"이기고 지는 것은 병가의 상사이다. 금金의 병사들이 강하긴 하지만 싸울 때마다 반드시 이기지는 못할 것이며, 아군이 약하지만 싸울 때마다 반드시 패하지도 않을 것이다.

오늘날 무사들이 만약 자신을 잊고 순국한다면 교만한 오랑캐를 무찌르기는 어려운 일이 아니다. 아! 세상 사람 중 죽지 않고 영원히 사는 자는 없다. 그러니 치욕을 참고 구차히 사는 것이 정의를 향해 앞장서서 대장부의 뜻을 이룩하는 것만 하겠는가! 만약 오랑캐가 침략해 오면 과인이 오랑캐의 앞길에 진주하여 장사를 격려하고 평안도에 사는 군인과 백성을 위로하겠노라.”

인조가 정말로 출정을 했고, 병자호란의 결과가 달라졌다면 이 글은 우리나라 전쟁사에서 가장 멋진 연설문이 되었을 것이다. 하지만 금세 유야무야됐다.

척화론자 중에서도 강경파, 세상을 좀 더 단순하게 보았던 이들은 이 말을 듣고 가슴을 쳤다. 한탄이 아니라 감동해서였다. 정신력과 명분이면 어떤 적도 격퇴할 수 있다고 믿었던 그들은 인조가 개성까지만 갔다면, 아니 평양에 진주했다면 전쟁의 결과가 달라졌을 거라고 생각했다.

그것이 인조의 진심이었는지 쇼였는지는 아무도 모른다. 잠시 비장해졌던 것인지, ‘이 정도 하면 알아서 말리겠지.’라고 생각했던 것인지, 처음부터 대신 한두 명과 각본을 짜두었던 것인지…. 조선에서 왕이 직접 군을 지휘하고 출정하는 일은 전례도 없고, 관료들도 절대 바라지 않는 일이었다.

정말로 인조의 결심이 확고했다면 찬반양론이 격렬했어야 하는데, 조용히 끝난 걸 보면 인조의 진심을 알 사람은 다 알았던 것 같다. 어쨌든 출정은 없던 일이 됐다. 그 후로 인조는 한 번도 전투 현장에 모습을 드러내지 않았고, 출정하겠다는 말도 하지 않았다.

후금에 친서를 보낸 후 2월 한 달 내내 침묵이 전국을 감쌌다. 인조가 직접 출정한다고 교서까지 내렸지만 백성들이 궐기하거나 자원해 입대하는 상황은 발생하지 않았다. 아니일부러 그렇게 하지 않았던 것 같다. 이 시기 국왕부터 백성까지 그 속내를 알려주는 기록은 없다. 짐작건대 모두가 전전긍긍한 듯하다. 전쟁준비도 하는 척만 하고 대부분 행정과 인사조치로 끝났다. 삼남지역에서 병사를 징발하는 조치도 말만 하다 그쳤다.

위험한 오해

전운만 무르익어가던 3월 초, 드디어 김대건이 후금의 답서를 들고 돌아왔다. 조정과 백성들 모두 초긴장 상태였다. 하지만 홍타이지의 답변은 의외로 쿨했다. 요약하면 이런식이었다.

"조선의 왕이 내가 신의를 지키지 않았다고 비난했다. 무슨 소리인가? 나는 정묘호란 때 맺은 약속을 지켰다. 오히려 조선에 은혜를 베풀었다. 그런데도 나를 비난하다니 어이가 없다. 그러나 좋다. 교역을 끊고 싶다면 마음대로 해라. 그건 당신들의 자유이고 선택이다. 난 아쉬울 것 없다."

이 답서를 본 순간 관료들은 무슨 생각을 했을까? 안도의 한숨을 내쉬는 이도 있었을 것이고, 허탈해진 이도, 무안해 진 이도 있었을 것이다. 바로 이것이라며 무릎을 치는 이들 도 있었다.

'내가 옳고 당신들이 그르다. 그러나 상관하지 않겠다. 교역을 안 하면 당신들만 손해다. 내가 손해 볼 것 없다.'

척화파는 이런 논리를 도무지 이해할 수 없었다. 그것이 정의라면 반드시 상대에게 강요해야 하고, 몸에 좋은 음식은 상대방이 싫어하더라도 강제로 먹여야 한다. 그게 성리학의 정의관이고 사대부의 의무이기 때문이다. 이런 관점에서 판단하다 보니 척화파는 당시 홍타이지의 답변을 허세가 들통난 것으로 받아들였다. 우리가 세게 나가니 저들도 꼼짝 못 한다고 보았다. 저들의 허세는 그저 조선이 보내주는 예물을 더 많이 챙기려는 수작에 불과하며. 김시양과 정충신은 괜히 겁을 먹고 관직만 잃었다고 생각했다. 긴장이 빠져나가자 척화파들조차 마음에 여유가 생겼다. 그러자 다른 결론이 나온다. "호랑인지 알았더니 고양이잖아?"

결국 조정은 교역 철회를 취소하고, 예물도 적당히 보내 주기로 한다. 이렇게 1633년의 위기는 격한 감정으로 시작해서 아전인수로 끝났다. 후금이 조선의 도발을 쿨하게(?) 넘어간 이유는 조선을 침공할 이유가 없어서가 아니라 자신들의 전략적 시계視界 때문이었을 것이다. 후금이 보기에 명은 자멸하고 있었다. 후금군의 돌파를 허용하지 않던 원숭환을 자기들 손으로 죽였다. 요동의 군민들이 동요했고 원숭환의 부하들이 후금으로 투항했다. 모문룡의 잔존세력도 잘하면 흡수할 수 있을 것 같았다. 대명 전쟁에 있어서 그야말로 대운이 열리는 순간이었다. 이런 흥분되는 순간에 조선에 신경을 쓸 이유가 없었던 것이다.

이런 사정을 모르는 조선의 척화파만 자신감이 한껏 올라갔다. 그들은 이렇게 외쳤다.

"전쟁은 군사력으로 하는 것이 아니다. 사르후의 패전은 광해군의 배신 때문이다. 정묘호란의 패전은 주화론 때문에 민심이 분열되어 한마음으로 뭉쳐 죽기로 저항하지 않았기 때문이다."

15 모문룡 잔당의 귀순

하늘이 칸을 돕다

위기는 엉뚱한 곳에서 닥쳐왔다. 김대건이 돌아온 지 1주일이 되지 않아 명에서 보낸 공문이 도착했다.

"모문룡의 잔당인 공유덕과 경중명의 반군이 조선을 침공할지 모르니 경계하라."

원숭환이 죽자 가도에 있던 모문룡의 부하들이 반란을 일으켰다. 그 중심에는 공유덕과 경중명이 있었다. 여기서 모문룡에 대한 평가가 갈린다. 가도를 방문한 조선 관료들은 모문룡의 군대가 아무짝에도 쓸모없는 집단이라고 폄하했지만, 꼭 그렇지만은 않았던 것 같다. 모문룡의 공이 아니라 원숭환이 접수한 후 체계적으로 훈련시켜 역량이 급상승했던 것일 수도 있지만….

임경업의 활약

1632년 공유덕과 경중명은 산동을 공격해 산동의 군항인 등주를 점령한다. 1633년 명군은 이들을 공격해 산동에서 몰아냈다. 바다로 탈출한 반군이 갈 곳은 조선 아니면 후금뿐이었다. 졸지에 발해만에서 추격전이 벌어졌다. 조선도 압록강변으로 군대를 출동시켰다. 후금이 병력을 파견해 반군을 받아들이려는 움직임을 보였기 때문이다.

이전 같으면 의주부윤이 병력을 이끌고 출정해서 처리할 일이었다. 그러나 의주는 수비대조차 부족했다. 정부는 청북방어사로 승진해 안변에 주둔 중이던 임경업을 증원부대로 파견했다. 의주부윤과 청북방어사란 거창한 직함을 가진 장수가 합세했지만 병력은 겨우 수백 명뿐이었다.

압록강은 계절에 따른 수량 변화가 심하다. 하절기에는 깊고 푸른 물이 창창하지만 갈수기에는 여기저기 모래톱이 드러나고 여울이 생긴다. 이날 전투 양상은 기록에 남아있지 않지만 지형과 상황에 맞춰서 유추해 볼 수 있다. 명군에게 쫓기는 공유덕과 경중명은 최대한 좁은 모래톱 사이로 함대를 이끌고 들어가 남쪽 모래톱과 북쪽 강변에 정박해 방어 병력을 배치하고, 이들이 본대의 상륙과 철수를 엄호하게 했을 것이다.

모문룡 밑에서 횡포를 일삼던 가도 병력에 대한 평안도 병사들의 분노는 참을 수 없는 수준이었을 것이다. 조선의 군대가 허망한 건 국가와 장수 탓이지 병사들의 잘못이 아니다. 예나 지금이나 우리 병사들을 만나본 외국인들은 늘 이렇게 말한다. "이처럼 투지 넘치고 강인하고 훌륭한 병사들을 거느린 나라가 왜 전쟁을 그렇게 못했을까?"

하지만 지휘관은 전투를 자제해야 했다. 조선의 입장에서는 남의 나라 전쟁이었다. 게다가 조선군 병력은 너무 적어서 명군이 공격을 포기하면 역습을 당할 수도 있었다. 최악의 상황은 후금군의 출현이었다. 이미 강 북안에서 후금의 기병대가 관측되었다. 눈에 띈 병력은 소수였지만, 소수라고 방심해서는 안 된다. 전투가 격렬해지면 후금의 대군이 기습적으로 등장할 수도 있었다.

"공격하라!"

누구라도 구경만 했을 상황에서 임경업이 공격명령을 내렸다. 압록강의 모래톱은 남안에서 강 중간을 넘어 북쪽으로 퍼져나가고, 물길은 북안 쪽에 형성되었을 것이다. 이날 포수들이 활약했다는 기록을 보면 아마도 조선군은 모래톱을 밟고 최대한 전진해서 가도군이 모래톱에 배치한 수비대를 몰아내고, 북안으로 상륙하는 본대의 후미나 측면에 총

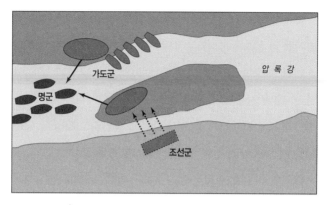

당시 전투상황 예측도

알을 퍼부었을 것이다.

조선군의 가세로 명군은 공유덕이 배치한 수비대의 십자
화망에 걸려드는 위험을 피할 수 있었다. 그들은 북안에 병
력을 하선시켜 육지와 배 위에서 협공을 하거나 선상에서
적의 후미를 공격했을 것이다.

명군 지휘관이었던 주문욱은 "임경업이 하늘을 감동시
킬 만한 충의로 적과 싸웠다."라고 극찬했을 정도로 감동했
다. 명도 임경업에게 포상으로 총병 관직을 하사했다. 이후
로 '임총병'은 임경업의 별칭처럼 그를 따라다니게 된다. 그
렇다고 임경업이 전투에서 만족할 만한 성과를 거두지는
못했다. 주문욱이 자신의 공적을 위해 과장했다는 인상도

있기는 하다. 그래도 전투는 제대로 벌어졌고, 승리는 승리
였다.

조선의 전쟁 준비

승리는 했지만 대세를 꺾지는 못했다. 공유덕과 경중명은
도주에 성공해서 후금에 귀순했다. 공유덕의 병력은 8,014
명이었고 경중명은 5,866명이었다. 조선은 아직 그들의 가
치를 깨닫지 못하고 있었지만 홍타이지는 뛸듯이 기뻐했다.
누르하치가 애타게 찾았고, 누르하치를 좌절시켰던 무기가
바로 화포였다. 홍타이지는 1631년 한인漢人 기술자를 통해
홍이포 제작에 성공했다. 하지만 무기를 잘 사용하려면 전
문가가 필요하다. 공유덕과 경중명은 수군을 거느렸고, 수
군의 주력 무기는 화포였다. 이들은 귀순할 때도 홍이포 30
문을 가지고 갔다. 홍타이지는 공유덕을 도원수, 경중명을
총병관으로 임명하고, 한인으로 구성된 독립군단을 지휘하
게 했다. 이 군단의 명칭은 하늘이 우리를 도우러 온 부대,
천우병이었다.

그렇다면 후금이 홍이포에 수군까지 갖추는 동안 조선은
어떤 준비를 하고 있었을까?

병자호란에 관한 기록을 읽다 보면 화가 나는 경우보다

어이없는 경우가 더 많다. 제일 짜증나는 경우는 황당한 탁상공론들이다. 뻔하디뻔한 전략, 하나마나한 이야기를 대간이나 예조판서가 늘어놓는다. 인조도 답답했는지 "이런 일에 관심을 끄고, 맡은 직무에 충실하라."라고 말한 적이 있을 정도였다.

대신 변명을 해보자면 실록이나 《승정원일기》는 정책이나 정치기사 중심이다. 실무적인 이야기는 많이 누락된다. 《비변사등록》은 이 기간의 기록이 병자호란으로 많이 유실되었다. 문서류는 더더욱 제대로 남아있지 않다. 남아있는 기록을 살펴보면 정부가 아무것도 하지 않은 것은 아니었다.

우선 병력을 늘리기 위해 신분질서가 흔들린다는 양반층의 반대를 무릅쓰고 속오군 제도를 정착시켰다. 병역회피자를 색출하기 위해 호패법도 새로 실시했는데 결과는 충격적이었다. 군적에 등록된 남정이 105만인데, 군적에서 빠진 남정이 123만이었다. 이들 중 상당수가 가짜로 노비 행세를 한 양인이었다.

양반들이 군역을 회피하는 대표적인 수법은 교생이었다. 요즘 말로 하면 학생은 군역을 면제 또는 유예해 주는 법인데, 졸업이 없다는 게 문제였다. 양반가 출신으로 과거를 준비한다고 하면 평생 학생으로 살 수도 있었다. 정부는 시험을 봐서라도 가짜 학생을 잡아내려고 하기도 했다. 또 무과를 늘리고 급제자에 대한 신분차별도 완화시켰다.

제도적 측면과 더불어 후금군의 공격전술과 진격로를 예측하고 전략적 요충지에 성을 축성했다. 그 대표적인 작품이 정방산성과 남한산성이다. 훈련도감, 어영청 등 정예군을 늘리고, 후금군의 기동에 대응하기 위해 기병 병력을 증원했다. 훈련에는 기병 전투에 특화된 전술을 도입했다.

한편 조선군이 가진 치명적 문제 중 하나는 수령이 민사와 군사를 총괄했다는 점이다. 문관 수령이 훈련에 지휘까지 하니 군대가 엉망이 되지 않을 수 없었다. 그래서 임진왜

歷史 역사 꿰뚫기

속오군, 천민과 양반이 한 부대에서 싸우다

"양반이 어찌 노비와 한 부대에서 전투를 할 수 있단 말인가!"

임진왜란이란 전면전을 겪다 보니 전쟁에서 양반 상놈을 가릴 수가 없다는 것, 오히려 가장 잘 싸우는 계층은 육체노동을 해본 적이 없는 양반 지식인이 아니라 험한 일에 단련되고 신분상승이란 욕구가 강렬한 노비라는 것이 증명되었다. 그래서 임진왜란 때 탄생한 제도가 속오군이다. 속오군은 총력전 체제로 양반과 천인을 가리지 않고 지역 단위로 가용한 병력을 모두 군으로 편제하는 방식이다.

란 후에 주요 군현마다 전임무관을 파견해서 훈련과 지휘를 맡겼고, 이들을 '영장'이라 불렀다.

하지만 전임지휘관만 있다고 군대가 되지는 않는다. 중세 유럽으로 치면 기사, 현대로 치면 부사관 같은 엘리트 직업 군인이 필요하다. 15세기에 조선은 평화롭고 지적인 나라를 만든다고 이런 엘리트 무사층을 싹 없애버렸다. 뒤늦게 이들의 가치를 깨닫고 지역마다 '별대'라는 엘리트 부대를 창설했다. 별대는 신분 제한이 없었다. 무과 급제자, 무과를 준비하는 무사, 포수, 산에서 생활하는 타잔 같은(?) 인물, 텀블링하는 광대, 검술이나 포술에 능통한 인재 등 한마디로 지역의 싸움꾼은 모두 찾아서 넣었다.

무기 생산도 나름 한다고 했다. 잘 알려지지 않았지만 상당히 중요한 성과가 바로 화약 증산이었다. 총과 대포가 주력 무기가 되면서 화약 수요가 급증했는데, 증산이 쉽지 않았다.

그런데 경상병사 박상이 흥분 속에 쓴 보고서가 올라왔다.

"앞으로 화약 걱정은 하지 않아도 될 것 같습니다."

당시 조선은 화약의 기본 원료인 염초(질산칼륨) 제작이 제대로 되지 않아 중국에서 수입하고 있었다. 그러다 만성적인 화약 부족 문제를 해결하기 위해 1633년에 명에 사신을 보내 염초 제조법을 배워왔다.

박상은 새 제조법으로 경상도에서 염초를 생산했는데, 생산 전망치가 한 해에 1천 근이 넘었다. 이 양은 세종대의 1년치 전국 생산량과 맞먹는 양이었다. 박상은 너무 기쁜 나머지 자신에 차서 보고서를 올렸던 것이다.

뿌듯해진 조정은 같은 해 12월에 각 군현에서 제조하는 화약과 탄환은 절반만 중앙으로 공납하고, 절반은 현지에서 훈련용으로 사용하라고 시달한다. 공문이 발송되지 않아서 말로 끝나긴 했지만.

의주에서 백마산성으로

빈총을 들고 싸우란 말입니까

조선의 롬멜

임경업은 문제의 의주부윤으로 발령을 받는다. 의주로 향하는 임경업의 심정은 제2차 세계대전 때 북아프리카로 날아가는 롬멜의 심정과 비슷했을 것이다.

프랑스 침공 당시 겨우 사단장이었던 롬멜은 아프리카 전선에 투입되었다. 비록 군단 규모에도 못 미치는 병력을 받았지만 지휘상으로는 아프리카 군단의 책임자가 되었다. 마음껏 자신의 전쟁을 벌일 수 있는 지위를 얻었지만 그가 거느린 병력은 형편없었고, 총사령부는 전투의지도 없었다. 그들이 롬멜에게 원하는 것은 혈맹 이탈리아군을 돕기 위해 독일군을 파병했다는 명분뿐이었다. 롬멜에게는 일을 벌이지 말고 방어에 집중하라는 훈령을 내렸다. 그러나 롬멜은 꼭두각시 노릇을 할 마음이 전혀 없었다. 북아프리카로 가는 비행기 안에서 롬멜은 결심한다. "아무리 전력이 불리하다고 해도 나는 싸울 것이다."

임경업도 자신을 의주로 파견하는 이유가 의주를 사수하며 싸우라는 것인지, 의주를 포기하고 주민들을 철수시키라는 것인지 알 수 없었다. 여러 정황상 비변사의 의도는 후자였다. 하지만 임경업은 그럴 마음이 없었다.

의주에 도착해보니 상황이 생각보다 더 심각했다. 정묘호란은 의주를 죽음의 도시로 만들었다. 앞서 언급했듯 그간 조정도 몇몇 재건사업을 실시했고 고향을 재건하려는 백성들의 노력도 있었지만 임경업이 도착할 당시 의주성 안 인구는 실제 호구 수가 200여 호에 주민은 남녀노소를 가리지 않고 다 합쳐도 겨우 600명뿐이었다.

200년 전인 세종 때 기록을 보면 의주성의 호수가 531호, 인구가 1,498명, 병력이 357명이었다. 너무 적어 보이겠지만 조선의 호구 통계 방식은 실제 가호가 아니고 세금 납부가 기준이었다. 인구 역시 세금을 낼 수 없을 정도로 가난한 사람, 노비, 여성과 노약자 등을 뺀 인구이다. 현대식으로 통계를 내면 실거주 인구는 5배가 넘었을 것이다.

조선시대에 정식 군현이 되려면 세종 때 통계방식으로

500호 이상이어야 했다. 그런데 의주성은 실거주 기준으로 200호뿐이었다. 조선 제1방어선이라는 곳이 이런 지경이었다.

수령은 임지에 도착하면 창고와 비품을 점검한다. 임경업의 최고 관심사는 당연히 병기고였다. 병기고를 여니 조총들이 가지런히 정렬되어 있었다. 조정도 손 놓고 있었던 건 아니었다. 조총과 화약 생산에는 정부도 노력을 기울였고, 생산한 조총의 30퍼센트 이상을 의주에 배당하고 있었다.

임경업은 흐뭇한 마음으로 병기고로 들어가 장비 목록을 읽어내려갔다. 하지만 막상 보니 기가 찼다. 병기고에 있는 건 조총뿐이었다. 총알은 불과 2천 발 미만이었다. 포수가 500명이라고 해도 겨우 1인당 4발 분량이다. 조총의 발사 속도는 1분에 2발이다. 정조준해서 침착하게 사격한다고 해도 5분도 버틸 수 없다.

총알이 없다면 다른 건 말할 필요도 없다. 화약으로 화살을 날리는 신기전은 당시까지도 유용한 무기였는데, 겨우 400발만 쏠 수 있었다. 화살과 조달하기 힘든 화약은 있는데, 화약을 쌀 종이가 없었다.

그다음부터는 언급하기조차 민망하다. 옛날에도 군인 한 명에게 필요한 장비는 수십 가지가 넘었다. 투구, 갑옷, 야전

삽, 도끼, 수통, 식반, 화약통…. 이것들은 갖추었을까? 그럴 리가 없다. 총은 주는데 총알이 없고, 쌀은 주는데 밥을 지을 솥과 냄비가 없는 곳이 조선 군대였다.

그리고 성벽도 여전히 허물어져 있었다. 이래서야 기병 100기의 공격도 막아낼 수 없다. 임경업은 자신이 일생일대의 도전을 해야 하는 시점에 도달했음을 깨닫는다. 그건 일생 동안 자신이 바라던 기회이기도 했다. 그는 눈을 가늘게 뜨고 말했다. "오냐, 나는 물러서지 않겠다. 의주를 재건하고 이곳을 사수해 보이겠다."

주민을 모아 의주를 재건하려면 의주를 지킬 수 있다는 가시적 증거가 필요했다. 당시 상황에서 의주성 방어는 불가능했다. 의주성은 평지성인 데다 보수한다고 해도 너무 넓다. 현재 의주성은 성터만 남아있는데, 둘레만 8.3킬로미터이다. 동·서·남·북에 4대문이 있고, 성 안에는 1개의 연못, 43개의 우물이 있었다. 원래는 이렇게 넓지 않았는데, 1520년 무렵 도시 확장을 위해 개축하면서 성벽의 둘레가 거의 2배가 되었다.

하지만 그는 포기하지 않고 대안을 찾았다. 따지고 보면 별로 어렵지도 않았다. 역사에 답이 있었다. 거란전쟁 때 한 번도 함락되지 않았던 흥화진은 의주성이 아니라 의주에서

20리 떨어진 백마산성이었다. 20리는 산 아래까지의 거리이고, 산성까지는 한 시간 정도 더 걸어 올라가야 한다. 백마산성의 둘레는 2.6킬로미터 정도였다. 의주성의 1/3이다.

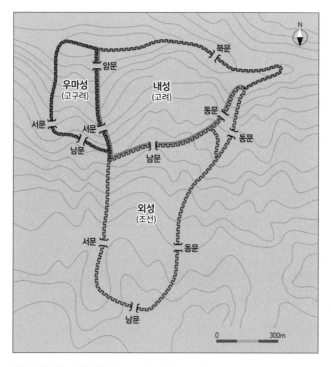

백마산성 지형도 백마산은 의주군 남서부와 피현군 북서부에서 가장 높은 산으로 근처에 삼교천이 있어 압록강과 황해로 통한다. 즉, 군사·경제·수송 모든 조건을 다 갖추고 있었다. 내성은 고구려 우마성을 기초로 삼아 고려 현종 때 강감찬이 축성했고 이를 임경업이 보수한 것이다. 외성은 영조 때 축성되었다.

백마산성 축성

백마산성에 처음 주목한 사람은 임경업이 아니다. 6년 전
의주부윤이었던 엄황과 정충신이 백마산성을 답사하고 의
주성을 대신할 수 있는 방어지로 적지라는 결론을 내렸다.
엄황이 올린 보고서는 백마산성의 입지에 관한 가장 훌륭한
설명이 되어주었다.

"산 아래는 기름진 들판이 있어 농사를 지어 군량을 비축
할 수 있다. 서쪽에는 갈대밭, 염전이 있고 뱃길도 가깝다.
동·서·북면은 깎아지른 듯이 험하다. 남면은 상대적으로 완
만하지만, 지형 구조가 방어에 유리하다. 성안에는 샘이 풍
부해 물이 넘쳐 시내를 이룰 정도이다(이건 극히 훌륭한 장점
이다). 성 밖 경사면에는 산봉우리와 등성이가 이어져 있어
적이 그쪽으로 공격하기가 어렵다."

주민들도 백마산성 안案을 지지했지만 정부가 망설였다.
그러나 당장 지킬 수 없는 의주성을 무대책과 속임수로 방
치할 수는 없었다. 가시적인 방어능력을 확립하기 전에는
더 이상 주민이 모여들 것 같지도 않았다. 임경업은 백마산
성 수축공사를 강행했다. 의외로 빠르게 1635년 1월경 백마
산성이 완공되었다.

조정은 임경업의 백마산성 축성을 달갑지 않게 보았다.

당연히 지원도 없었다. 조정 기록에는 상당히 상투적인 표현으로 "임경업이 몸소 돌을 지고 나르며 단기간에 공사를 완성했다."라는 기록이 있는 반면 "정부를 속이고 제대로 허가도 받지 않고 멋대로 성을 쌓았다."라는 기록도 있다. 평소 같으면 크게 불거졌을 행위지만, 당시 조정은 의주 방어 전략에 대해 논의만 많았지 뾰족한 수를 내놓지 못하던 상황이라 불가피하게 그의 재량권 행사를 묵인했던 것 같다.

또한 황주에 주둔 중이던 도원수 김자점이 임경업의 안을 지지한 덕에 얼렁뚱땅 진행된 듯하다. 임경업은 단기간에 성을 완공했지만, 의주의 인구로는 백마산성을 지킬 병력조차 부족했다. 성을 방어하려면 4,835명이 필요한데, 의주성 안의 주민이 약 600명이니 병사는 최대한 뽑아내야 100명이었다. 여기에 정부에서 징집해 파견하는 병력이 1,300명 정도 있었지만 이들을 합쳐도 필요 인원의 절반도 되지 않았다.

임경업은 병력 지원을 요청하는 상소를 올린다. 실록에 기록된 이 상소는 조선시대 수성전의 방어병력 구성을 알려주는 중요한 자료이다. 성벽 위에 있는 요철 모양의 방벽을 한자로 '첩堞'이라고 하는데, 1첩당 필요한 병력이 5명이었다. 산성의 성벽에 가보면 성첩 하나에 5명을 배치하기는 좁다는 생각이 들 것이다. 5명은 한 번에 배치하는 병력이 아니라 교대병력까지 감안한 수이다. 또 성벽에 수비병을 배치할 때는 1열만 배치하지 않는다. 1열 뒤로 몇 명당 1명씩, 이런 식으로 2열, 3열 병력을 배치한다.

보통 성문이 4개라고 하면 성문 단위로 4개의 수비대를 편성하고, 각 수비대마다 '유군'이라고 부르는 최정예 무사로 구성된 100명의 예비대 개념의 기동대를 둔다. 이들은 전투가 격렬한 곳을 지원하거나 빈틈을 노려 적을 습격하는 역할을 맡는다. 사령부에는 사령관 직속으로 200명의 예비대를 둔다.

1635년까지도 의주에 주둔한 병력은 조정이 파견한 수비대 1,200~1,300명에 의주성의 민병이 300~400명으로 합이 겨우 1,600여 명이었다. 백마산성을 지키기도 부족한 병력인데, 임경업이 가능성을 보임으로써 신뢰를 얻게 된다. 이에 도원수 김자점이 황해도 병력을 백마산성에 증원하자고 건의한다.

나중에 김자점은 임경업을 모함하고 살해한 주범으로 몰리지만, 이때까지는 임경업의 확고한 지지자였다. 황해도 군사 5천을 증원하면 백마산성에는 7천에 가까운 병력이 들어서서 병력이 차고 넘치게 된다. 그러면 눈치를 보던 주민들이 모여들 것이다. 주민이 늘어 8천에서 1만 명의 병사를 모으면 의주도 사수할 수 있다.

자신의 능력과 방어 가능성을 과시한 임경업은 서둘러 의

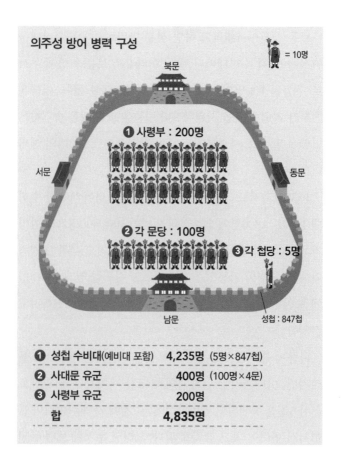

의주성 방어 병력 구성

= 10명

북문

① 사령부 : 200명

서문

동문

② 각 문당 : 100명

③ 각 첩당 : 5명

남문

성첩 : 847첩

① 성첩 수비대(예비대 포함)	4,235명	(5명×847첩)
② 사대문 유군	400명	(100명×4문)
③ 사령부 유군	200명	
합	4,835명	

주성으로 돌아가려 했다. 그래야 의주 부활 프로젝트를 가동할 수 있으니까. 하지만 이번에는 김자점이 제동을 걸었다.

"임경업의 뜻은 금년(1635) 안에 의주의 옛 성으로 주민들을 들여보내는 것입니다만, 신의 생각에는 우선 백마산성에 입보하는 것이 좋겠습니다. 백마산성에서 주민이 충분히 모인 다음에 의주에 들어가 성을 지켜야 합니다."

임경업은 무서운 추진력을 보였지만, 김자점은 그가 너무 서두른다고 생각했던 것 같다. 여기에는 두 사람 다 그럴만한 사정이 있었다.

17 임경업의 의주 재건

전쟁에는 재화가 필요하다

의주 재건 프로젝트

임경업 입장에서 백마산성은 한계가 있었다. 한번 생각해보자. 10년 전에 적의 침입으로 초토화된 도시, 지금도 최일선 국경 도시이고 전쟁의 가능성이 사라지지 않은 도시로 사람들이 모이게 하는 방법에는 뭐가 있을까? 바로 재화, 돈이다.

레바논의 항구도시 티레는 수천 년의 역사를 지닌 유서 깊은 도시이며, 세상에서 가장 아름다운 항구 중 하나로 꼽히던 곳이다. 현재는 레바논 내전으로 피폐할 대로 피폐해져 안타까움을 사고 있지만 말이다. 역사를 들여다보면 티레가 전쟁으로 황폐해진 것은 레바논 내전이 처음이 아니다. 기원전 9세기부터 아시리아의 군주들은 주기적으로 티레를 침공했다.

티레 주민들은 최대한 방어를 강화했지만, 기원전 332년 알렉산드로스 대왕이 쳐들어와 난공불락으로 보이던 티레를 끝끝내 함락시켰다. 그 뒤로도 티레는 무수한 침공을 받았고 수없이 파괴됐지만 전쟁이 끝나면 바로 재건되곤 했다. 불사신 같은 티레 재건의 비결은 바로 재화였다. 티레를 처음 세운 사람들은 지중해 세계에 무역의 가치를 알린 페니키아인이었다. 티레에 아시리아와 알렉산드로스, 십자군을 불러들인 것도, 파괴된 도시를 재건한 힘도 무역이 낳은 재화였다.

의주에 대한 해답도 간단했다. 교통의 요지인 국경에 위치한 도시는 전시에는 공격과 파괴의 대상이 되지만 평시에는 상업과 무역의 거점이며, 돈을 벌기에 가장 좋은 장소가 된다. 역사를 돌이켜보자. 아무리 전쟁이 빈번한 도시라 해도 포탄이 터지는 시간보다는 평화의 시간이 더 길다. 그래서 전쟁이 끝나면 바로 사람들이 폐허 위로 모여들어 도시를 재건하고, 부를 축적하게 되는 것이다.

지금도 의주는 중국과 북한의 무역거점이다. 조선시대에 의주는 북방 무역의 거점으로 최고의 무역도시였다. 이것이 바로 임경업이 찾은 답이었다. 이는 의주의 향리와 주민들도 다 아는 것이었다. 백마산성 축성을 건의했던 엄황도 상업 부흥정책을 추진하다가 무역에 신경 쓰느라 농사를 망쳤다는 비난을 받고 해임되었다.

임경업이 운이 좋았던 건지 정부도 마음이 급했던 건지 이번에는 정부가 무역을 승인하고 은 1,000냥과 비단 100필을 지급했다. 임경업은 이것을 자본으로 교역을 시작했다.

주민을 늘리는 두 번째 방법은 빈민을 불러모으는 것이다. 임경업은 무역으로 번 돈을 가지고 둔전(군량을 충당하기 위해 일구는 토지)을 열었다. 주민이 도망쳐서 놀고 있는 땅에 빈민을 모집해서 식량과 농기구를 지원한 것이다. 경작지가 늘어나면 의주에 비축할 수 있는 곡식도 늘어나게 된다. 이를 통해 의주 방어에 있어서 또 하나의 결정적 어려움인 군량부족 문제를 해결할 수 있었다.

임경업의 노력은 효과가 있었다. 인구가 늘고 식량 비축량도 늘었다. 1635년에 의주성 인구는 220호로 부임 당시인 200호와 별 차이가 없다. 하지만 백마산성에 거주하는 인구는 1636년에 이르자 거의 2천 호에 달했다.

군비도 착실히 늘렸다. 임경업 부임 당시 정묘호란 후 10년 동안 비축한 총알이 겨우 2천 발에 불과했는데, 부임 후 2

년 동안 의주에서 제조해 비축한 총알만 7천여 발이었다. 여기에 도원수 김자점 군영에서 7,800발을 지원받아 1634년 9월에 이르자 약 16,000발을 확보한다.

엄청난 발전이지만 이 역시 전쟁을 하기에는 형편없이 부족한 양이었다. 게다가 전쟁에는 총알만 필요한 게 아니다. 1635년까지도 의주에 있는 활은 980개뿐이었다. 최소한 수비대 8천 명이 필요한 성에 말이다. 활과 화살만 해도 물소뿔, 소 힘줄, 물고기 부레로 만든 아교, 버드나무, 무명실, 화살촉을 만들 철, 화살대로 사용할 대나무, 깃털, 신기전용 화약, 화약을 쌀 종이 등 수많은 재료가 필요하다. 화살대 재료인 대나무를 '전죽'이라고 하는데, 북방에는 대나무가 자라지 않아서 남쪽 지방에서 운송해 와야 한다. 수송비도 만만치 않다. 또, 무기를 제작하고 수선하려면 여러 분야의 장인이 필요하고 그들에게 생활비와 재료비를 지원해 주어야 한다.

활과 화살만 해도 이 정도인데, 투구, 갑옷, 수성구, 총과 화포 등 전쟁에 필요한 무기와 장비는 끝이 없다. 정부 지원이 없진 않았지만 결과만 가지고 다소 감성적으로 표현해보자면 인구 1만도 안 되는 작은 도시가 중국의 성 한두 채 정도는 가볍게 쓸어버리는 강력한 적의 대군을 상대하기 위해 홀로 몸부림을 치고 있는 셈이었다.

김자점은 임경업의 생각에 동의하면서도 의주에 올인할 수가 없었다. 자신이 맡은 후방 방어대책이 여전히 엉망이었다. 2선, 3선 방어를 포기하고 1선에 병력과 물자를 집중할 수는 없었다. 김자점은 의주 재건에 별다른 도움이 되지 못했다. 그런데 더 큰 훼방은 김자점이 아니라 조정에서 왔다.

의주 원정대

1635년 박로가 심양에 사신으로 파견되었다. 조선의 무역은 항상 공무역이다. 사신이 갈 때 무역상을 거느리고 간다. 의주부윤은 상인의 수, 이들이 가져가는 물품의 종류와 양까지 철저하게 검문해야 한다. 때로는 감찰관도 파견된다.

박로가 합법적인 상인을 데리고 출발하자 임경업은 2차로 상인단을 조직해 그들의 뒤를 따라가게 했다. 박로도 이 사실을 알았지만 모른 척했다. 국가가 모르는 상단 편성은 심각한 범죄가 아니었을까? 법령만으로는 걸리게 되면 탄핵이 확실한 중범죄였다. 상단의 규모, 무역의 규모에 따라 최악의 경우에는 사형선고를 받을 수도 있었다.

전쟁을 코앞에 두고 적과 교역하는 것이 말이 되느냐고 생각할 수도 있다. 그러나 안 주고 안 받는 것이 능사가 아니다. 전쟁은 서로 줄 것은 주고, 받을 것은 받으면서 누가 준비를 더 잘하느냐의 싸움이다.

박로는 귀국해서도 비밀을 지켰지만, 1635년 11월에 상단 관련 소문이 비변사의 귀에 들어갔다. 비변사가 박로를 불러 추궁하자 실토할 수밖에 없었다. 이를 사헌부가 알게 되자 탄핵 상소가 들어오기 시작했다. 《승정원일기》를 보면 11월 내내 대간들이 매일같이 탄핵 상소를 올렸다. 삭탈관직하자는 정도가 아니라 체포해서 국문해야 한다고 주장했다. 국문은 반역죄에 준하는 중범죄자를 왕이나 대신이 직접 신문하는 방식이다. 형장을 치거나 고문하는 것도 허용한다. 함께 간 상인들은 효수(참형이나 능지처참을 한 뒤 그 머리를 장대에 매다는 형)하라고 난리였다. 인조는 저지하려고 했지만 대간들의 기세가 댕댕했다.

결국 12월 8일 비변사가 뜻을 굽힌다. 임경업을 파면하고 새로 의주부윤을 임명했다. 신임 부윤에게 업무 인수인계를 마치면 바로 묶어 호송 수레에 태운 후 서울로 압송하기로 한다. 의금부에는 임경업을 바로 압송해 오라는 명령이 내려왔다.

이때 임경업 국문과 상인 처형을 주장하는 상소를 올렸던 이들은 아이러니하게도 훗날 임경업을 영웅으로 떠받든 척화파가 많았다. 상소에 임경업의 부정축재나 뇌물에 대해서는 크게 언급하지 않은 걸 보면 개인의 탐욕을 문제 삼은 건 아니었다. 청과의 일촉즉발 상황에서 최일선에 있는 의주부윤이 적국인 청과 무역을 했다는 사실에 격분했던 것이 분명하다. 척화파는 이를 반역에 가까운 내통으로 이해했던 것이다.

비변사 대신 중에도 여전히 의주 포기론을 주장하는 사람들이 있었다. 그들 중에는 백마산성을 축성할 때부터 임경업이 너무 막 나간다고 생각하는 사람도 있었을 것이다. 척화론과 의주 포기라는 두 개의 전략적 입장이 임경업 파면의 진짜 배경이었다. 의주를 강력한 추진력으로 복원해낸 임경업은 그렇게 파면되고 말았다.

임경업은 결국 금부도사(죄인을 다루는 일을 하는 의금부 관리)에게 잡혀 의주에서 서울로 압송되는 모욕까지 겪었다. 숭정제가 원숭환을 숙청한 일에 대해 조선의 지식인이라면 모두가 비난했을 것이다. 하지만 정작 자신들이 똑같은 행동을 할 때는 무엇을 잘못하는지조차 알지 못했다.

정말 국문까지 했는지는 기록이 없다. 그렇다면 전쟁이 코앞인데 의주를 이대로 포기할 것인가? 그럴 순 없었다. 2월에 도원수 김자점의 상소가 올라온다.

"임경업을 처벌해서는 안 됩니다."

한 달 뒤 3월, 김자점은 의주를 포기하자는 비변사의 주장에 반대하고 임경업에게 의주의 사수를 책임지고 맡겨야 한다고 주장한다.

인조는 김자점을 크게 신뢰했다. 그의 상소 덕에 임경업은 복직한다. 3월 9일 임경업은 궁에 들어와 왕에게 하직 인사를 하고 다시 의주로 출발했다. 전쟁 1년 전의 피 같은 6개월은 그렇게 낭비되었다.

歷史 역사 꿰뚫기

역사 속 유죄의 기준

조선시대에 중앙 관원들이 부가수익을 얻거나 잔치 수준의 식사를 대접받는 정도, 수령들로부터 지역 특산물을 받거나 사적인 편의사항을 요구하는 정도는 관행이었다. 시장과 유통망이 충분히 발달하지 않아서 이런 식의 물자교류마저 없으면 생활이 되지 않던 시절이었다.

현실을 무시하는 규정과 관행에 묶여 살면서 모두가 언제든 탄핵을 당하거나 반대로 탄핵을 할 수도 있는 사회가 조선의 관료사회였다. 납득이 가는 설명을 하기가 쉽지는 않지만 이것은 정의의 문제가 아니라 사회구조와 생산역량의 문제이다. 인류는 정의롭지 못하게 살아온 세월이 정의롭게 살아온 시간보다 훨씬 길다. 지금도 여전히 반 이상의 국가가 그렇게 살고 있거나 헤어나온 지 얼마 되지 않았다고 설명할 수밖에 없다.

조선의 전쟁 준비

막다른 골목

무비유환

1634년에서 1635년. 이 시기 조선의 항전의지는 상식선을 뚫고 치솟았지만 전쟁 준비는 정묘호란 때와 별로 달라진 것이 없었다. 한마디로 정신과 몸이 따로 놀았다.

전쟁 개시 1년 3개월 전인 1635년 9월, 인조가 편전(창경궁 문정전)으로 대신들과 비변사 당상을 불러 모았다. 《승정원일기》에는 이날의 회의가 자세히 기록되어 있는데, 《인조실록》에는 완전히 빠져있다. 이유는 각자가 알아서 짐작하는 수밖에 없다. 인조는 작정하고 그동안 아껴뒀던 질문을 던졌다.

"이제 황해도와 평안도의 전쟁 준비는 완비되었는가? 요즘 방어를 위해 추진하고 있는 일은 무언가?"

영의정 윤방이 전쟁을 완비한다는 건 쉬운 일이 아니라는 원론적인 대답을 했다. 물론 맞다. 완벽한 준비란 없다. 하지만 그다음 내용이 문제였다.

"군사는 적고, 성과 해자는 견고하지 못합니다."

이후 긴 토의가 이어진다. 황해도에 군관은 600~700명뿐이다, 황해도에 3차 방어선을 구축하기 위해 축성하려 했던 정방산성은 3년이나 되었는데 아직 쌓지도 못했다, 정방산성이 정말 제 기능을 할지 확신도 못하겠다, 황주읍성은 아무래도 방어가 안 될 것 같으니 황주성 재건축 계획은 포기해야 할 것 같다, 그래서 다른 지역을 알아보고 있는데 아직 마땅한 후보지를 결정하지 못했다… 이런 처참한 얘기들뿐이었다.

하지만 인조가 놀라 침을 꿀꺽 삼켰다거나 얼굴에 경련을 일으켰다는 식의 기록은 전혀 없다. 《승정원일기》는 개인의 표정이나 반응은 모두 생략하고 담담하게 이날의 회의를 서술해 나간다. 심란한 대화는 계속된다.

인조 : 정방산성은 넓어서 여기에 황해도 병력을 모으면 다른 지역은 무방비 상태가 된다. 과연 정방산성을 3선 방어거점으로 삼는 전략이 괜찮을까?(이 전략에 따라 축성을 시작한

지가 벌써 3년이었다)

윤방 : 정말 그런 문제가 있습니다.

인조 : 그럼 대안은 무언가?

대신들 : 모르겠습니다. 방법이 없다고 합니다. 병력이 적으니 정방산성에 모으는 수밖에 없습니다.

즉, 후금군이 우회하면 정방산성은 무용지물이고 황해도에서 적을 3차로 저지하는 계획은 소용없다. 그래도 안 하는 것보다는 낫지 않으냐는 식이었다. 절망감이 차오른 인조는 한성 방어를 포기하고 또 피란 가야 할지도 모른다는 생각이 든다. 그래서 강화도가 안전한지 묻는다.

인조 : 그럼 강화도는 어찌 됐나?

윤방 : 외성을 쌓을 수가 없습니다. 그래서 대신 봉화대 같은 작은 성들을 쌓고 여기에 대포를 설치할까 합니다.

여기까지 오자 인조도 화가 난 것 같다. 빈정거리는 말투로 바뀐다.

인조 : 좋은 생각이네. 대포를 제조할 수 있다면 말일세.

윤방 : 예. 솔직히 강화도에서 대포를 자체 제작하기는 어렵습니다.

인조 : (내 이럴 줄 알았지) 그 건은 내가 전에 이미 조치를 취하라고 명령을 내리지 않았나?

윤방 : 예. 그렇기는 한데… 막상 해보니까….

이렇게 하염없이 한심한 얘기가 진행되다가 마침내 김자점이 더 듣기 민망했는지 한마디로 결론을 내린다. "모든 정책이 다 이 모양입니다." 전략은 구멍투성이고 병사는 적다. 그 적은 병사를 무장시킬 갑옷과 무기조차 부족하다. 성은 쌓지 못하고, 돈도 곡식도 없어 병력 보충도 안 되고, 뽑아놓은 무사와 포수는 훈련도 못 하고 있다. 이것이 문정전에서 벌어진 최종 점검회의의 결론이었다.

유비무환

후금은 반대였다. 중원 정복이란 누르하치의 꿈은 처음에는 허황돼 보였지만 그가 죽은 뒤에 꿈과 현실의 거리는 계속해서 가까워지고 있었다. 누르하치가 처음에 구상했던 중원 정복 전략은 이랬다.

① 먼저 여진을 통일한다.

② 몽골을 끌어들여 전력을 보강한다.

③ 남쪽의 조선은 방해하지 못하도록 견제한다.

④ 산해관을 뚫는다.

누르하치 때만 해도 이 전략을 조심스럽게 추진했다. 그는 산해관에 힘을 최대한 집중하고 낭비가 없도록 노력했다. 막판에는 몽골을 공격하기도 했지만, 처음에는 계속 유화책을 쓰고 돈과 약탈물을 풀었다. 누르하치는 정면의 적에게 집중하면서 잽과 스트레이트로 공략하는 형태였다. 하지만 홍타이지는 달랐다. 충분한 전력에 자신감까지 상속받은 그는 레프트, 라이트 훅을 마음껏 휘둘렀다.

그는 정묘호란을 일으킨 후 몽골을 공략했다. 1629년에는 대대적인 몽골 침공을 시도했고, 몽골 부족 중에서도 제일 강하고 조선처럼 명과 교류하던 차하르부를 공격해 대승을 거두었다. 포로만 1만 명을 얻었고 지도자인 릭단 칸은 망명했다.

1634년부터 후금군은 산서성을 침공해 그야말로 휩쓸었다. 산서성은 한漢이 다스리던 시절부터 흉노와 몽골족의 침공로였다. 명은 이 지역의 방어와 요새화에 국력을 쏟아왔다. 명의 대표적 재벌인 산서상인이 바로 이 지역의 군납으로 부를 축적한 집단이었다.

그런 지역이 후금군에게 제대로 된 저항 한번 하지 못하고 녹아내렸다. 명 군대는 요새에 틀어박힌 채 후금군의 진군을 구경만 할 뿐 맞붙어 싸우는 부대가 없었다. 이게 다가 아니었다. 인구가 적은 후금은 사람이 중요한 약탈 목표였다. 그들은 명 병사나 주민을 잡으면 당장 후금인처럼 머리를(앞머리를 밀고 뒷머리를 땋은 '체두변발') 깎았다.

포로가 된 명의 백성 중에는 탈출을 감행하는 이들도 있었다. 명 장수는 탈출에 성공해서 귀환하는 사람을 발견하면 살해한 후 그들의 목을 잘라 후금 병사를 죽였다고 속이고는 포상을 받았다. 적과의 전투는 회피하고, 자기 주민을 학살하는 군대. 이런 모습을 보곤 후금 사람들마저 어이없어 했다.

이때 엉뚱한 곳에서 또 다른 희소식이 전해졌다. 산서 원정을 목도한 몽골인들이 저항 의지를 완전히 버리고 투항한 것이다. 이때 차하르족이 항복 선물로 들에서 발견한 원元의 옥새를 바친다. 옥새는 원이 망할 때 소실되었는데, 양치기가 들에서 발견했다고 한다. 진짜인지 조작인지 알 수 없지만, 이 사건이 의미하는 바는 명확했다. 몽골의 완전한 복속이다. 1635년, 그렇게 몽골의 잔여세력들이 후금에 투항했다.

다시, 전쟁이다

홍타이지는 옥새보다 투항한 몽골군이 더 반가웠겠지만, 옥새의 활용법도 놓치지 않았다. 12월 말에는 후금 사신 마부대(마푸타)가 직접 홍타이지의 편지를 들고 조선에 왔다. 이 편지에 산서 원정 중에 겪은 명 군대의 형편없는 모습이 적혀 있었다. 홍타이지의 결론은 간단했다.

"명은 이 지경이다. 이 형편없는 나라가 우리를 이길 수

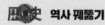 역사 꿰뚫기

원의 옥새, 진짜 의미는 선전포고였다

홍타이지에게 몽골인들이 상납한 옥새가 진짜인지 가짜인지는 알 수 없지만 멸망한 대원제국의 옥새는 판타지 소설에나 나올 듯한 일화를 남기며 결국 홍타이지의 손에 들어왔다. 땅에서 솟아났든 비밀 공방에서 제작됐든 소문을 흘리는 이유는 뻔했다. "명은 몽골인이 세운 원을 멸망시키고 건국했다. 그 정통성이 후금에게 이어졌다. 우리가 황제를 칭하지 못할 이유가 무엇이냐."라는 의미도 되고 여진, 몽골, 조선까지 포함해서 "만주의 종족이여, 후금의 깃발 아래 단합하자."라는 의미도 된다.

조선도 곧바로 이 소식을 알았다. 홍타이지가 옥새를 조선 사신 박로에게 보여주고, 옥새를 찍은 문서를 박로 편에 들려서 보냈다. 형제는 여럿 있을 수 있어도 부모는 한 분뿐이다. 후금이 황제를 칭하게 되면 조선은 명과 후금 중에 한쪽을 선택해야 한다. 마음의 준비를 하라는 의미였다.

있다고 생각하느냐? 아니 존재할 가치가 있다고 생각하느냐? 하필 이럴 때 옥새가 발견되었다. 이것이 무엇을 의미하느냐. 명의 국운이 쇠하고 천명이 우리에게 왔다는 뜻이다."

홍타이지는 이 정도면 조선이 설득되리라 기대를 했던 것 같다. 중원 정복이라는 대망의 실현을 눈앞에 두고 있는 그로서는 조선 침공은 가능한 피하고 싶었을 것이다. 아무리 부패하고 무능한 명이라 해도 너무 큰 떡이었다. 떡은 단단한 껍질도 가시도 없지만, 서둘러 삼키다가는 목이 메어 죽는 수가 있다. 조선의 답서가 도착하자 홍타이지는 큰 기대를 하고 열어보았다.

"귀국은 요즘 더욱 강해져 가는 곳마다 적이 없고, 몽골의 여러 종족을 하나로 통일해서 위세가 대막(고비사막) 밖에까지 떨치고 있습니다. 우리는 귀국의 힘을 잘 알고 있습니다. 우리는 털끝만큼도 귀국을 경시하는 마음이 없습니다."

오호라, 다음 내용이 기대되는 문장이었다. 이제 조선이 현실 파악을 했는가? 그러나 그게 전부였다. 다음 내용은 늘 벌어지는 인삼 가격에 관한 분쟁, 소극적인 무역 태도에 대한 변명 등 한마디로 실무적인 언급뿐이었다. 홍타이지가 거의 노골적으로 드러냈던 명의 망조, 천명이 명을 떠나 후금으로 왔다는 의견에 대해서 조선은 시치미로 일관했다.

그럴 수밖에 없었던 것이 편지에 대놓고 쓰지는 못했지만 척화파의 논리는 한결같았다. 부모가 범죄자에 주정꾼이라 해도 부모는 부모다. 자식은 자식의 도리를 다할 뿐이다.

조선의 국서를 본 홍타이지가 벌떡 일어나 소리를 질렀는지, 주먹으로 탁상을 내리쳤는지, 아니면 냉혹한 미소를 지었는지는 기록이 없어 알 수 없다. 어떤 반응을 보였든 그는 마지막 시도를 해보기로 했다. 홍타이지는 시종을 돌아보며 말했다.

"다시 전쟁이다! 용골대(잉월다이)와 마부대를 호출하라!"

용골대와 마부대는 항복한 몽골 왕자들을 대동하고 조선에 와서 명과 관계를 끊을 것을 요구한다. 조선은 분노해서 용골대를 쫓아내고 전국에 전쟁 준비 명령을 내린다. 용골대는 분노한 조선 군중을 피해 도망치듯이 귀국했는데, 그 와중에도 조선의 연락병으로부터 전쟁 준비 교서를 탈취해서 귀국한다.

이 직후 후금은 청으로 국호를 바꾸고 홍타이지는 황제가 된다. 조선 사신들은 황제에 절하는 것을 거부해 구타당하고 귀국한다. 그리고 홍타이지는 조선 침공을 결정한다.

국경과 창경궁의 동상이몽

국경의 밤

백마산성에 거주하던 의주부윤 임경업은 며칠째 잠을 이루지 못했다. 음력 12월(양력 1월 초·중순)은 1년 중 가장 추운 시기로, 영하 30도에서 40도를 넘나드는 혹한 속에서 하루 종일 몸을 혹사하는데도 도무지 잠이 오질 않았다. 모든 징조가 침공이 임박했음을 알리고 있었기 때문이다.

"적은 틀림없이 온다. 그것도 수일 이내에…."

그는 매일같이 휘하 군관과 병사들에게 야밤에 수구문이 뚫렸던 정묘호란 때의 실수를 상기시켰다. 병사와 주민 모두 아무 말도 입 밖에 내지 않았지만 모든 것을 알고 또 느끼고 있었다. 모두가 초긴장 상태였다. 그런데 오히려 그게 문제였다. 긴장이 과도하면 몸을 혹사하게 되고, 낮에는 신경이 곤두서고 밤에는 졸게 된다. 그래서 경계임무는 병사에게 맡겨놓아서는 안 된다. 의지와 달리 깜빡깜빡 졸 수 있기 때문이다. 그래서 임경업은 군관과 초관들로 순찰표를 치밀하게 짜놓았다. 하지만 경계가 지속되면 장교들도 과부하가 걸릴 수밖에 없다. 그 긴장과 피로는 첩첩이 쌓여 오롯이 최고지휘관에게 전가된다. 임경업은 차라리 적이 빨리 왔으면 좋겠단 생각이 들 정도였다.

이때 조정에서 회신이 도착한다. 임경업과 안주의 평안병사 유림이 함께 침공이 임박했다고 올린 보고의 답신이었다. 회신을 열어본 임경업의 손이 가늘게 떨렸다.

'평상시대로 하라? 일단 대기하며 동향을 살펴라? 국경은 초긴장 상태이고 모든 징후가 전투가 임박했음을 말하는데 정작 조정은 왜 이리 태평하단 말인가!'

그렇게 임경업의 군대는 의주성으로 들어갈 수 있었던 마지막 기회를 놓쳐 버리고 만다.

전쟁을 막아라

"어찌 이런 일이 있을 수 있단 말인가?"

12월 4일 여진어 통역관 박인범은 궁을 나서며 몇 번이나 이 말을 되뇌었다. 그는 청으로 가는 사신 박로와 함께 갈 통

144

역관으로 인조에게 하직 인사를 하고 나서는 길이었다. 궁을 나서면서도 당장이라도 누가 뒤쫓아 와서 행차를 정지하라고 할까봐 조마조마했다.

"대체 한판 붙자는 거여, 머리를 조아려서 전쟁을 막자는 거여! 오늘은 싸우자고 하다가 내일이면 화친 편지를 보내자고 하고… 내 참 화해 국서에 '황제'라고 쓰지 말라고? '청'이라는 국호도 쓰면 안 되고? 나 참… 원… 아니 그게 선전포고지, 화친인가!"

역관에 불과한 박인범의 소견으로도 이건 아니었다. 통역관으로 숱하게 여진을 드나들었던 박인범은 도무지 고관나리들의 머릿속을 알 수가 없었다. 전쟁을 막기 위해 급히 청으로 가라는 명령을 받은 날이 11월 16일인데, 조정 내부의 혼란으로 18일 뒤에야 출발하게 된 것이다. 청군이 이미 조선을 향해 출병했을 수도 있다. 다행히 출병 전 심양에 도착한다 해도 화친을 거부하면 청군에게 욕을 당할 것이고, 반대로 화친에 성공해도 조선의 척화파들이 용납하지 않을 것이다. 그는 똑같은 말을 다시 중얼거렸다.

"어찌 이런 일이 있을 수 있단 말인가!"

박인범은 그동안 사신으로 여진을 드나들며 쌓은 인맥을 통해 '홍타이지의 목적지는 조선'이라는 정확한 첩보를 들었다. 다른 나라 같으면 최고 포상을 받았겠지만 조선에서 이런 말을 꺼냈다가는 극형에 처해지기 십상이고 그나마 잘 풀려도 유배를 면하기 어려울 터였다. 어찌한단 말인가? 손 놓고 있을 수는 없는 노릇 아닌가? 박인범은 병조판서 이성 구에게 첩보를 전하고 비변사에도 보고서를 올렸다. 혹시나 하는 마음에 초조하게 이성구를 기다린 박인범. 하지만 궁 에서 나오는 이성구는 착잡한 표정으로 묵묵히 고개를 저었 다. 무슨 대화가 오갔는지 궁금했지만 이성구는 입을 굳게 다물었다. 그 침묵이 의미하는 바는 뻔했다.

박인범은 듣지 못했지만, 실록에는 이날 경연에서 인조와 이성구가 나눈 대화가 남아 있다.

이성구 : 청이 군대를 동원하고 있사옵니다. 당장 병력을 동 원해 국경에 투입해야 합니다.

인조 : (들은 척도 안 하며) 통역관 따위가 청의 동향을 어떻게 알겠느냐?

이성구 : (버럭) 병화를 입을 것을 뻔히 알면서 손을 놓고 앉 아 있으니 민망하지 않습니까?

당시 임금에게 이 정도로 받아친다는 것은 최고 수위의

발언이었다. 인조는 그래도 졸렬한 군주는 아니어서 화를 내지는 않았다. 그제야 진심이 담긴 넋두리를 털어 놓았다.

"방어할 계획을 내놓으면 국력이 안 된다, 재정이 부족하고, 사족과 백성 모두가 불만이 커져서 안 된다고 한다. 화친을 하자고 하면 명사名士라는 부류들이 모두 불가하다고 한다."

인조의 심정도 이해는 가지만 그다음 발언은 도무지 변호해주기가 어렵다.

"적은 오고야 말 것인데, 어떻게 해야 하는가!"

이성구는 말문이 막혔다. '아! 이분이 이런 분이었구나!' 갑자기 그동안의 모든 혼란, 뒤죽박죽인 전쟁 준비 상황의 이유가 정리되는 듯했다.

'그러니 더더욱 전하께서 결단을 내리셔야 하지 않겠습니까? 그것이 왕의 역할입니다.' 가슴 속으로 이렇게 외쳤지만 차마 내뱉지는 못했다.

왕과 경연관(왕의 학문 지도와 주요 정치문제 토의를 맡았던 문관)들 사이에 팽팽한 침묵이 흘렀다. 기싸움도 아니고, 감정의 공유도 아니었다. 그저 책임회피일 뿐이었다.

이성구를 포함한 비변사 대신들이 단체로 움직였다. 인조에게 두 개의 안을 제시하고 양자택일을 요구한 것이다.

① 사신을 파견해 청의 요구를 수용하고 협상한다.

② 전시동원체제를 가동한다.

②는 삼남과 강원도에서 준비 중인 병력 18,300명을 일제히 동원해 12월 10일까지 국경에 배치한다는 방안이었다. 비변사마저 인조에게 결단을 요구하자 인조는 ②를 선택했다. 대신들은 속으로 안도의 한숨을 내쉬었을 것이다. 그런데 그 순간 인조가 입을 열었다.

"이런 대병력이 움직이면 지나가는 고을에서 군량 부담을 감당할 수 없다. 서두르지 말고 소문내지도 말고, 먼저 고을 창고에 군량을 충분히 비축하고 움직이도록 하라."

서두르지 말고 군량을 비축한 다음에 움직이라고? 침공은 한겨울 결빙기인 12월과 1월 사이일 것이다. 지금 당장 동원령을 내려도 12월 10일에 간신히 맞출 판인데, 먼저 군량을, 그것도 백성들이 눈치채지 못하게 조용히 소량으로 조금씩 비축하라고? 그렇게 하다가는 봄이 와도 끝나지 않을 것이다.

이날 인조가 이 한마디의 토만 달지 않았어도 역사는 어떻게 바뀌었을지 모른다. 실제로 청군이 압록강을 건넌 날이 바로 12월 9일이었다.

폭풍전야

"오늘 집에 가긴 틀렸구먼."

사간원(국왕에 대한 간쟁과 논박을 담당한 관청)의 시종 소복◆
이 기둥 옆에 쭈그려 앉아 숯을 담은 작은 화로에 손을 녹이
며 말했다. 안에서는 사간원 관원뿐 아니라 몇몇 관료들이
이 늦은 시간까지 격렬하게 논쟁 중이었다. 이들이 언제 술
과 다과를 요구할지 몰라 부엌을 지키고 있는 중이다. 밤늦
은 시간, 대간들이 사간원에 모이는 이유는 사간원에서는
술과 다과가 근무시간은 물론이고 퇴청 후에도 무한정 허용
되기 때문이었다. 언관을 존중한다는 의미였다. 때문에 궁
의 노복들에게 사간원은 기피 장소였다. 대간들은 정승, 판
서보다 더 까탈스러웠고, 이렇게 밤늦게까지 시중을 들어
야 하는 날이 잦았다. 게다가 촉망받는 관료들이 무슨 억울
한 일이 그리 많은지 술에 취해 통곡을 하거나 고래고래 소
리를 지르는 일도 종종 있었다. 대간이 나라를 지키는 기둥
이요, 최후의 보루라고들 하지만 궁의 노복들 눈에 대간이
되면 멀쩡한 사람도 이상해졌다. 그런데 안에서 흘러나오는
목소리는 오늘따라 유독 격앙돼 있었다. 그리고 무시무시한

◆ 글의 재미를 더하기 위해 설정한 가상의 인물임.

이야기가 새어나왔다.

관료1 : 그때 오랑캐 사신의 목을 베야 했어요.

관료2 : 그랬다가 정말 저놈들이 침공해오면 어쩔겁니까!

관료1 : 왜 싸우기도 전에 진다고 생각하시오. 정묘호란이 벌써 10년 전이요. 그땐 화의론 때문에 군사와 백성들이 싸우려 들지 않 진 거요. 지금 싸우면 우리가 꼭 진다는 보장도 없소. 의를 위한 싸움인데 뭐가 두렵소. 죽기를 각오하고 싸우면 이기지 못할 리가 없어요. 설사 진다 해도 정의로운 이름이 영원히 남을 것이고, 마지막에는 하늘이 우릴 버리지 않을 것이오.

관료3 : 명은 뭘 하고 있는 겁니까? 천자는 왜 결사항전의 칙서를 내리지 않는 건가요?

관료1 : 그러니 우리가 먼저 격분해야 하는 거요. 저 넓은 중국 땅에 의인, 열사가 얼마나 많겠소. 단지 격발이 되지 않고 있을 뿐이요. 그래서 그때 내 말대로 오랑캐 사신의 목을 베서 명에 바쳤어야 했어요. 그랬더라면 우리의 의기에 감동을 받아서 천하의 명사들이 들고 일어났을 거고, 오랑캐도 놀라서 감히 천자를 참칭하는 폭거를 저지르지 않았을 것이외다.

150

관료2 : 그건 이미 지난 일입니다. 이 순간에 지난 일은 말해서 뭐합니까? 전쟁이 코앞에 닥쳤어요. 지금 할 일을 생각해야죠. 지금 할 일!

한참을 그렇게 치열하게 주고받더니 갑자기 좌중이 조용해졌다. 그리고 이내 낮고 차분한 노관료의 목소리가 흘러나왔다.

관료4 : 지금 시급한 일은 심양으로 간 박로를 다시 불러들이고 조정과 백성이 일심동체가 되는 것일세. 더 이상 화의론을 이대로 내버려둬서는 아니 되네. 내가 내일 직접 전하를 뵙고 최명길의 목을 베라고 요청하겠네.

장내가 다시 웅성웅성해졌지만 노관료의 목소리가 다시 좌중을 제압했다.

관료4 : 대간에서는 내일 아침 일찍 박로를 소환하고, 화친 논의는 아주 끊어야 한다는 취지의 상소를 올리게. 홍익한 자네가 붓을 잡게나. 한 번 더 수고를 해주시게.

귀 기울여 듣지 않아도 선명하게 새어나오는 격앙된 논쟁이었다. '전쟁이 임박했구나!' 소복은 한숨을 내쉬었다. 궁과 관청의 종들 중에는 정묘호란을 겪은 이들이 많았다. 그들로부터 정묘년의 어처구니없는 비사를 수도 없이 들었다. 그들의 충고는 한결같았다.

"난리가 나면 무조건 도망쳐야 해. 난리통이라 나중에 돌아와도 처벌 못 한다니까?"

소복의 나이 많은 이종형이 어영청의 종인데, 그 역시 소복을 만나면 똑같은 말을 했다.

"조선 군대는 믿으면 안 돼. 진짜 무사는 열에 한두 명이야. 무사가 훌륭해도 소용없어. 준비하는 꼴이나 위에서 내려오는 명령을 보면 진짜 어이없다니까. 맨날 전쟁 난다고 호들갑만 10년 째야. 전쟁 대비는 정묘년 때보다 더 못해."

추위와 화로의 열기로 소복의 눈은 빨개져 있었다. 피로에 지친 눈을 껌뻑이며 소복은 결심을 굳힌다. 집에 가는 대로 피란 준비를 시켜야겠다. 그리고 그는 궁에서 도망칠 방법을 궁리하기 시작했다. 이런 양반들을 믿고 전쟁에 휩쓸릴 수는 없었다.

20 침공의 시작

그들이 압록강을 건넜다

12월 5일 창경궁. 궁 안의 분위기가 가라앉아 있었다. 전쟁 징후 때문이 아니라 인열왕후의 건강 때문이었다. 이날 43세의 몸으로 노산을 한 왕후가 위독했다. 게다가 아기는 출생 직후 사망했다. 불길한 징조였다.

청군의 전격전

압록강 도하지점인 어적도 북쪽 구련성 근처에 잠복해있던 조선군 정찰대원이 구련성에 집결하는 수만의 청군을 발견한다. 정부의 미온적인 태도 때문에 충분한 병력을 확보하지는 못했지만, 임경업은 자신이 발굴한 무사와 의주의 현지인을 선발해서 약간의 침투 정찰대를 꾸릴 수 있었다. 그 노력과 정찰대원의 헌신이 결실을 맺은 순간이었다. 정찰대는 즉시 임경업에게 급전을 보냈다.

"드디어 시작인가!" 임경업은 즉시 전투준비를 명령하고 조정과 주변 고을로 파발을 띄웠다. 그는 할 수 있는 최선의 준비를 해왔다. 다만 의주성이 아닌 백마산성에서 전쟁을 맞이하게 된 것이 너무 찜찜했다.

불길한 생각은 버리고 당장 눈앞의 일에 집중하려고 했지만 자꾸 솟구쳐 오르는 불안과 분노를 억누를 수 없었다. 예상하고 우려했던 일이지만 시작부터 어그러지고 있었다. 백성들의 생명을 보존하기에는 백마산성이 더 안전할 것이다. 그러나 적에게 교두보 의주를 헌납하고 산속에 숨어 버티는 건 그가 원했던 전쟁이 아니다.

불길한 예감은 틀리는 법이 없다. 임경업의 정찰대원조차 전날 밤 조선의 경계망을 우회해 강을 건넌 돌격부대는 포착하지 못했던 것이다. 그 부대는 마부대가 인솔하는 300명의 최정예 기병대였다. 심지어 그들의 작전은 제2차 세계대전의 전장을 휘저은 전격전의 원조였다. 세부 내용은 이랬다.

"조선군 요새는 우회한다. 교전을 최대한 회피하며 전속력으로 전진해서 조선 국왕이 강화로 피란하기 전에 한성에 도착, 한성에서 강화로 가는 도로를 차단하라. 이 임무에 이번 전쟁의 성패가 달려있음을 명심할 것."

청군은 크게 3파로 구성됐다. 마부대가 인솔하는 선봉대, 도도(누르하치의 15번째 아들)가 사령관을 맡은 공격본대, 태종 홍타이지가 직접 인솔하는 후원부대이다. 청 태종은 12월 1일 심양에 12만 8천 명의 대군을 집결시켰다. 청병 7만 8천, 한병 2만, 몽골병 3만이었다. 물론 모두가 조선에 진입한 것은 아니었다.

12월 9일, 인열왕후가 숨을 거두었다. 왕과 세자, 온 관리들이 도열해 곡을 했다. 동방예의지국에서의 국상은 '멈춤'을 의미했다. 하지만 이번만은 조금 달랐다. 국상에도 불구하고 예정된 무과 최종 시험은 그대로 시행되었다.

조선의 '멈춤'은 꼭 국상 때문만은 아니었다. 전시라고 하기엔 모든 게 슬로모션이었다. 11월이 되레 전시 같았고 12월에 이르자 오히려 차분해졌다. 휴가에서 복귀하지 않는 관원을 처벌하고, 겨울 정기행사인 '용산강에서 얼음 뜨기'에 일꾼을 배정하는 등 행정들은 변함없이 일상적으로 진행됐다.

분명 전쟁의 기운이 감돌고는 있었지만 호랑이와 맞닥뜨린 분위기가 아니라 먼 산에 사는 호랑이를 잡을 계획을 준비하는 듯한 분위기였다. 여기에 국상까지 겹치면서 더더욱 슬로모드로 변해버린 듯했다.

"아니 부사님은 대체 언제 오시는 겁네까?"

조정에서 발령했다는 신임 철산부사 오세연은 도착할 기미가 없었다. 철산은 의주 바로 옆 고을로 의주와 함께 적의 침공을 가장 먼저 받는 지역, 즉 최전방 중의 최전방이다. 모문룡이 죽은 뒤에도 명군이 주둔 중인 가도와 신의도 역시 철산 관할이다.

철산뿐 아니라 평안도 여러 지역에 인사조치가 있었다. 전쟁이나 사변의 위험이 있으면 해당 지역 수령을 교체하는 것은 조선의 전통적인 대응책이었다. 수령이 민사와 군사를 겸임하기 때문에 평소에는 민정에 중점을 둔 배치를 하고, 비상시국에는 전시체제로 인선을 했다. 무관수령을 파견하는 지역도 평시에는 행정능력에 중점을 두고, 전시에는 실전능력을 우선시한다.

12월은 침공 위험이 가장 높은 시기. 비변사에서 전시 대비 발령을 한 것인데 대간들의 임명동의가 떨어지지 않았다. 대간들은 뭐가 바쁜지 관원들이 모이지 않아 회의 정원이 차지 않았다는 핑계를 대며 서경(임금이 새 관원을 임명한 뒤 사헌부와 사간원의 대간에게 가부를 묻는 임명동의 절차)을 계속 미루었다. 대사헌 정광경이 보다 못해 비상시국이니 평안도 수령들은 임명동의를 생략하고 파견해야 한다고 호소할 정도였다.

흐려지는 희망

12월 8일 백마산성. 그날도 잠들지 못한 임경업은 성내를 서성이고 있었다. 이때 멀리서 누군가의 발걸음 소리가 들려왔다.

"게 누구냐?"

임경업의 부하였다. 그가 들쳐업고 온 자를 내려놓으며 흐느꼈다.

"정찰병이 또… 당했습니다."

임경업이 주검이 된 정찰병의 어깨에 손을 얹었다. "대체 정찰병만 몇 명째더냐! 너희들 볼 면목이 없구나. 나 하나를 믿고 그 생고생을 마다하지 않았는데…."

"적이 코앞까지 왔사옵니다."

임경업은 한숨을 깊게 내쉬었다. "의주성으로 들어갔어야 했다. 이곳에서 농성을 하면 주민들이야 지킬 수 있겠으나 청군의 남진을 막을 수가 없다."

조정의 반대와 싸워가며 의주를 재건하고 전쟁 준비에 혼신의 노력을 해온 이 명장은 나라를 지키겠다는 꿈은커녕, 자신을 믿고 따라온 부하들조차 지키지 못하는 현실에 분노했다.

임경업은 성첩에 서서 눈을 감았다. 미간에 주름이 깊게 잡혔다. 분명 말발굽 소리였다. 그의 목소리가 가늘게 떨렸다.

"여기 이렇게 투지에 찬 장수들과 백성들이 있는데, 조정은 왜 우리더러 숨으라고 하는가…"

적의 거센 말발굽 소리가 점점 더 가까워지고 있었다.

INFOGRAPHY

조선, 후금, 명 3국의 세력 관계
16세기 후반에서 병자호란까지

인조반정 이전
~1623

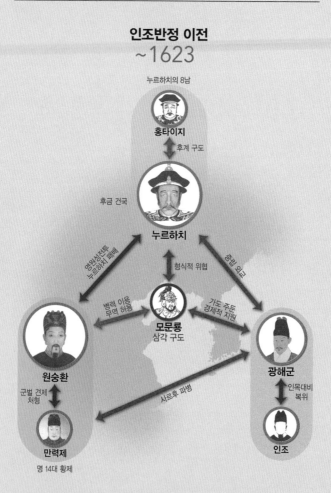

누르하치의 8남

홍타이지

↕ 후계 구도

후금 건국

누르하치

명원산성전투
누르하치 패배

형식적 위협

협력 요청

병력 이용
무역 허용

모문룡
삼각 구도

가도 주둔
경제적 지원

원숭환

군벌 견제
처형

만력제

명 14대 황제

사르후 파병

광해군

↕ 인목대비
복위

인조

16세기 후반 조선, 후금, 명은 정치적·외교적·군사적으로 매우 복잡하게 얽혀 있었다. 조선은 중화질서 라는 세계관으로 인해 명과 정치적, 외교적으로 매우 가까운 관계였지만, 당장 후금과 국경을 맞대고 있어 실질적인 군사적 위협을 무시할 수 없었다. 광해군과 인조 모두 기존의 균형을 유지하려 했지만, 후금의 성장세는 조선이 예상했던 수준을 아득히 뛰어넘은 상태였다.

병자호란 이전
1623~1636

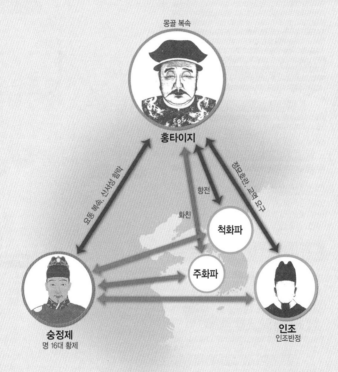

몽골 복속

홍타이지

요동 복속, 지속적 압박

항전

정묘호란, 교역 요구

화친

척화파

주화파

숭정제
명 16대 황제

인조
인조반정

원의 크기 = 세력 규모 ── 우호적 관계 ── 중립적 관계 ── 적대적 관계

사르후전투 상세 분석

이 인포그래픽은 레드리버에서 편집했습니다.
사료를 기반으로 하였지만 세부적인 수치는 실제보다 과장되었을 가능성이 있습니다.

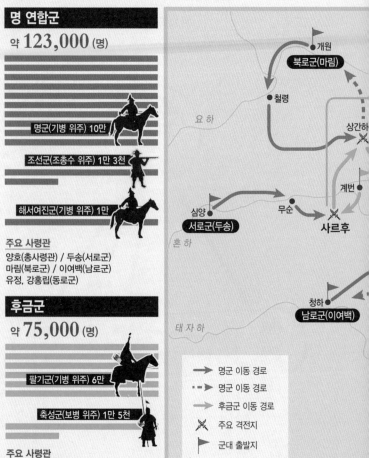

명 연합군
약 **123,000** (명)

명군(기병 위주) 10만

조선군(조총수 위주) 1만 3천

해서여진군(기병 위주) 1만

주요 사령관
양호(총사령관) / 두송(서로군)
마림(북로군) / 이여백(남로군)
유정, 강홍립(동로군)

후금군
약 **75,000** (명)

팔기군(기병 위주) 6만

축성군(보병 위주) 1만 5천

주요 사령관
누르하치(총사령관)
홍타이지(팔남) / 다이산(차남)

개원
북로군(마림)
철령
요 하
상간하
계번
심양
서로군(두송)
무순
사르후
혼 하
태 자 하
청하
남로군(이여백)

→ 명군 이동 경로
▪▪▶ 명군 이동 경로
→ 후금군 이동 경로
⚔ 주요 격전지
🚩 군대 출발지

162

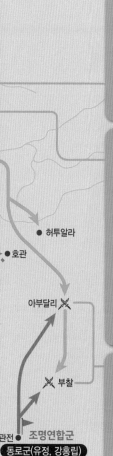

3월 1일 오전
서로군(두송) 본대 2만 기린하다 포위
별동대 9천 사르후로 이동

3월 1일 오후
다이산 팔기군 전군 기린하다 도착
5기군(3만 7천) 별동대 공격
이후 기린하다에 합류해 본군 공격

결과

서로군 전멸

3월 1일 밤
북로군(마림) 상간하다 도착
본군 1만 9천 상간하다,
별동대 5천 비분산,
공밀수군(서로군 이탈 병력) 2천
와허후에 영 설치

3월 2일 오전
홍타이지 후금군 1천 금명수군 공격
누르하치 8기 전군 상간하다 도착,
격돌

3월 2일 오후
후금 팔기 전군 비분산의 마림군
별동대 공격

결과

북로군 전멸
해서여진 회군
남로군(이여백) 회군
양호 총퇴각 명령

3월 4일 오전
팔기군 2만 1천 아부달리 도착
명 동로군(유정) 아부달리 접근 및
격돌
팔기군 부찰에서 조선군 습격

결과

명 동로군 전멸
강홍립 항복

병력 및 물자

이 인포그래픽은 레드리버에서 편집했습니다. 아래 병력 규모는 대략적인 수치입니다.

정묘호란 이전 조선 육군의 병력 편성

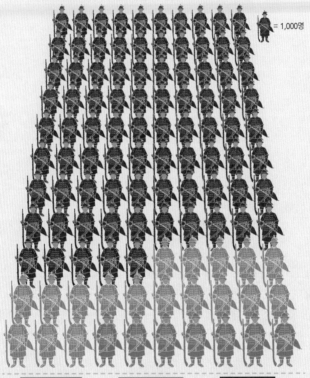

= 1,000명

수도방위병력	동원군(총융청)	지방 속오군
훈련도감 4,400 호위청 1,000 어영청 1,200 ⋮ **7,000명**	경기 정군 경기 속오군 **18,000명**	**85,000명**

병력 총합 **110,000** (명)

병사 1인당 필요 물자의 종류

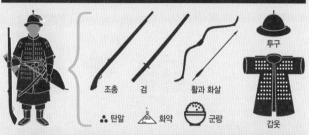

투구

조총   검   활과 화살

∴ 탄알   ▲ 화약   🍚 군량

갑옷

군량미 필요량과 보유량 비교

병사 1인
1일 필요 군량 × **1**일 = ⬛ **1.6kg** (1되)

전체 병력의
1일 필요 군량 **110,000**명 × **1**일 = **176t**

정묘호란 기간
소요 군량 **176t** × **60**일 = **10,560t**

인조 1년(1623)
미곡 세수
(*1석=160kg으로 계산)

정묘호란 동안(60일)
1623년 1년 세수(16,000t)의
73%(10,560t) 필요

부족분
1,600t

징수 세수
16,000t

필요 세수 **17,600t**

후금군의 병력 강화와 전격전

후금과 조선의 병력 증원 비교

임진왜란에 더해 사르후전투 패전으로 정예군 대다수를 잃은 것은 조선 군사력에 치명타였다. 어쩔 수 없는 질적, 양적 차이 때문에 인조반정 이후에도 정부는 후금에 대한 공세적 태도를 유보했다. 조정 관료들도 이런 전력의 비대칭성을 모르지 않았지만, 반정으로 등극한 인조 정부는 민심도 수습해야 해서 군사력 강화에 집중할 수 없었다. 반면 후금은 여러 부족을 굴복시키거나 포섭해 병력을 키워나갔다.

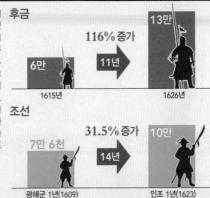

후금

6만
1615년

116% 증가
11년

13만
1626년

조선

7만 6천
광해군 1년(1609)

31.5% 증가
14년

10만
인조 1년(1623)

후금군 기병의 이동 거리와 속도

정묘호란 당시 조선이 속수무책으로 당한 것은 후금군의 엄청난 진격 속도 때문이기도 했다. 후금군의 핵심 전략은 공성전을 피하고 수도를 타격해 왕을 항복시키는 것이었다. 후금군은 비교적 잘 포장된, 원래는 명과 조선을 연결하던 육로인 의주대로를 따라 파죽지세로 남하했다. 이는 몽골, 거란 등 유목 국가가 자주 썼던 전략이었고 조선도 이를 예상 못 하지는 않았다. 하지만 제1 방어선 안주가 순식간에 무너지고 후방 방어선인 황주와 평양의 책임자들이 방어를 포기하면서 인조는 강화도로 피신하고 항복할 수밖에 없었다.

237km

의주
용천
곽산
안주
평양

후금군 기병
정묘호란 당시
이동 소요 시간(전투 포함)
= 7(일)

현대 보병(평시)
1일 평균 행군 거리 = 15km
소요 시간 = 15.8(일)

수원화성에 있는 모형 홍이포 명이 네덜란드의 대포를 수입해 1621년부터 자체적으로 생산했다. 조선에 전해진 것은 청나라가 병자호란에서 홍이포를 사용한 이후이다.

2부

산성에 닥친 전쟁의 파도

지금 그대가 살고 싶은가?
그렇다면 속히 성을 나와 귀부해야 할 것이다.
싸우고 싶은가?
그렇다면 속히 나와 일전을 벌여야 할 것이다.
...
홍타이지가 인조에게 보낸 편지

산으로 가는 어가

1636년 12월 12일 창경궁. 한 무사가 탈진해서 초주검이 된 상태로 궁 안으로 뛰어들었다. 임경업이 파견한 전령이었다.

"청군이 침공했습니다!"

임경업이 전갈을 보낸 지 3일이나 지난 후였다.

행정 달인들의 만행

오후부터 궁내가 부산스러워졌다. 전쟁 대비 매뉴얼에는 한성이 위협당하면 왕실과 대신은 강화로 피란하게 되어 있었다. 정보를 빠르게 입수한 하인과 궁녀들은 피란 준비를 하느라 뛰어다녔고, 약삭빠른 자들은 임무와 명령을 무시하고 궁을 빠져나가기 바빴다.

비변사에서는 어영청 병력에 동원령을 내리고, 정확히 한 달 전 시도하다 중단된 전국적인 병력동원 조치를 다시 논의했다. 순식간에 슬로모드가 패스트모드로 바뀌었다. 때늦은 전환이었다. 하달되는 모든 명령에는 '신속하게'라는 단서가 달렸다. 비변사는 '신속하게' 전국에 발송할 동원명령서를 작성했다. 하지만 이 명령서는 13일까지도 발송되지 않았다. 인조가 초안을 검토하더니 동원령에서 언급하는 출신(무과 급제자)이나 무사 등의 개념과 대상이 명확하지 않다고 지적하는 바람에 재작성해야 했기 때문이다.

어영청에 내린 비변사의 동원명령서도 어이없게 되돌아왔다. 어영청의 성실한(?) 관료들이 명령서 문장에 이의를 제기했던 것. 기록이 훼손되어 정확한 내용을 알 수 없지만, 이를테면 국무총리실에서 "연 소득이 일정 금액 이하인 가정의 자녀에게 학비를 면제하라."라는 명령을 내렸더니 담당 부서에서 "소득을 기준으로 하려면 근로소득과 금융소득을 구분해야 합니다. 이 부분의 지침을 확실히 정해주십시오."라고 회신하는 격이었다. 정상적 행정집행이라면 알맞은 처사다. 문제는 북쪽에서 휘몰아치는 청군 기병의 진격 속도였다. 그들의 속도는 서류가 결재판에 담겨 이송되는 속도보다 10배는 빨랐다.

임명동의가 지연되고 있던 철산부사 오세연과 평안도 수령들은 13일에 출발 허가가 떨어졌다. 서경을 생략한 것인지, 대간들이 신속하게 서경을 한 것인지는 알려지지 않았지만…. 조선 조정에는 이러한 자칭 행정의 달인들이 너무 많았다. '전쟁위원회'라 할 수 있는 비변사마저도 행정의 마력에서 자유롭지 못했다. 어떤 비변사 대신이 이런 지적을 했다. 9일에 전쟁이 터졌다는데 어떻게 3일이 지나도록 의주에서 달랑 장계 한 장만 도착할 수 있느냐고.

변란이 발생하면 담당 관원은 시시각각으로 상황보고를 해야 한다. 즉, 의주 한 곳에서만 해도 장계가 시간마다 계속 도착해야 했다. 주변 고을에서도 똑같이 장계를 올려야 하니까 하루에만 수십 개의 장계가 차례로 도착하는 것이 정상이다. 그런데 의주에서는 첫 번째 장계, 그것도 적이 침략했다는 장계 하나만 도착하고 이후의 보고가 뚝 끊겼다. 왜일까? 이유는 뻔한데, 행정의 달인들은 행정적인 결론을 내고 더 행정적인 명령을 하달한다.

"긴급 지시. 비변사에서 각급 지휘관에게 역참마다 파발마를 2필씩 증치하여 보고가 지체되는 일이 없도록 각별히 주의할 것. 이 명령을 즉시 적절히 조치하지 않을 경우 추후에 엄정한 조사와 처벌을 시행할 것임."

파죽지세의 진군

비변사가 연륜이 묻어나는 자신들의 신속한(?) 조치에 만족하고 있을 때, 황해도 북부 정방산성에 주둔 중인 도원수 김자점이 보낸 파발이 도착했다.

"적군이 벌써 안주에 도달했습니다."

"뭐 안주? 의주가 아니고 안주?"

불행히도 이 보고서마저 발송 날짜가 이틀 전이었다. 청군(홍타이지는 1636년 국호를 '청'으로 바꿨다) 선봉대가 안주에 도달한 때는 이틀 전인 11일 새벽. 비로소 사태의 심각성을 파악한 영의정 김류가 인조에게 즉시 강화로 피해야 한다고 간언했다. 이 상황에서 인조는 용기를 보였다. 좀 더 전황을 지켜보자고 한 것이다. 다만 대비 차원에서 왕실 가족과 나이 든 신하들은 강화로 피란할 준비를 하게 했다.

이때 인조는 선봉대장 마부대의 진군 속도를 전혀 몰랐고, 평양과 황주에서 조선군이 잘 싸울 거라는 실낱같은 기대를 품고 있었다.

그 시각 청군의 본대는 파죽지세로 남하하고 있었다. "모든 요새를 무시하고 전속력으로 진격한다." 애초부터 전격전을 계획했던 청 태종 홍타이지. 남하하며 만나는 모든 요새를 무시하고 12월 9일 새벽에는 압록강 북쪽 구련성, 11일 새벽에는 안주성까지 남하했다. 무서운 속도였다. 조선의 연락병이나 파발마의 속도보다 빠르면 빨랐지 느리지 않았다. 김자점의 보고서가 궁에 도착했을 때 청군은 벌써 평양 근처에 위치한 순안을 지났고, 14일 아침에는 임진강에 도달했다. 옛날 도로는 지금보다 훨씬 굽고 험했다. 청군은 이 길을 하루 평균 100킬로미터에 달하는 속도로 주파했다.

운명의 날

불면의 밤이 지나고 운명의 14일 아침이 밝았다. 모두가 평양이나 황주에서 낭보가 오기만을 기다리고 있었다. 이른 새벽, 개성유수가 보낸 급보가 도착했다. 적 부대가 개성을 통과해 한성으로 향하고 있다는 내용이었다.

놀란 인조는 어전회의를 소집했다. 개성에서 파발이 오는 속도를 감안하면 적군은 벌써 홍제원까지 왔을지도 몰랐다. '이런 엄청난 진행 속도로 볼 때 적은 소부대이고 목적은 한성에서 강화로 가는 피란길 차단이다.' 인조는 처음으로 정확한 판단을 했다.

대응조치도 처음으로 빠르고 정확했다. 모래내로 훈련도감의 정예포수 400명을 급파하고 인조와 조정은 바로 강화로 출발한다. 이 결정을 내린 시간이 아침 6시에서 9시 사이. 전날 피란 준비를 마쳤던 1진은 바로 출발했다. 김류의 아들인 한성판윤 김경징이 행렬 인솔책임자였고, 참판 이민구가 부책임자였다. 이민구를 먼저 출발시켜 갑곶나루(현 강화군 강화읍 남산리)에서 선박을 확보하게 했다.

비상시에는 왕과 세자가 따로 움직여 왕실 계승의 안전을 도모하는 것이 조선의 관행이다. 당연히 1진에 소현세자가 속해야 했지만 무슨 이유에서인지 관행을 깨고 세자는 인조와 동행했다. 1진에는 세자빈, 세자의 동생인 봉림대군과 인평대군 가족, 은퇴한 대신들, 그리고 종묘에 봉안한 역대 국왕의 신주가 포함되었다. 조정 대신과 관료들은 남았지만 그들의 부모, 처자는 가능한 이 행렬에 합류시키려 했다.

인조도 뒤따라 즉시 출발하려고 했는데, 예상치 못한 일이 발생한다. 사복시(궁중의 가마와 말을 관장하는 관청) 마구간에 말은 있는데, 말 고삐를 잡아줄 하인인 말구종이 모조리 사라져버린 것이다. 조선은 체면이 중요한 양반사회였다. 말구종을 구하지 못한 인조는 정오까지도 출발하지 못했다. 보다 못한 대신 하나가 간신히 사간원의 하인 2명을 데리고 와서 말고삐를 잡게 했다.

급박한 상황에서 조정이 통째로 피란하려니 준비가 쉽지

는 않았을 것이다. 마침내 궁을 나선 시각은 미시(오후 1시 30분~3시 30분)였다.

오후 1시경 청군의 선봉대가 홍제원 도로를 차단한다. 강화행 도로가 청군에 의해 막혀버렸다. 강화행 도로가 막히자 인조 행렬은 적어도 4시간 이상 한성을 벗어나지 못하고 우왕좌왕한다. 남대문으로 나가 우회로를 찾자는 의견과 남한산성으로 가야 한다는 의견이 엇갈렸다. 홍제원의 청 선봉대는 소수일 테니 공격하자는 의견도 있었지만, 인조는 조선군의 능력을 신뢰하지 않았다. 인조의 의중은 강화도였지만 언제나 그렇듯 심정만 표현할 뿐 결정은 미루었다.

몽진 어가의 표류

영의정 김류가 강력하게 남한산성행을 주장해 인조 행렬은 결국 남한산성으로 향했다. 그런데 알 수 없는 이유로 계속 표류했다. 저녁때가 되어 목적지는 다시 바뀌었고 겨우 남대문에 도착했지만, 이때 적의 본대가 양철평(현 은평구 녹번동)까지 도달했다는 첩보가 들어왔다. 대열은 다시 산성으로 방향을 틀었다.

하루 종일 우왕좌왕한 탓에 이제는 청군이 행렬을 따라잡아 습격할 가능성도 높아졌다. 최명길과 이경직이 적장과 회담을 열겠다고 자원했다. 그 핑계로 적을 붙들어 두자는 것이었다. 그사이에 피란 행렬은 동쪽으로 방향을 틀어 청계천을 따라 수구문(동대문의 소문인 광희문을 이르는 말)으로 빠져나갔다. 《인조실록》은 이날의 광경을 이렇게 전한다.

성안 백성은 부모, 자식, 형제, 부부가 서로 흩어져 통곡 소리가 하늘을 뒤흔들었다. 초경(저녁 8시 전후)이 지나서 어가가 남한산성에 도착했다.

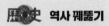 역사 꿰뚫기

양반들은 말구종 없이는 말을 타지 않았다?

구한말 조선에 왔던 외국인들은 양반들이 말구종 없이는 절대 말을 타지 않는다는 사실을 발견했다. 양반 중에는 문관이라도 승마 실력이 좋은 이들이 많았다. 그런데 왜 말구종 없이는 말을 타지 않았을까?

박지원이 답을 알려준다. 그의 작품인 《양반전》에는 "양반은 비가 와도 우산을 들거나 뛰어서는 안 된다."라는 글귀가 나온다. 비를 맞으라는 말이 아니다. 하인이 우산을 들거나 비옷을 걸쳐 주어야 한다는 의미이다. 양반들이 이럴진대 왕이 말구종이 없어서 움직이지 못하는 건 너무도 당연했을 것이다.

《속잡록》의 기록은 좀 더 생생하다.

인조는 남한산성으로 가기로 결정하고 곧장 말을 돌리는데 동궁의 말고삐를 잡은 놈이 이미 도주하고 없어서 급히다른 사람을 불렀으나 역시 나오지 않았다(인조의 말구종이 도주한 이야기가 변형된 것 같다). … 어가와 서로 뒤섞이고, 부자, 부부, 형제, 노비들은 서로 떨어져서 분주히 달리다 길가에 넘어지고 자빠지며 곡성이 진동하였다. 왕이 탄 말이 울자 왕은 친히 칼을 뽑아 말의 목을 치고 다른 말을 타고 남한산성으로 달아나는데, 날은 이미 저물고 사람은 주리고말은 지쳐서 재촉할 도리가 없었다.

이 기록은 누군가 목격자의 입에서 나온 이야기가 토대가 된 것으로 인조가 자신이 탄 말이 힘들어 괴로워하자 칼로 죽이고 다른 말로 갈아탔다는 등의 내용은 소설적 상상이 가미돼 있음을 감안하고 이해해야 한다.

남한산성 입성

서울에서 남한산성까지는 자동차로 달려도 40분은 걸린다. 도보로 간다면 하루 종일 가서도 성문까지 꽤 높은 산길을 올라야 한다. 인조도 밤늦게야 남한산성에 도착할 수 있었다. 새벽부터 놀라 허둥대기 시작해 온종일 긴장 속에서 강행군을 했으니 사람이고 말이고 탈진한 상태였다. 일행이 겨우 안도의 숨을 내쉬는데, 남한산성을 강력히 주장했던 김류가 성안을 둘러본 후 이렇게 말하는 것이 아닌가!

"남한산성에 들어온 것은 큰 실수입니다. 이곳은 장작과 말에게 먹일 꼴이 부족합니다. 당장 강화로 가야 합니다."

구체적인 계획도 제시했다.

"홍제원의 적군은 모래내(홍제천)에서 막읍시다. 그러면 적은 우리가 모래내에서 수색로로 빠져나가려 한다고 생각할 겁니다. 그렇게 적의 시선을 붙들어두고 우리는 남태령(관악구와 과천시 사이를 잇는 고개) 아래로 돌아 과천, 양천을 지나 강화로 가면 됩니다."

탈진한 인조는 기가 막혀 더 이상 움직일 수 없다고 버텼다. 호조판서 김신국도 반대했다. 그는 남한산성이 안전하며 이동하다가 청군과 마주치면 그야말로 큰일이라고 말했다. 그러자 김류는 청군에게 잡히면 청과 화친을 맺으면 된다는 대답을 한다. 김류는 이때까지만 해도 주화론과 척화론 사이에서 애매한 입장을 취하고 있었다. 그런데 위급 상황에서 그의 진심인 주화론을 입에 담은 것이다.

그가 생각하는 주화란 '청이 조선 국왕을 폐위하거나 직접 지배하려는 의도는 없다. 우리가 청을 적대시하지 않고, 명과 청의 전쟁에 개입하지 않겠다는 확실한 약속만 해주면 전쟁은 면할 수 있다.'라는 것이었다. 적이 침공한 이상 최선을 다해 저항해야 하겠지만, 상황이 불리하면 화친을 맺을 수도 있다는 것이 그의 본심이었다.

인조는 고개를 저으며 날이 새거든 출발하자고 말했다. 인조의 완강한 태도에 김류는 출발을 새벽으로 연기했다. 동트기 전 캄캄한 새벽, 피란 대열은 산성 남문으로 나갔다. 그런데 하필 눈보라가 몰아치기 시작했다. 가뜩이나 가파른 산길이 빙판으로 변했다. 말을 탈 수도 없어서 왕이 말에서 내려 걸었다. 산성 중턱까지 가기도 전에(《속잡록》에 따르면 약 2킬로미터 정도) 행렬이 멈췄다. 그러더니 돌연 산성으로 방향을 틀었다. 이로써 인조는 강화로 갈 마지막 기회를 놓치고 만다.

기록에 따르면 인조가 강화행을 포기한 이유는 "몸이 미령했기 때문"이라고 한다. 빙판길이라 다칠까 봐 포기했다는 해석도 있다. 여러 가지 가능성을 유추해볼 수 있다. 다리가 풀렸을 수도 있고, 미끄러지거나 넘어져 부상을 입었을 수도, 전날부터의 과로로 몸살이 났을 수도 있다.

하지만 진짜 이유는 이틀 후인 17일 인조가 대신들을 만난 자리에서 밝혀진다.

"병은 핑계에 지나지 않았다. 가다가 적을 만나 수모를 당할까 돌아올 수밖에 없었다."

영의정 김류는 그때 강화로 가지 않은 것이 천추의 한이라고 통탄했다. 김류는 지금도 늦지 않았으니 소수의 대신을 데리고 변장을 하고서라도 산성을 빠져나가셔야 한다고 말했다. 하지만 인조는 "지금 신하들을 모두 버리고 나만 빠져나가란 말이냐! 그럴 순 없다."라고 말했다.

멋있어 보이는 말이지만, 이 말 뒤에는 '신하 없는 왕은 평민이 될 수도 있다.'라는 이면의 진리가 숨어있다. 게다가 광해군도 아직 멀쩡히 살아있었다. 인조는 아무리 충성스러운 신하라도 어느 선 이상은 절대로 믿지 않았다.

산성행이 잘못된 결정이었다고 하더라도 이미 엎질러진 물이었다. 인조의 결심은 확고했다. '패망하고 나라와 백성이 모두 죽는다고 해도 여기서 결판을 내야 한다. 내가 희생양이 될 수는 없다. 또 희생양이 될 가능성이 있는 모험을 할 수도 없다.' 결국 인조의 회귀 결정으로 남한산성은 역사를 품게 된다.

시대가 반영된 기록,《속잡록》

《속잡록》은 전라도 남원의 선비 조경남이 병자호란 때 겪은 일을 기록한 일기 형식의 글이다. 조정 밖의 사대부와 보통 사람들의 왕에 대한 인식, 조정 인물과 사건을 보는 눈, 당파적·지역적 시각을 보여준다는 점에서 가치가 있고 흥미롭다. 하지만 이 기록은 여러 사람의 견문, 소문이 뒤섞여 있다. 현장에 있던 사람에게서 나온 목격담에 근거한 것 같지만, 조선의 법도나 관료 세계의 실정과 맞지 않거나 전해지는 과정에서 목격자나 전달자가 보고 싶은 것만 보고 듣고 싶은 것만 들은, 혹은 사람들이 원하는 형태의 과장, 변형이 이루어진 것도 많다.

비련의 산성

피란 행렬

인조, 소현세자와 함께 남한산성에 들어온 왕실과 관료 인사는 400여 명으로, 종친이 27명, 관료가 370여 명이었다. 당상관(정3품 이상의 관료) 11명, 종친 300여 명은 들어오지 못했다. 이 외에도 관청의 서리와 노복들, 군영의 군사들, 한성과 경기의 민간인 상당수도 들어왔다. 피란하는 날, 오늘날로 치면 국왕의 운전기사인 사복시 노복들이 모조리 달아나는 수모를 겪었지만, 관아의 물자와 말을 챙겨 따라온 충직한 노복들도 있었다. 심지어 뒤늦게 청의 봉쇄선을 뚫고 들어오는 사람들도 꽤 있었다.

17일에는 사복시의 관원과 종들이 적의 포위망을 뚫고 은자銀子 5천 냥을 가지고 성으로 들어왔다. 훈련도감의 금고와 비변사에 있던 은자 3천 냥을 호송해 오는 것도 성공했다. 내관들은 주로 은그릇을 챙겨왔고, 병조의 종 18명은 말 37필을 끌고 따라왔다.

이 과정에서 영화 같은 일도 있었다. 사복시 또는 어영청 자금인 듯한데, 은자 7,600냥을 어영청 군사 20명이 가져오다 청군과 마주쳤다. 아찔한 순간 주부 김수창이 소리쳤다.

"모두 한 자루씩 들고 뛰어!"

은화 자루가 모두 20개였는데, 청군도 눈치를 채고 기를 쓰고 쫓아왔다. 3명이 사로잡혀 은화 3자루는 빼앗겼지만 17자루, 총 6,700냥은 수송에 성공했다.

천혜의 요새

"이것이 말로만 듣던 남한산성인가! 험준함이 팔도에 따라갈 곳이 없겠소. 남한산성이 이런 천혜의 요새였단 말이오?"

밤에 가파른 산길을 올라오느라 죽을 고생을 했지만, 아침이 되어 산세와 산성이 위용을 드러내자 찬사가 튀어나왔다. 호기심을 참지 못한 사람들은 당장 가까운 성문과 성벽으로 달려가 성을 관찰하기도 했다.

수년 동안 대대적인 축성사업을 하고, 산성 주둔군으로

수어청이란 특별사단까지 편성했으니 관료 중에 남한산성이란 이름을 들어보지 못한 자는 없었다. 그러나 막상 이곳에 와본 사람은 거의 없었다.

서인 계열 인사들은 3년 전에 사망한 남한산성 수축과 수어청 건립의 공로자 이귀에게 찬사를 보냈다. 최초로 남한산성의 가치를 발견하고, 중부지방의 거점으로 삼자고 건의한 이는 강골형 무인 이서였다. 인조반정의 일등공신인 이귀가 이서의 건의에 전적으로 동의하고 이 사업에 뛰어들었다. 두 사람은 강단 있게 밀어붙였지만, 산성 축조 과정에서는 별의별 말이 다 돌았다. 그 뒷담화의 주도자들이 산성에 피란해 전쟁을 치르게 된 것이다.

특히 전쟁에 대비한 물자비축은 놀라울 정도였다. 생존을 위한 필수물자인 군량과 장, 소금을 과하다 싶을 정도로 충분히 비축해 놓았고 술까지 담가 놓았다. 투구, 갑옷 등 무기와 장비도 세심하게 신경을 써서 구비해 두었다.

수어청의 군관과 병사도 엄선해 선발했다. 두 번이나 전란을 겪은 이귀는 조선군은 맞붙어 싸울 줄 모르고 적만 보면 도망간다는 오명이 엉성한 조직력 때문이라는 사실을 잘 알고 있었다. 장수가 군관을 모르고, 병사들도 장군과 장교들을 제대로 모르는 상황에서 조직적으로 움직일 수 없는 것은 당연했다. 이귀는 수어청 사단을 탄탄한 조직으로 유지하기 위해 수어청 소속 군관들은 절대 차출되거나 이동시킬 수 없다는 규정까지 만들었다. 이 방식을 채택하면 전투 효율은 높아지지만 군벌화의 위험이 있어 조선 왕조 내내 강하게 거부했었다. 그런데 이 규정이 인조가 남한산성에 도착할 때까지 유지되고 있었던 것이다. 이귀의 권력과 강단이 아니었다면 불가능한 일이었다.

이귀는 괴짜 관료였다. 관료라면 좀 둥글둥글한 면이 있어야 하는데, 이귀는 직설을 넘어서 욱하는 수준이었다. 고위관료가 되어서도 상대를 가리지 않고 대놓고 폭언과 상소리를 해댔다. 왕에게마저 거의 대드는 수준이었으니….

이귀는 확신을 가진 일에는 타협없이 직진하는 스타일이었다. 김덕령 발굴이 대표적인 예다. 임진왜란 때 무술 고수이기는 했지만 지휘관 경력이 전혀 없고 자질도 의심스러운 김덕령을 발굴해 스타 장수로 키운 이가 바로 이귀였다. 훗날 조정에서 김덕령 기용을 실수로 판정했고 선조가 이귀를 미덥잖게 여겨도 이귀는 끄떡하지 않았다. 자신의 안목을 확신했다.

인조반정 후 그는 중요한 군사개혁, 특히 각급 군영의 창설을 주도했다. 좌충우돌해도 추진력 하나는 확실했고, 한

번 시작하면 전례마저 무시하고 강제 규정을 만들어서라도 끝장을 보고야 말았다. 그런 그의 마지막 작품이 바로 남한산성과 수어청이었다.

15일 아침, 자신들이 운명의 땅에 도달했다는 사실을 깨달은 이들은 그렇게 산성에서 희망을 보았다. 어디에서도 보지 못했던 웅장한 산성과 성을 두 겹으로 에워싸고 있는 남한산은 감동과 희망을 던져주기에 충분해 보였다.

산성 수호 작전

비변사에서는 병력 배치안을 짰다. 성에 들어온 병력은 금군(왕의 친위대), 병조 직할병력, 훈련도감과 어영청을 중심으로 한성에 거주하던 군인들과 경기도 여러 군현의 병사들이었는데, 여주목사 한필원, 이천부사 조명욱, 양근군수 한회일, 지평현감 박환, 파주목사 기종헌, 그리고 수원부사 구인후가 거느리고 온 수원 부대 등이 있었다. 경기병京畿兵 중에서는 수원부 병력이 규모가 가장 컸다. 여기에 이귀의 아들 이시백이 지휘하는 남한산성의 수어청 병사들이 있었다.

산성에 집결한 총 병력은 처음에 9천 명이었다고 하는데 청의 포위를 뚫고 유입되는 병력이 있었고, 자원병도 모집

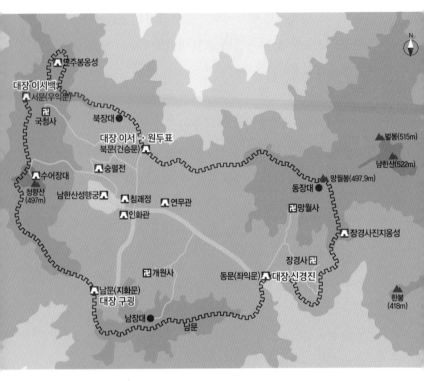

인조 입성 당시 남한산성 복원도 남한산성은 하나의 봉우리나 산등성이에 자리잡은 성이 아니다. 여러 개의 봉우리가 가파른 능선으로 둥글게 연결되어 있고, 정상부 안쪽으로 넓은 분지가 형성되어 있다. 그리고 봉우리 사이의 골짜기로 4개의 성문이 뚫려 있다.

해 총 병력은 1만 2천 정도까지 늘었다. 조선의 최정예부대 는 다 모였고, 청군보다는 적지만 조선군 전체 규모로 보면 적은 병력은 아니었다.

남문은 가장 넓고 접근이 쉬운 곳이다. 지금도 산성의 주 입구는 남문이다. 이곳에는 5군영의 총대장인 총융사 구굉이 총책임을 맡고 훈련도감병과 국왕 시위군, 병조 소속 병사, 한성에서 따라온 과거 급제자나 무사들을 배치했다. 또 특별히 구인후의 수원부 병력에게도 방어를 맡겼다.

　남문에서 동문 사이 남장대 맞은편에 있는 남격대라는 높은 봉우리에 산성 부속 방어시설이 있다. 그 아래는 길고 평이한 능선이 남문까지 뻗어있다. 여기에는 경기도 군현의 병력들을 배치했다.

　동문, 특히 망월봉에서 연결되는 동장대 부근에는 신경진을 책임자로 훈련도감병을 배치했다.

　서문은 광나루가 내려다보여 육안으로 적의 주력을 관측할 수 있는 곳이었다. 이곳은 이시백이 수어청 병사를 이끌고 방어를 맡았다.

　북문 담당은 어영청으로 대장은 이서, 부장은 원두표였다. 12월 18일에 이서의 건강 문제로 원두표가 대장이 되었다.

　15~16일 양일간 성안은 담당 구역에 병력을 배치하고, 구간별로 책임자를 임명하고, 성첩에 총통과 화약을 배치하고, 성안에서 병사들의 잠잘 곳을 마련하는 작업(제대로 된 막사조차 없었다) 등으로 하루 종일 바빴다.

조선군의 전략·전술

수성전의 청사진을 그려라

김류의 후회

산성은 공방전 준비로 바삐 돌아가고 있었지만 산성행을 주도한 영의정 김류는 깊은 후회에 빠졌다. 이제 산성에서 벌어질 모든 사태는 자신의 책임이 될 터였다.

강화로 갔다면 청군보다 절대적으로 우세한 수군을 집결시켜 바다를 방어할 수 있었고, 바닷길을 이용해 전국의 군대를 일사불란하게 지휘할 수도 있었다. '주요 도시와 도로의 요충을 방어하면서 청군이 공격해 오면 유리한 지형이나 산성에서 농성하고, 그동안 타지역의 기동부대가 적 후방을 공격해 보급로를 끊는다.' 이는 조선 초기부터, 아니 유사 이래 이 땅을 지켜온 방어 전략이었다.

하지만 적의 포위망에 갇힌 상태에서는 바깥 군대와의 연락조차 쉽지 않았다. 더 심각한 위험은 팔도군의 목적지가 남한산성이 되면서 군의 동선이 고정된다는 것이다. 청군의 포위망을 조선군이 돌파해야 한다. 전투 장소를 청군이 선택하게 된다는 의미이다.

전투의 승부가 결사의 의지와 병서에 쓰인 몇 줄의 개념에 의해 좌우된다고 믿는 척화파마저도 야전에서는 조선 최정예군마저 청군의 상대가 안 된다는 것을 인정하고 있었다. 원론을 좋아하는 사람들은 간단하게 정의했다. "적은 기병이고 우리는 보병이다. 평지에서 기병은 보병의 몇 배의 위력을 발휘한다." 유명한 병법서인 《오자병법》에서는 기병 한 명이 보병 네 명을 감당할 수 있다고 했으니 문인 관료들도 상황 파악은 되었으리라.

원래 조선도 기병이 장기인 나라였다. 그간 후금과의 전쟁에 대비하면서 기병 전력도 보강했다. 그러나 산성에 식량은 비축되어 있었지만, 말먹이로 쓸 풀이 없었다. 말들이 굶주리면서 열흘도 되지 않아 조선군 기병 전력은 와해되어 버렸다. 공조판서 장유는 이렇게 얘기했다.

"저들의 움직임을 보니 우리와 수준이 다른 군대다. 야전에서 상대해서는 안 된다."

홈그라운드에서 싸우는데, 전술적 주도권과 지형의 이점

을 상실하고 청군이 선택한 전장에서 싸워야 한다면 조선군에겐 일말의 승산도 없었다.

군수담당관 나만갑의 보고에 의하면 두 달은 버틸 수 있는 군량이 비축되어 있었다. 이때까지 다들 청군은 병력이 적고 지구전을 감당할 물량을 갖추지 못했다고 믿고 있었다.

팔도의 아군이 도착하면 유리한 고지를 점거하고 역포위하여 압박할 수 있다. 적을 섬멸할 수는 없겠지만, 유리한 위치에서 강화를 할 수 있을 것이다. 이것이 최상의 시나리오였다. 청군이 빠르지만 원병은 대병력이고 군량 수레도 끌고 와야 한다. 이번처럼 빠르게 이동하지는 못할 것이다. 그 전에 팔도군이 역으로 포위하면 승산이 있다. 시간과의 싸움이다. 대신 산성방어에 조금의 실수도 있어서는 안 된다. 정묘호란 때 이완의 의주성이 경계 실패로 무너진 일은 두고두고 트라우마였다.

전략의 큰 그림은 이렇게 그렸지만, 막상 실무에 들어가자 플랜 B에 해당하는 문제가 한둘이 아니었다. 첫째, 애초에 플랜 B가 없었다. 이것이 산성으로 들어온 책임을 김류가 온통 뒤집어써야 하는 이유였다.

김류는 아찔했다. 이 전쟁이 승전으로 끝나고 인조가 자신을 최대 공로자로 치켜세운다고 해도 저 끈질긴 척화파들은 산성 전투 중 발생한 모든 사태, 즉 인조가 찬바람에 심한 감기가 걸린다거나, 야간습격작전에서 누가 전사한다거나, 어떤 열혈 사대부가 포위망을 뚫고 들어오다 순국이라도 하거나, 팔도 근왕군 중 한 부대가 섬멸이라도 당한다면 이 모든 책임을 자신에게 뒤집어씌울 것이다.

"내 죄야. 내 죄인데 누구를 탓하랴!"

김류의 아버지는 임진왜란 때 신립과 함께 탄금대에서 전사한 무장 김여물이었다. 평지로 내려가자는 신립의 의견에 맞서 조령을 지키자고 주장한 덕에 패전의 비난을 면하고 유명해졌다. 아버지가 전사할 때 22살이었던 그는 문신의 길을 걸었다. 인조반정 후 인조의 최측근이 되었고, 정묘호란과 병자호란을 거치며 영의정이자 체찰사(임시직으로 군사 업무와 전시 군대 지휘를 맡음)가 되어 말 그대로 문무의 최고 책임자로 활약하게 되었다.

김류는 비변사 당상도 겸했다. 그는 비변사와 체찰부에서 실무를 검토하며 난국 타개에 집중했다. 그러나 쉽지 않은 일이었다. 조선은 지난 30년간 후금과의 전쟁을 준비하고 또 준비해왔다. 그러나 막상 전쟁이 터지자 온갖 문제들이 고구마처럼 줄줄이 튀어나왔다.

삐걱거리는 군대

우선 김자점의 행방을 알 수 없으니 총사령관이 없는 셈이었다. 이것은 변명의 구실이 된다. 그러나 그다음부터는 변명의 여지가 없었다.

군현민 총력동원체제인 속오군제도와 함께 영장제도를 전국에 확대하고 안정시킨 것이 인조 대의 큰 업적이었다. 속오군과 영장제도는 전시 동원제도의 효율화가 목적이었다. 원래 전쟁이 나면 군현 단위로 부대를 편성하고, 수령과 군현의 장교가 지휘관이 된다. 이들이 대대라면 목이나 도호부가 연대, 도가 사단이 된다. 그런데 수령 중 대다수는 문관이다. 그래서 전쟁이 나면 정부에서 무관을 파견한다. 하지만 임진왜란 때 이 방식을 쓰니 대응이 너무 늦었다. 그래서 이후 영장이란 제도를 만들어 연대급 지휘관이 지방에 상주하면서 병력을 지휘하게 했다. 이렇게 하면 순식간에 지휘체계가 완성될 것 같지만 그렇지 않다. 실제로는 군현마다 병력이 달라 소집병력이 연대급 규모가 안 되는 경우도 있었다. 병력이 적은 연대를 모아 영장 한 명이 통합 지휘할 수는 있는데, 누가 할지 규정이 없었고 목사, 부사도 지휘권을 쉽게 내놓지 않았다. 능력있는 관찰사나 병마사를 임명하면 되지 않을까 싶지만 말처럼 쉽지 않다. 책임과 정치적 비난, 기타 등등 문제가 발생한다. 더 큰 문제가 남아있다. 사단장 격인 병마사도 문관(감사)과 무관(병사)으로 나뉜다. 이 경우도 통합지휘권자가 불명확해서 결국 사단을 2개의 여단으로 나눠 각기 지휘했다. 여러 사단을 지휘할 중간 지휘관도 없었다. 수군은 임진왜란 때 이순신 장군을 삼도수군통제사로 임명한 뒤 이 직책이 유지되었는데 육군은 달랐다. 병자호란 때까지 도와 도를 지휘할 중간 지휘관은 상설직이 아니라 전쟁이 나면 임명했다.

정묘호란 때 시스템의 심각한 결함이 이미 드러났지만, 인조는 반정으로 왕위에 올랐고 '이괄의 난'까지 겪은 뒤라 이 부분을 절대 교정하려고 들지 않았다.

그뿐이 아니었다. 사단이 이동하려면 선두부대와 후위부대를 나누고, 각자 이동계획을 짠 후 요새를 거점으로 서로 엄호하면서 움직여야 한다. 그런데 팔도병력을 산성으로 모으려고 보니 부대들이 어느 경로로 진군하고, 어디에 주둔하며, 어디를 거점으로 할지 등에 관한 준비가 전혀 없었다. 남한산성 피란이 계획에 없던 일이어서 그랬을까? 아니다. 강화로 갔어도 달라질 것은 없다. 또 원래 계획에는 삼남의 군대가 남한산성으로 집결하게 되어 있었다. 그것이 남한산성의 축성 목적인데, 정작 삼남 병력의 이동계획은 마련되어 있지 않았다.

'계획이 없을 수도 있지. 실전 상황이 되면 도별로 알아서 계획을 세워 이동하면 되지 않을까?'라고 생각할 수 있다. 하지만 조선의 관료제는 너무 엄해서 결재 없이 기동할 수 없다. 이런 기동은 도상훈련(지도 위에서 도구나 부호를 이용해 작전을 수행하는 훈련)조차 해본 적이 없다. 조선 관료들은 지시나 규정에 없는 문제는 생각조차 하지 않았다.

마땅한 통합지휘관이 없으니 사단을 좌우익으로 나누고 후위를 두어 삼각포진으로 이동하자고 계획을 세워도 감사와 병사 중 누가 전략 수립과 임명권을 가질지 결정할 수 없었고 준비도 훈련도 되어 있지 않았다.

한편 산성 안에서는 각 도에서 출동한 군대가 어디로 어떻게 다가올지 전혀 알 수가 없었다. 팔도군이 집결하는 데 며칠이나 걸리며, 어디 군대가 먼저 다가오는지, 청군을 역포위할 포진이 완성되는 데 며칠이나 걸릴지도 전혀 예측할 수 없었다.

김류뿐 아니라 비변사 대신들도 경악을 금치 못했다. 이게 전란을 두 번이나 겪고, 수십 년간 '전쟁준비'를 한 나라인가? 훈련도감, 어영청, 수어청 같은 군영 설치, 직업군인 양성, 화기와 화약 개발, 남한산성 축성, 속오군, 영장제….

196

단어만 나열하면 임진왜란 이후 조선의 군사제도는 획기적으로 변했다. 그러나 막상 열어보니 속 빈 강정이었다.

누구의 잘못일까? 문제를 알면서도 비변사 대신들이 국왕과 정치인의 눈치를 보느라 방치한 것일까? 그냥 총체적인 무능일까? 누구도 단 한마디의 언급을 남기지 않았다.

분산 투자

늦었어도 행동은 해야 했다. 12월 17일, 최명길이 통합지휘권 문제를 언급했다. 최명길은 피란 때 유도대장(한성 방어 책임자로 현 수도방위사령관과 유사)으로 임명되어 한성에 남은 심기원을 총사령관으로 추천했다. 심기원을 유도대장으로 천거한 사람도 최명길 자신이었다. 심기원은 반정 당시 벼슬도 없는 젊은 유생이었다. 엉터리 천거였다는 비판도 있었으나 반정 직후 문관 중 장수의 자질을 지닌 인재 10명을 천거할 때, 심기원이 1등이었다.

인조를 잘 알았던 최명길이기에 반정공신인 심기원을 추천한 것인데, 인조는 이를 묵살했다. 김류 이하 대신들은 팔도병이 주군을 구하기 위해 산성으로 달려온다는 사실은 믿어 의심치 않았다. 하지만 인조는 문제의식 자체가 달랐다. 12월 22일 인조는 무의식적으로 내뱉었다.

"그런 충성스러운 신하가 있기나 하겠는가?"

아무리 반정으로 등극한 군주였다고 해도 이 정도면 불안이 아니라 불신이다. 성이 함락되면 모든 것이 끝이다. 그런 상황에서도 인조는 군권을 한 명에게 넘기고 싶지 않았던 것이다. 사실 심기원이 총사령관이 된다고 해도 지휘권을 발동해 팔도 지휘관들을 비정상적으로 휘두른다거나 항복 또는 반란을 명령할 수는 없다. 더구나 그런 지시에 응할 사람도 없었다. 최명길은 인조와 비변사가 산성에 고립되어 팔도군대와 통신이 어려우니 심기원에게 총사령관 직책을 주어 연락책으로 삼자는 것이었는데 인조는 이것마저도 거부한 것이다.

인조가 거부하자 최명길은 입을 꾹 다물고 물러났다. 그 모습을 보자 인조도 속으로 동요했다. 요즘 들어 최명길을 너무 박대한다는 느낌이 들었다. 반정 이후 인조가 제일 의지하는 신하가 김류와 최명길, 김자점이었다. 이 난리 통에도 김류와 최명길이 한 번씩 자신의 목숨을 구했다. 그럼에도 인조는 노골적으로 그들의 말을 무시했고 젊은 관료들 앞에서 비방하기까지 했다.

산성에서 인조는 하루 종일 신하들과 회의했다. 기막힌 정치꾼인 그는 척화파와 주화파를 번갈아 만날 수 있게 시간표를 짰다. 그렇게 하면 신하들이 왕의 면전에서 싸우는 추한 모습을 방지할 수 있었고, 척화파와 주화파가 모두 왕이 자기 편이라고 생각하게 만들 수 있었다. 하지만, 그 덕에 자신도 생각이 오락가락했다. 인조는 광해의 실패를 통해 왕이 한 집단에게 너무 의존해도 안 되고 일방적으로 서운하게 만들어도 안 된다는 것을 깨달았다. 즉, 적당한 배분이 중요했다. 정책이나 결재만으로 배분이 이루어져서도 안 된다. 가치와 마음을 공유해야 한다. 진심으로 같은 편이 되어주는 것이다. 그래야 그들의 주장을 들어주지 않아도 왕이 함께 아픔을 느낀다고 생각하고 더 밀착해서 교류하고 싶어한다. 전쟁만 아니었다면 인조는 꽤 잘 해냈을 것이다. 하지만 전란이 발생하고 척화와 주화가 나뉘었고, 인조의 정치쇼 덕분에 정책은 더 우왕좌왕했다. 양측의 갈등이 극에 달하자 척화파는 최명길을 처형해달라고 요청했다.

04 청과의 화친 시도

산성의 밀약

세자를 보내라

12월 16일 남한산성 안팎으로 벼락치기 전쟁 준비가 한 창인 가운데 정부는 비밀리에 청과 화친을 도모했다. 사실 인조와 대신들의 관심은 오로지 '평화협상'이었다 해도 과 언이 아니다. 한성에서 탈출할 때 행군 지연을 요구하며 제 발로 찾아온 최명길에게 청군은 자신들의 요구사항을 분명 히 밝혔다.

"우리도 화친을 원한다. 단, 조선의 약속을 믿을 수 없으 니 세자를 인질로 보내라."

인조나 척화파들은 당연히 이 말을 믿지 않았다.

"고작 인질로 세자를 잡자고 전쟁을 일으킨단 말인가? 가 당치도 않네."

이건 기를 꺾으려는 구실에 불과하다고 생각했다. 처음엔 하나만 요구하고 끝낼 듯하다가 점점 무리한 요구를 하고, 결국 나중에는 명을 칠 군사까지 요구할 것이다.

인조는 청에 어떤 답을 보냈을까? 세자는 보낼 수 없지만 성의는 보여야 했으므로 사촌동생인 능봉군 이칭과 형조판서 심집을 화친의 인질로 청 진영에 파견했다.

능봉군과 심집이 청 진영에 도착했다. 자신들이 왕의 아우와 대신이라 했지만 청은 믿을 수가 없었다. 정묘호란 때도 가짜 왕족을 보냈던 조선 아니던가? 마침 포로로 잡혀있던 조선 사신 박로 일행 중 청을 자주 왕래했던 무신 박난영에게 사실을 확인해보기로 했다.

청군 : 너희 조선은 정묘호란 때도 가짜 왕족을 보내지 않았더냐! 이들이 진짜 왕의 아우와 대신이 맞느냐?

박난영 : 그렇다. 왕의 사촌동생과 대신이 맞다.

청군 : 거짓을 고하는 저자를 죽여라!

청은 박난영을 죽이고, 능봉군과 심집은 돌려보냈다. 청은 왜 박난영을 죽인 걸까? 심집의 손자인 심유의 회고에 의하면 이날의 대화는 알려진 것과 좀 다르다.

청군: 능봉군이 세자냐 왕족이냐?

심집: 세자는 다음 왕이 될 분이신데 어찌 인질이 될 수 있단 말이오! 왕의 동생을 인질로 보냈으면 충분한 성의를 보인 것 아니오!

하지만 심유도 박난영이 죽은 이유는 언급하지 않는다. 박난영이 능봉군이 세자라고 거짓말을 했던 것일까? 이유야 어쨌든 이 사건은 중요한 진실을 담고 있다. 바로 조선이 청군의 침공의도를 정확히 파악하지 못하고 있었다는 점이다.

능봉군과 심집은 세자가 아니면 화친은 없다는 청의 전갈을 들고 돌아왔다. 미칠 노릇이었다. 17일, 다시 사신을 보내 왕족으로 타협하자고 제시했지만 청은 완강했다. 중국 본토 공격 직전 조선을 확실히 해결하기 위해 온 청에게 왕족은 조선을 고분고분하게 만들 빌미로 부족했던 것이다. 왕족을 요구할 때는 가짜 왕족을 보내고, 세자를 요구할 때는 진짜 왕족을 보낸 조선. 이렇듯 조선의 대응은 항상 뒷북이었다. 외교를 자신의 기준으로만 보는 꼿꼿함 탓이었다.

세 가지 계획

조선으로선 특단의 대책이 필요했다. 17일 대책회의가 열렸다. 이때는 모처럼 플랜 A, B, C가 차례로 나왔다.

플랜 A, 남한산성에서 버티면서 팔도병력을 산성으로 모은다. 정방산성에 있는 도원수 김자점과 한성의 잔존병력을 거느린 유도대장 심기원에게 왕을 구하라 하고, 팔도의 병력동원을 지시한다. 이때는 낙관과 비관이 엉켜있었다. 희망적인 쪽은 '적은 소수이며, 무리한 전격전으로 인해 장기전은 어렵다.'라는 것이었다. 세자를 보내지 않아도 화친이 가능할 것이라는 전망의 근거였다. 절망적인 쪽은 '병력이 소수여도 청군의 전투력은 탁월하다. 야전에서 승리는 절대 불가능하다. 다만 적이 소수이기에 팔도의 증원부대가 산성으로 들어오는 통로를 열어 병력과 보급품을 가지고 산성방어에 가세하거나 인조를 구출해 내면 최소한 강화의 가능성은 있다.'였다.

하지만 최명길이 플랜 A의 결함을 찾아냈다. 팔도군대를 성으로 부르면 통합지휘권을 누가 갖는가? 앞서 언급했듯 최명길은 심기원을 통합지휘관으로 추천했지만 인조는 허락하지 않았다.

플랜 B, 정예병으로 골짜기의 청군을 야습하고, 그 틈에 인조가 민간인으로 변장하고 탈출한다. 도승지 정광경이 탈출안을 제시했지만 인조는 당연히 거절한다. 밤에 열린 2차 회의에서 김류가 플랜 B를 다시 꺼냈다.

"정예호위병을 대동하고 탈출하시옵소서. 여기는 우리가 죽음으로 막겠나이다."

인조는 자신을 따라온 대신들과 백성을 두고 혼자 도망칠 수 없다고 말했다. 하지만 그 상황에서 성이 함락되고 세자가 포로로 잡히면 그 즉시 왕이 교체될 것이 뻔하다고 생각했을 것이다.

플랜 C, 세자를 인질로 보내 화친을 한다. 영의정 김류를 비롯해 비변사 당상들 대부분의 속마음은 세자를 보내서라도 강화를 해야 한다는 쪽으로 굳어져 있었다. 말을 돌리던 김류가 슬쩍 진심을 비춘다.

"전하… 아뢰옵기 황공하오나 종묘사직과 백성을 생각해서 전하께오서 굴욕과 고통, 위험을 감수하셔야 할 때인 것으로 사료되옵니다."

그 순간 인조는 본성을 드러내고 만다.

"내 할 일은 이미 다 했다. 이제부터는 경들의 몫이다."

인조는 책임져야 할 일은 책임지는 리더였다. 일반적인 행정에 관해서는 그랬다. 하지만 조금만 수위가 높아지면,

절대로 책임지려 하지 않았고 결정도 회피했다. 그래도 인조가 이렇게 노골적으로 본성을 드러내는 경우는 드물었다. 말을 하고 나자 인조도 아차 싶었던 모양이다.

인조는 가면을 다시 썼다. "다시는 화친을 말하지 마라." 라고 한 후 말꼬리를 돌렸다. "오늘 밤에 야습을 하자. 야습에 국가의 존망이 달렸다."

100명 미만의 급습으로 무슨 전쟁을 끝낸단 말인가? 계속된 말실수에 당황한 인조는 갑자기 최명길의 손을 붙잡았다. "나는 경에게 늘 감사하고 있다. 경 같은 사람이 여러 명 있었다면….."하고 감성론을 펴더니 또 남탓의 귀재답게 죽은 이귀를 부르며 "그대가 살아있다면 내가 이런 꼴이 되지 않았을걸."이라고 중얼거렸다.

대신들을 믿겠다는 소리인지, 비난하는 소리인지… 인조가 이런 식으로 횡설수설하기 시작하자 의외의 효과가 발생했다. 민망해진 대신들이 자진해서 물러났다. 이들 대부분이 반정공신이다. 인조와 공동운명체란 의미였다. 인조의 문제를 알면서도 참고 보듬어 줄 수밖에 없는 대신들을 둔 것이 인조의 복이었다.

대신들이 물러가자 예조판서 김상헌을 필두로 홍문관, 시

강원(세자 교육을 담당하는 관청)의 관원과 승지, 사관들이 들어왔다. 이 관직들은 문신들 중에서도 학문이 최고봉에 달하는 이들이 임명되는 자리이다. 당연히 모두가 척화파였다.

"죽기를 각오하고 공격하면 이길 수 있사옵니다. 적이 화친을 요구하는 것은 거짓이고 계략입니다. 포상을 아끼지 않으면 병사들이 분발해서 승리할 수 있습니다. 화친을 말하는 자들은 간신이니 당장 죽여 의지를 보이고 사기를 올려야 합니다."

이런 말을 듣다 보니 인조도 다시 정신이 번쩍 들었다. 인조는 다시 비변사 대신들을 호출했다.

"척화론에 솔깃했던 내 잘못이다. 내 잘못으로 나라가 이렇게 되었다."라고 말하더니 한참을 울었다. 그러고는 대책을 내놓았다. 가짜로 화친하자는 것이었다.

오랜만에 리더의 모습을 보이긴 했지만 속이 뻔히 보였다. 군사위기를 극복하고, 주화파와 척화파 모두를 만족시켜보자는 꼼수였다. 대신들도 세자를 인질로 보내라고 강하게 발언할 수는 없었다. 조선시대의 영원한 교훈, 연산군의 사례◇가 어른거렸다. 행여나 나중에 세자가 즉위하면 제일

◇ 연산군이 즉위 후 자신의 어머니인 윤씨의 폐비에 찬성한 신하들에게 복수극을 벌인 갑자사화를 말한다.

먼저 그날 회의록을 가져오라고 할지도 모른다.

12월 17일은 그렇게 저물었다. 비변사 대신들은 그날 두 번이나 자신들이 옹립한 왕의 비겁함을 보았다. 하지만 어찌 됐든 정책의 방향이 화친으로 정해졌다는 점은 고무적인 현상이었다. 최소한 그렇게 믿고 싶었다.

창경궁을 떠난 지 나흘째. 행궁에서는 회의만 하고 있었지만 산성의 성벽에서는 전투가 계속되고 있었다. 수성전이라고 해서 성벽만 지킬 순 없다. 조선군은 성문을 열고 야습과 기습을 감행했고 청군도 탐색전을 시도했다.

05 산성의 강인한 병사들과 백성들

혹한 속에 핀 야생화

산성의 진짜 주인공

12월 16일 50여 명의 병사가 동문 안쪽에 모여 언 손을 비비며 명령을 기다리고 있었다. 적진을 습격할 병사들로 각 군영에서 차출한 자원병들이었다. 적의 탐지를 막기 위해 불도 피울 수 없었다. 기다리다 지친 병사들은 성벽의 경계병들이 피운 모닥불로 가서 돌아가며 불을 쬐었다. 한 병사가 어영청 군인들 틈에서 낯익은 얼굴을 발견하고 인사를 건넸다.

병사: 이 군관님 아니십니까? 오늘도 출전하십니까?
이 군관: (씨익 웃으며) 그러는 자넨 왜 또 나가나?
병사: 저야 죽어도 울어줄 가족도 없는 놈인데, 성안에 죽치

208

고 있으면 뭐하겠습니까? (주변을 둘러보더니) 술하고 고기 생각도 나고요. 여기 아니면 어디서 그런 걸 입에나 대보겠습니까? 성벽에서 쫄쫄 굶으며 돌이나 줍느니 맘껏 먹고 한판 싸우는 게 적성이 맞습니다. 근데 군관님이야말로 왜 여기 계십니까? 지난번 공도 있고, 벌써 대장이 되셨어야 하는 거 아닙니까?

이군관: 내 주제에 무슨 대장….

이 군관은 이수림이라는 인물이다. 알 만한 사람은 다 아는 용사였다. 이전에 권관(변방에서 현지의 무사를 발탁해 임명하던 최하급 임시직 군관)직을 잠깐 지낸 적이 있어서 이 군관이라고 불렀다. 권관에 현지인을 임명하는 관행도 옛말이었다. 양반은 늘고 관직이 부족해지자 이런 군관직까지 한성 양반들이 차지하기 시작했다. 이수림이 현직 권관이 아니라 전직 권관이었던 이유도 이 때문이었다.

이수림에게는 특별한 사연이 있었다. 그의 아버지에겐 두 명의 형제가 있었는데, 한 명은 임진왜란 때 신립의 탄금대 전투에서, 한 명은 황진의 부대에서 전사했다. 이 정도면 유공자 집안이고 본인도 최고의 용사였지만 권관 자리조차 유지하지 못했다. 산성에 들어온 그는 첫날부터 전투에 자원해서 싸웠다.

세상 사람들은 조선군에는 제대로 된 무관이 없다고 말하지만 다 그런 건 아니었다. 괜찮은 집에서 태어난 괜찮은 무관도 많았다. 대를 이어온 뼈대 있는 무신 집안 출신들은 호령이나 몸가짐이 뭐가 달라도 다른 경우도 많았다. 하지만 전쟁이 터지니 말 위에서 허세 부리고, 활 좀 쏜다고 해서 훌륭한 지휘관이 되는 게 아니라는 사실이 드러났다. 전투 현장에서는 순간의 판단이 승부를 가른다. 자신과 부하들의 인생을 걸고 찰나의 선택을 해야 하고, 험한 자리와 고통을 피하지 않아야 한다. 명문가 자제들은 바로 이런 점이 부족했다.

명문가 자제라고 다 출세가 보장된 것도 아니었다. 그들 중에도 높은 자리까지 가는 사람은 극소수여서 차별의식, 열등감, 무력감에 사로잡혀 사는 이들도 많았다. 장군이 되겠다는 야심도 성취욕도 없고, 거친 세파로 단련된 뚝심도 없는 이들이 대다수였다. 양반들도 이런 폐부를 알았던 모양이다. 산성에 들어오자마자 자원병을 모집하면서 전에 없는 파격적인 조건을 내걸었다.

① 전투에 참전하는 병사에게는 은자 2냥을, 적의 목을 벤

자에게는 20냥을 포상한다.

② 공이 큰 자는 벼슬을 준다.

③ 능력을 인정받은 자는 현지에 임관해 병사를 지휘하게
한다.

①은 금방 말이 바뀌었다. "참전자에게는 지급하지 않고
적을 맞히거나 죽인 자에게만 준다."라고 하였다가 "공을 세
우면 참가자가 나눠 가지게 한다."라고 또 바뀐다.

③이 중요한데, 평민도 능력을 인정받으면 무관이 되는
특혜를 준 것일까? 조선시대에 벼슬을 주는 것은 임관한다
는 의미가 아니다. 거의 임명장만 준다. 임명장도 과분한 것
으로 여겨 영직影職, 허직虛職 등 아예 이름뿐인 포상용 관직
을 준 것이다.

그렇다고 전쟁으로 출세하는 사람이 없지는 않았다. 병
마절도사까지 지낸 정충신이 대표적이다. 그는 광주의 향
리 출신인데 소년병으로 임진왜란에 참전해서 최고위 무관
이 되었다. 병자호란 당시 의주부윤이던 임경업도 전례 없
는 승진 사례였다. 하지만 이들은 극히 드문 사례고 대부분
의 등용은 관직에 오를만한 출신들이 공을 세웠을 때 이뤄
졌다.

그랬던 조선이 실전을 통해 적극적으로 현지 임관을 하겠다고 공표하고 나선 것이다. 순진한 자들은 "와! 급하긴 급한가 보다."라고 생각했다. 하지만 지체 높은 분들의 심중에는 평민들의 사기를 북돋아 자신의 아들, 조카, 일가친척이 험한 꼴을 겪지 않게 하려는 마음도 있었다. 솔직히 반반이었다는 표현이 옳을 것이다.

산은 해가 빨리 진다. 어둠과 추위가 몰려오기 시작하는데, 명령은 내려오지 않고 오늘 야습을 지휘할 대장도 나타나지 않았다. 여기저기서 수군거리는 소리가 들렸다.

"오늘도 죽도록 기다리게만 하다가 연기하는 거 아냐?"

"내 이종사촌이 행궁 종으로 있는데, 매일 '남문으로 나가자, 동문으로 나가자.' 하면서 날을 샌다는군. 그저께 공격이 취소된 것도 논쟁하다 밤이 깊어서 취소한 거라네."

"불평들 말아~ 밥만 먹이고 중단하면 우리야 좋지. 나가서 몇 놈 죽인다고 달라질 것도 없고. 난 살면서 나라에서 주는 공짜 밥을 이렇게 자주 먹어 본 적이 없네."

"맞아, 다 우리같이 불쌍한 놈들을 배려하시려는 깊은 뜻이라고. 성은이 망극도 하시지."

몇몇이 키득거리며 박수까지 쳤다.

"이놈들아, 조용히 해! 적한테 우리 여기 모였다고 알려줄

작정이야?"

이때 누군가가 호기롭게 반박했다.

"무슨 상관이야. 오랑캐놈들도 이미 다 알고 있을걸. 저번 출전 때 보니 초병 몇 놈밖에 없고 우리가 나가니까 그냥 냅 다 목책으로 튀더구만. 이게 무슨 전쟁이야. 애들 장난도 아 니고! 싸우려면 제대로 하든가. 젠장."

이수림은 목소리가 나는 쪽으로 고개를 돌렸다. 오영발이 란 친구였다. 이수림과 함께 자타가 공인하는 최고의 무사 로 얼마 전부터 이수림에게 은근히 경쟁의식을 느끼는 것 같았다. 언제부터인가 출진을 하면 병사들이 자신과 오영발 주위로 나뉘어 모여들었다.

어둠이 짙어지면서 추위도 거세지고 있었다. 조금만 더 지나면 병사들의 손발이 굳어 무기를 쥐거나 활시위를 당길 수조차 없게 된다. 활도 굳어서 탄력을 잃어 심하게 당기면 깨지거나 부러진다. 오늘도 틀렸나 싶었는데, 뒤늦게 전투 를 지휘할 장교가 나타났다. 처음 보는 이였다.

"이수림 군관과 오영발 군관이 누구인가?!"

"제가 이수림입니다."

"내가 오영발이오."

"시간이 많이 지체되었지만, 전하께서 오늘 공격을 무척 기대하고 계시니 반드시 전과를 올려야 한다. 공을 세우는 자에겐 확실히 포상이 있을 것이다. 부대를 셋으로 나눈다. 하나는 내가, 남은 둘은 이 군관과 오 군관이 각각 지휘한다. 전투 방법은 각자의 재량에 맡긴다. 이곳 동문은 성 밖에 산줄기가 파도처럼 충충이 겹을 이루고 있다. 때문에 산줄기 아래의 적이 보이지 않고, 한두 개를 넘으면 지친다. 또 적을 기습해서 추격해도 한줄기를 넘으면 적이 위가 되고 우리가 아래가 되니 역습을 받게 된다. 그래서 오늘은 성문이 아니라 성벽을 넘어서 두 부대가 산줄기를 타고 아래로 쓸고 내려가면서 적을 소탕한다. 능선을 따라 도망하는 적은 내버려 둬라. 평소처럼 능선 아래로 내려가 다음 능선을 넘어 도주하려는 적은 양쪽 능선에서 협공해 처단한다. 그리고 능선을 타고 내려가서 도로와 만나는 지점에서 능선을 타고 되돌아온다. 절대 도로로 내려가 성문으로 돌아오지 말 것. 적의 기병이 출동하면 우리가 뒤를 잡히게 된다."

그럴듯했지만 오영발이 반문했다.

"도로가 아니라 성벽으로 후퇴하면 기병의 추격은 피하겠지만 산비탈을 오르면 우리도 늦어지고, 줄을 잡고 성벽을 오르면 또 시간이 걸리는데 그 위험은 어찌 하시려우?"

"그래서 두 부대가 출동하고 한 부대가 성벽에 예비대로 대기할 걸세. 귀환하는 부대를 엄호하고 여차하면 위쪽 능선으로 출동, 역습해서 추격대를 밀어낼걸세."

"이 작전의 요지는 우리 둘이 나가서 싸우고 나리께선 성벽 위에서 구경하신다 이거 아니요!"

오영발은 평소에도 말이 거침이 없었다. 발언 수위가 너무 높다 싶었는데, 그 장교는 초연한 표정으로 씩 웃었다.

"나도 선봉에 서고 싶네. 하지만 야습의 생명은 신속함이야. 난 실전경험이 없고, 야전에서는 자네들이 훨씬 숙련자들 아닌가? 그리고 퇴로를 엄호하려면 성벽의 수비병들도 지휘해야 하는데, 그러려면 나 같은 관원이 필요하네. 자네들을 배신하면 돌아와서 날 베도 좋아. 그리고 다음번 공격 때는 내가 선두에서 출전하겠네. 약속하지."

이수림과 오영발은 서로의 표정에서 의외라는 놀라움과 낯선 장교에 대한 신뢰감 같은 것을 보았다. 두 사람은 장교의 계획에 동의하고 병사들을 불렀다. 의외의 전개에 병사들은 당황했지만, 그들 역시 오늘은 뭔가 다르다는 느낌을 받았다. 게다가 이수림과 오영발이 정식으로 지휘한다고 하니 의욕이 생겼다.

"드디어 전투 같은 전투를 해보는구나. 한번 해보자!"

안타까운 승리

그날 밤 청군은 작정하고 전투를 준비하고 있었다. 평소대로 성문을 나서서 공격했더라면 적의 매복과 반격에 전멸했을 것이다. 조선군이 공격을 시작하자 청의 경계병들이 목책 안으로 후퇴하고, 무장한 부대가 목책 밖으로 뛰쳐나왔다. 그러나 날도 어둡고 조선군이 예상과 다르게 능선을 타고 내려온 덕에 조선군을 발견하지 못하고 허둥거렸다. 일부는 동문으로 달려가고 일부는 골짜기로 들어갔다. 이수림과 오영발은 호랑이처럼 골짜기 아래로 돌진했다. 양쪽 비탈에서 조선군이 공격해 내려오자 천하의 청군도 제대로 얻어맞고 도주했다.

이수림과 오영발은 기세를 몰아 목책 앞까지 쫓아갔는데, 마침 성문 쪽으로 갔던 기병이 돌아오는 바람에 전투를 중지하고 철수했다. 청군 지휘관도 만만치 않았다. 조선군이 후퇴하자 바로 말에서 내리더니 추격을 시작했다.

이수림과 오영발은 후퇴하다가 돌아서서 적을 되받아 치고, 다시 물러서기를 반복했다. 두 부대 간에 손발도 척척 맞았다. 비탈 위에서 청군을 내려다보면서 치고 빠지는 전투였으므로 조선군이 계속 유리한 위치에서 상대할 수 있었다. 그러나 시간이 지나면서 조선군이 서서히 지치기 시작했다. 성벽으로 돌아가는 길도 생각보다 멀었다.

지금쯤 성벽에 대기 중인 장교가 움직여줘야 하는데 꿈쩍도 하지 않았다. 이수림과 오영발은 똑같은 생각을 했다. '젠장 우리가 사람을 잘못 본 거야.' 성벽에 다다르자 성벽에 있던 수비병들이 줄을 내리고 빨리 올라오라고 소리를 쳐댔다. 그러나 청군도 악에 받쳤는지 추격을 거두지 않았다. 성벽에서는 엄호사격을 하고 싶었지만 야간인 데다가 아군과 적군이 근접해 있어서 사격할 수가 없었다. 자칫하다가는 다 와서 당할 판이었다.

그때 일순 함성이 일더니 후위대가 어둠 속에서 야수처럼 뛰어나와 청군을 덮쳤다. 후위대는 미리 내려와 성벽 아래쪽에 잠복하면서 결정적 기회를 노리고 있었던 것이다. 골짜기 전체에 함성이 울려 퍼졌는데 그건 분명 조선인들의 소리였다. 성벽에 있던 수비병들도 우렁차게 함성을 지르기 시작했다. 남한산성 동문은 두 개의 봉우리 사이에 위치한다. 양쪽으로 가파른 능선이 독수리의 날개처럼 치고 올라가면서 동문 아래 계곡을 내려다보며 감싼다. 양쪽 성벽에서 함성이 일고 북과 병장기를 두드리자 골짜기 전체가 진동을 했다.

"이거 제법인데." 줄을 잡고 성벽을 오르면서 이수림이 중얼거렸다. 성벽에 오르자 먼저 올라온 오영발이 기다리고 있었다. 두 무사는 씨익 웃어보이며 뜨겁게 서로를 끌어안았다. 말은 오영발이 빨랐다.

"최고였어. 오늘 진짜였다. 이게 전투지."

잠시 후 상황이 진정되면서 후위부대의 병사들이 성벽으로 올라오기 시작했다. 두 군관은 성벽에 서서 이름도 모르는 장교를 기다렸다. 급하게 작전을 짜고 출동하는 바람에 이름도 물어보지 못했다. 왕의 호위청 출신이라고 했던 것 같은데….

그런데 한참 후에 병사 한 명이 찾아와 장교의 소식을 전했다.

"대장님께서 화살에 맞아 전사하셨습니다."

"뭐? 시신은?"

"수습하지 못했습니다. 워낙 선두에 계셨고 적진의 코앞이라… 어둡고 주변에 아군 병사도 보이질 않아…."

이수림은 고개를 돌려 산성 안쪽을 바라보았다.

"진짜 죽어야 할 놈들이 저 안에 그리 많은데… 그놈들은 사지 근처에는 오지도 않고 아까운 자들만 죽는구나."

산성의 백성들

사간원 종 소복은 가마니를 몸에 두르고 덜덜 떨며 내전 앞에 앉아 있었다.

"안 되는 놈은 뒤로 자빠져도 코가 깨진다더니…."

매일 사간원 회의실 당직을 서다가 양반나리들 하는 소리가 하도 기가 막혀서 도망을 결심했던 그가 아니었는가? 그날 더 빨리 도망쳤어야 했다.

궁에서 차마 도망가지 못하고 있던 소복은 청군이 침입했다는 소식을 듣고 바로 도망쳤지만, 궁을 벗어나기도 전에 평소 친하게 지내던 종놈을 만났다. 그놈이 소복을 유혹했다.

"사복시 종들이 집단으로 도망쳤다네."

처음엔 믿지 않았다. 사복시는 왕이 타는 말과 마구, 가마를 관리하는 곳 아닌가? 신분은 종이라 해도 대간보다 왕과 가까운 사람이 사복시 종이라고 할 정도였다. 그런 종들이 제일 먼저 도망쳤다고?

"우리 사복시 말을 훔쳐 달아나세! 내구마(궁궐 내부 사복시에 속한 말)를 지키는 종들도 달아나고 겸사복(정예 기병 중심의 친위군)들조차 자취를 감췄다네!"

"아니 그래도 어떻게 사복시 말을…"

"우리가 목숨을 건진다고 해도 살길이 막막하지 않은가. 그리고 마누라랑 자식들 태우려면 말이라도 있어야지!"

소복과 친구는 사복시로 접근해 동정을 살피다 관원에게 걸려버렸다. 그런데 관원이 반기며 급히 다가왔다.

"어이 자네들 잘 만났네! 지금 당장 나랑 가야겠네."

"아니, 어쩐 일로…"

"전하의 말구종을 좀 해줘야겠네."

그렇게 졸지에 산성에 들어온 소복은 산성에서 사간원 관원을 만났고 한껏 칭찬을 들은 뒤에 이번에는 영광스럽게도(?) 내전 앞에 대기하면서 심부름을 맡게 됐다.

덕분에 자식들에게 평생 해줄 얘기는 생겼다. 궁에 있는 종이라 해도 평생 왕 얼굴 한번 못 보는 사람이 태반인데, 인조를 모시고 이야기까지 나누면서 남한산성까지 왔으니 말이다. 소복을 유혹했던 종놈은 신이 났다.

"우리가 왕을 모셨으니 난리가 끝나면 원종공신(작은 공을 세운 사람에게 주던 칭호)을 받을지도 모르네. 자넨 평생 내 덕을 잊으면 안 되네."

덕은 무슨. 소복은 생각이 달랐다. 인조를 모신 이야기고 뭐고 살아남아야 자랑을 해도 할 것 아닌가? 전쟁 통에 왕과 가까이에 있다는 건 가장 안전하면서도 동시에 가장 위험하다는 뜻이다. 소복은 날이 갈수록 우울해졌다.

그런데 며칠 전부터 새로운 낙이 생겼다. 어전회의에서 오가는 이야기가 창호지 밖으로 또렷하게 들렸고 회의가 끝나면 몰려온 종들과 산성 백성들에게 자신이 들은 얘기를 전하게 된 것이다.

"적병은 허세라 우리가 한번 공격하면 무너질 거라는군."

"망할, 그러면 자기가 나서서 돌격하면 될 거 아닌가."

"동문에 있는 병사들이 하도 떠니까 따뜻한 죽을 먹이라고 했대. 근데 솥이 하나뿐이라는 거야. 와서 먹게 하자니 성벽을 지킬 병력이 없고…. 누가 사람을 시켜 가져다주자고 하더군. 그러면 가는 도중에 죽이 다 식을 거 아냐. 게다가 성벽 지킬 사람도 없는데 죽을 누가 날라 줄 거야."

"그래서 어찌하기로 했나?"

"몰라. 한참 떠들다가 밤이 깊어서 파하더라고."

"죽자고 공부해서 벼슬하는 양반들이 그거 하나 못 찾나?"

"사서삼경에 병사들에게 죽을 날라 주는 방법은 없나 보지? 저 양반들은 책에 있는 이야기 아니면 몰라."

처음에는 바깥 동향이나 전황이 궁금해서 하나둘 모여든 사람들…. 하지만 모임이 반복될수록 소복도 백성들도 고된

산성의 일상 속에서 카타르시스를 느끼게 된 것이다.

"여기서 비참하게 죽겠구나 하고 들어왔네만 이렇게 웃다가 죽을 줄 몰랐네."

소복은 그들과 어울리며 새로운 사실을 알게 되었다. 자신은 비록 종이지만 서울 사람이었다. 그런데 산성에 와서 시골 농부, 시골 종놈, 역졸, 품팔이꾼, 나무꾼들과 뭉쳐 살아보니 자신이 하는 노동은 노동도 아니었다. 이 사람들은 정말 강인했다. 금방 흥분하고, 억울해하고 말로는 당장이라도 무슨 일을 저지를 듯 온갖 불경스러운 소리를 다 퍼부어댔지만 막상 다음 날 관에서 지시라도 떨어지면 곤죽이 된 몸으로 시키는 일을 다 했다. 양반들 욕을 하다가도 산길에서 양반이 휘청거리며 쓰러지면 두말없이 들쳐업고는 산성의 가파른 산길을 땀 뻘뻘 흘리며 올랐다.

어느덧 산성 사람들에게 소복은 중요한 존재가 되었다. 그들은 칡뿌리조차 찾을 줄 모르는 서울 촌놈 소복에게 먹을 것을 주고 돌봐주었다. 죽으러 들어간 산성에서 소복은 따스한 온기와 뜨거운 전우애를 느꼈다. 전쟁은 인조와 대신들, 병사들만 치른 것은 아니었다.

06 산으로 가는 회의

산성의 제갈량들

투석기와 허수아비

"양반들이 병사들의 속을 알 턱이 있는가! 제발 잘 좀 챙기시오. 뭐 부족한 게 없는지 다시 돌아보고 오시오."

인조는 묘한 특징이 있었다. 결정장애로 매사를 신하들에게 떠넘기고 미루면서 정작 신하들의 능력은 극도로 불신했다. 자신을 구해주러 올 팔도 근왕군을 애타게 기다리면서도 속으로는 '우리나라에 적의 포위를 뚫고 들어올 충성스럽고 용감한 신하가 있겠느냐?'라고 끊임없이 의심했다.

이러한 인조의 불신 덕(?)에 자칭 제갈량들이 물을 만났다. 입성 후 채 사나흘도 지나기 전에 독전어사로 파견된 대간과 홍문관 관원들이 알현을 요청했다.

남격대 쪽에 파견되었던 지평(사헌부의 정5품 관직) 임담은 바닥에 손으로 그림까지 그려가며 군사 지식을 풀었다.

"적이 오늘 남격대 앞에서 남문 쪽으로 이동했습니다. 남격대 앞이 제일 공격하기 쉬운 곳인데 남문을 공격할 리가 있겠습니까? 조만간 남격대를 공격하려는 계략입니다. 신이 즉시 해자를 파고 마름쇠(끝이 송곳처럼 뾰족한 네 개의 발을 가진 쇠못)를 뿌리게 했는데, 땅이 얼어 해자를 팔 수 없었습니다. 이서가 말하기를 정釘으로 파면 쉽다는데, 정이 없습니다. 숯 서너 말만 있으면 정을 만들 수 있는데 숯을 구할 수 없을까요?"

이쯤 되자 승정원의 서기도 적기가 짜증이 났는지 임담의 말을 생략해버렸다(실록 편집 때는 아예 빠졌다). 임담과 제갈량의 차이는 적이 예상대로 해주지 않았다는 것, 또 틀려도 당당하다는 점이었다.

"분명히 여기를 공격했어야 하는데 안 오더라구요."

청군에게 가서 따질 듯한 기세의 임담은 답을 찾아냈다.

"적은 수만 명 미만의 소수인 것이 분명합니다."

말을 하지 않았지만 인조는 적 병력이 3천도 안된다고 생각하고 있었다. 그럼에도 적의 철기병 위력이 무서워서 성 안에 웅크리고 있던 참이다. 그런데 수만이라니.

제갈량이 물러서자 이번에는 장령(정4품 관직으로 주로 감

찰업무를 담당했다) 황일호가 방통인 양 나섰다. 인조는 참을
성 있게 경청해 주었다.

"바깥에서 온 보고서는 없습니까?"

인조는 기회다 싶어 말을 끊었다.

"내가 어찌 알겠나? 가서 함정 파는 일이나 계속하게."

황일호는 방통답게 눈치가 없었다.

"전하, 숯을 주셔야 합니다."

"그런 일까지 내가 해야 하나? 병조에 요청하게."

인조는 짜증을 내면서 절차를 알려주기도 했다. 대화를
들어야 하는 왕과 기록해야 하는 서기 모두 황당하고 힘들
었지만, 이 대화의 장을 멈출 수는 없었다. 협수사 유백증은
한술 더 떠서 성벽에 나갈 수 없는 나이 든 사대부들로 참모
진을 구성했다. 인원이 무려 107명이었다. 졸지에 비변사보
다 더 거대한 시아버지 그룹이 탄생했다. 이들은 매일같이
인조를 찾아와 특공작전, 습격전술, 자신들이 발견한 취약
지구와 해결책, 전황분석, 적 전술예측, 견문기를 닥치는 대
로 쏟아냈다.

최고의 히트작은 투석기와 허수아비였다. 돌은 전쟁에서
의외로 유용한 무기다. 이미 돌을 주워 성벽에 쌓아 두고 있
었는데 누군가가 돌을 보고 투석기를 떠올렸다. 허수아비

는 추위와 병력 부족으로 고통받는 경계병을 위한 아이디어였다. 허수아비를 성벽에 세우고 병사들을 쉬게 하자는 것이었다. 무장들이 코웃음을 치자 독전어사들이 왕을 찾아와 고자질했다. 무식한 무장들이 역사 공부를 하지 않아 이 간단한 해결책을 시행하지 않는다는 것이다.

이때 경기감사 이명이 찾아왔다. 이명은 광주에 주둔한 적군은 100명뿐이라는 첩보를 가져왔다. 자신에게 정예포수 600명을 주면 광주를 수복하고 양주, 이천으로 통하는 길을 뚫겠다고 했다. 어이없게도 인조는 투석기와 허수아비 제작을 맡겼다. 이명은 기가 찼지만 거역할 수 없었다.

歷史 역사 꿰뚫기

인조가 만든 정치장교 '협수사'와 '독전어사'

협수사는 수비를 돕는 높은 관원을, 독전어사는 전투를 독려하는 어사를 말한다. 협수사에 대사간을 역임한 이조참판 유백증을 임명하고 독전어사는 군영의 배치구역마다 파견했는데, 대부분 팔팔한 대간들이었다. 병사들의 사기를 진작시키고 보살핀다는 명분이었는데 인조는 지키지 못할 약속이나 빈말이라도 해서 군의 사기를 올리라는 지침을 내린다. 이들은 또 사회주의 군대의 정치장교 같이 군심을 감시하는 역할도 했다. 어쩌면 이게 인조의 진짜 목적이었을지도 모른다.

참다못해 영의정 김류가 인조를 찾았다.

"맨날 장수들이 능력이 없다, 무능하다 하는데 지금 우리나라에 이들보다 나은 장수가 누가 있습니까? 하도 비난들만 해대니 장수들 사기가 떨어져 있습니다."

이건 중요한 지적이었다. 목숨 걸고 싸워봤자 비난만 받을 테니 책임회피 풍조가 만연했다.

"협수사는 뭐고 독전어사는 뭡니까? 협수사가 참모까지 거느릴 권한을 누가 주었습니까?"

인조는 대답이 궁했다.

"저들이 하는 말 중 예비대 편성이나 병력배치 방식 같은 건 이미 우리가 알아서 다 시행하고 있습니다. 투석기라니요. 우리 같은 산성에는 투석기를 쓸 데가 없습니다."

"그래도 없는 것보단 있는 게 낫지 않을까?"

"긴 성벽에 투석기를 배치해 봤자 적군이 미쳤다고 그 밑으로 오겠습니까? 투석기를 만들 자재도, 인력도, 기술도 없습니다. 설사 배치한다고 해도 한 대에 수십 명씩 붙어야 하는 투석기를 누가 조작합니까?"

"허수아비는 좀 쓸 만하지 않나?"

"허수아비를 진짜같이 만들려면 군복과 무기를 들려야 합니다. 병사들이 겨우 옷 한 벌을 입고 버티는데 그 옷을 벗겨 허수아비에게 입힙니까? 무기도 부족합니다. 말먹이로 쓸 풀도 없는데 짚은 어디서 구합니까?"

이서도 찾아와서 똑같은 말을 했다. 그래도 왕의 체면을 세워주느라 이명이 투석기와 허수아비를 몇 개 제작한 다음 별로 쓸모없다고 달래자 그제야 미련을 접었다.

빈 수레의 묘수

독전어사 지평 임담이 탁상공론만 한다는 비난을 의식했는지 참신하고 기술적인 주제를 들고 왔다. 바로 화약이었다. 이때의 화약은 장전하고 시간이 지나면 화약의 힘이 떨어진다. 일정 시간이 지나면 허공에라도 발포해서 묵은 화약을 털어내고 새 화약을 넣어야 한다. 임담이 병사에게 이이야기를 들었던 것 같다. 즉시 인조에게 야간에 공포라도 쏴서 총의 성능을 유지해야 한다고 호들갑을 떨었다. 그렇잖아도 산성 방어의 핵심인 총과 화포 운영에 잔소리를 못해 몸이 근질거렸던 인조는 이 기회에 임담과 머리를 맞댔다. 포수와 사수의 교차사격, 2열 교대 사격 등등. 인조는 대사간 박황까지 불렀다.

평소에는 박황도 제갈량 추종자였지만 이번에는 장단을 맞춰주지 않았다.

"그건 이미 다 알아서 했습니다."

인조가 무안해하자 박황은 야간 발포는 훌륭한 아이디어라고 치켜세웠다.

"야간에는 포 소리가 더 크게 들리는 법입니다. 밤에 청소용 발포를 하면 우렁차게 울리는 총성, 포성을 듣고 적이 우리의 군세를 더 과장하고 더 두려워하게 될 겁니다."

인조는 흥이 났고 즉시 아이디어를 냈다.

"병사들이 아무 때나 발포하거나 조를 나눠서 쏘면 소리가 약해지니 체찰사가 직접 지휘해 각 방면의 내장들이 일제히 발포하게 하라."

이건 체찰사와 대장들이 한밤중에도 잠을 자지 말라는 얘기였다. 체찰사 김류의 나이는 66세였다. 한 성깔 하는 무장이서가 이 웅장한 계획에 찬물을 끼얹었다.

"아깝게 화약을 왜 낭비합니까. 장전된 화약을 꺼내서 재생하면 됩니다."

임담이 나가자 남격대의 독전어사 정뇌경과 조형이 들어와 적이 우리가 만든 허수아비 병사가 가짜임을 눈치챘다고 보고했다. 정뇌경은 이 상황을 역이용하자고 했다.

"허수아비를 놓았던 곳에 아군 병사가 허수아비처럼 서 있는 겁니다. 그러면 적군이 허수아비인 줄 알고 몸을 드러내고 접근해 올 겁니다. 그때 일제히 공격하는 겁니다."

한겨울 밤에 허수아비 흉내를 내다 얼어 죽으라는 말이
다. 정뇌경은 아이디어를 또 하나 내놓았다.

"평지에서 기병의 접근을 막으려면 지뢰포가 최고입니다.
혹시 우리 무기고에 지뢰포가 있습니까?"

임진왜란 때 명 기술자가 조선에 지뢰 제조법을 넘겨주었
다. 그러나 화약이 너무 많이 드는 데다 땅에 묻어 놓으면 화
약이 금방 못 쓰게 된다. 소총에 사용할 화약도 부족한데 지
뢰에 낭비할 화약이 있을 리가 없다. 정뇌경은 지뢰포가 없
으면 속임수로 빈 궤짝이라도 묻겠다고 했다. 병사들은 교
대병력도 없어서 낮에는 사역을 하고 밤에는 경계를 선다.
한밤중에 불려나와 얼어붙은 땅을 파고 빈 궤짝을 묻으라는
명령을 받으면 병사들이 어떤 생각을 할까?

제갈량의 실체를 깨달은 인조는 24일에 처음으로 4군영
의 대장들을 모아 놓고 작전회의를 개최했다. 처음으로 진
짜 군사작전 회의가 열렸다. 다만 이후로도 제갈량들과의
만남을 멈추지는 않았다. 군심을 정탐할 정치장교로는 여전
히 쓸 만했던 모양이다.

07 구원군의 행방

님은 먼 곳에

목 놓아 부른 이름

인조가 진짜로 오락가락하기 시작했다. 주변 사람도 혼란
스러워 인조의 말과 태도를 취사선택한 후 제각기 아전인수
로 해석했다. 하루 일정이 강행군이기도 했지만, 정신적 과
부하로 혼자 있게 되면 인조는 탈진했다. 그럴 땐 갑자기 화
가 치밀어 오르는지 뜬금없는 말이 튀어나왔다.

"김자점은 어디에 있나! 이놈이 이럴 수가 있나!"

인조는 유능한 군사 행정가이지만 지휘능력은 의문스러
운 김자점을 도원수(전시 군대를 통할하는 임시 무관직)로 임
명하고, 5천에 가까운 병력을 주어 황해도 정방산성에 주둔
시켰다. 대외적인 이유는 3선 방어였다. 정묘호란 때도 후금
기병은 1, 2차 방어선을 쉽게 뚫었다.

하지만 진짜 이유는 따로 있었다. 불안감 때문이었다. 이 괄의 난을 겪은 후 인조는 수도에서 멀리 떨어진 곳에 대병력을 두고 싶지 않았다. 3선 방어를 구실로 제일 믿을 수 있는 김자점에게 후방 병력을 맡겼는데 바로 그 최후의 방어선이 소리소문없이 사라져버렸다. 김자점 부대는 감감무소식이었다. 인조가 다시 중얼거렸다.

"경은 또 대체 어디에서 무얼 하는 게요?"

유도대장으로 임명한 심기원을 찾는 소리였다. 도성을 버리고 탈출하면서도 인조의 머릿속에는 극적인 장면들이 있었다. 혹시 잘못되더라도 황해도의 김자점이 미친듯이 한성을 향해 달려와 남산이나 삼각산에서 필사의 저항을 하던 심기원을 구출하거나 아니면 심기원이 포위를 뚫고 나가 김자점을 만나는 장면. 그도 아니면 서로 순서를 다투며 산성으로 달려오는 장면. 그런데 달려오기는커녕 둘 다 연락 두절이다. 이 생각을 하자 설움마저 밀려왔다. 믿었던 자들이 이토록 무능했단 말인가! 판단력만큼은 믿어 의심치 않던 최명길마저 500명의 적군에게 속아 항복한 후 세자를 인질로 보내자고 하질 않나….

"믿었던 자들조차 이 모양인데, 누가 사선을 넘어 나를 구하러 오겠는가? 내가 죽으면 기다렸다는 듯 청에 항복하고,

다른 임금을 세워 공신이 되겠지. 아이고 내 팔자야…."

가슴속에서 치밀어 오르는 설움의 정체가 그제야 명확해졌다.

김자점의 행방

남한산성에서 제일 가까운 부대는 충청사단, 강원사단, 황해도사단이었다. 이 중 장비나 훈련 면에서 제일 많은 투자가 이루어진 부대는 당연히 김자점이 거느리고 있던 황해도사단이었다. 인조와 산성 사람들이 애타게 찾는 이름도 김자점이었다.

"짐이 산성에 고립된 지 벌써 7일째다. 대체 경들은 대군을 거느리고 뭣들하고 있는 것이냐."

12월 20일 인조는 김자점과 평안도 영변의 부원수 신경원에게 서한을 보낸다. 하지만 김자점은 계속 감감무소식이었다. 대간들은 서북 지휘관들의 무능에 치를 떨었고 김자점에게는 배신감을 느꼈다.

12월 25일 이서가 인조에게 말했다.

"김자점에게는 1천 명을 지휘할만한 장수도 없으니 움직일 수가 없을 것입니다."

김자점에게 5천의 병사를 주었건만 왜 장수가 없다고 하는 것일까? 그리고 이들은 여태 무얼 하고 있었던 걸까?

청군의 선발대, 본대, 후위가 차례로 남하하며 서북군대는 고립되거나 궤멸되었다. 황해도 정방산성에 있던 도원수 김자점 역시 속수무책으로 고립됐다. 정묘호란 후 조선이 심혈을 기울여 구축한 3중 방어선이 마치 제2차 세계대전 때의 마지노선처럼 제자리에 선 채 무력화되고 만 것이다. 부원수 신경원은 영변 철옹성, 평안병사 유림은 안주성, 평안감사 홍명구는 자모산성에 고립되었다.

인조가 대군이라 표현했지만 김자점이 가진 병력이라 봐야 속오군까지 겨우 1만 정도였다. 충성심이 부족했다기보다는 정확한 외부 상황을 알 수 없어서 용기를 내지 못하고 망설였던 것 같다. 게다가 그는 이런 상황을 헤쳐나갈 실전 역량이나 뚝심이 없었다.

12월 중순경 황해도 동선령. 청군 척후기병(첩보를 수집하는 기병)이 발견된다. 이를 발견한 이는 황해도 수안군수 이완(정묘호란 때 전사한 이완과는 다른 인물)이다. 맹장으로 소문난 이수림의 아들인 이완은 30대 중반의 젊은 장수였다. 이서가 김자점에겐 장수가 없다고 말했지만 단 한 명, 예외로 둔 인물이 바로 그였다.

청군 척후기병을 발견한 그는 곧 적의 본대가 닥칠 것이라고 예상하고 동선령 북쪽 고개에 매복하자고 건의했다. 척후병이 활발하게 움직이는 청군을 매복 공격하기가 쉬운 일이 아닌데, 이완은 300~400명 정도의 기병중대를 공격해 승리했다. 이완이 직접 소수 병력만 가지고 출전해 적을 매복지대로 유인했다고 한다.

이완은 이들 선두부대는 놓아 보내고 본대를 기습하려고 했지만 김자점이 강하게 공격을 주장하는 바람에 공격에 나섰다고 한다. 나중에 나타난 진짜 본대에는 홍타이지가 있었음이 후일 이완의 신도비명에 기록되어 밝혀진다. 이런 글을 읽으면 희망이 생긴다. '이완의 말대로 본대를 기습했다면 병자호란의 승패가 바뀔 수 있지 않았을까?' 하지만 아무리 매복 기습이라도 소부대로 실전경험이 풍부한 청의 본대를 요격하는 게 가능했을까?

동선령전투 후에도 김자점은 정방산성에서 꼼짝 않고 버티다가 12월 20일에 내린 인조의 유시를 받고서야 남행을 시작했다. 12월 24일 김자점의 군대가 황해도 자비령(현 황해도 봉산군) 부근에 도달한다. 1231년 몽골의 1차 침공 때 고려의 주력군이 이곳에서 기습을 받아 전멸했다. 1361년에는 자비령 극성(현 황해북도 황주군 정방산 북쪽)에서 홍건적에 패했다. 두 번 모두 유목 기병의 기동력과 전술에 안이하게 대응했던 결과였다. 또 당할 수 있다는 얘기다.

김자점 부대는 1월 3일에 황해도 토산에 도착했다. 청군은 현지에서 잡은 포로를 통해 조선군의 움직임을 포착, 대비하고 있었다. 예친왕 도르곤(누르하치의 14남이자 홍타이지의 이복형제)의 병력이 조선군을 습격했다. 이날 아침 회의가 한창인 원수의 막사를 적군이 덮친 것이다. 김자점은 산으로 도주했다. 이완은 산 중턱으로 올라가 패주하는 병사를 모았다. 50~60명으로 원진을 치고 퇴로를 지켰다. 한낮까지 버텼지만 진이 무너졌다. 이완은 화살을 3발이나 맞았지만 말에 올라타 간신히 탈출에 성공했다.

이것은 이완을 중심으로 서술한 것이고 《연려실기술》에서는 어영군 포수들의 활약으로 적을 저지했다고 한다. 어영군 포수의 총격에 적이 패퇴하고 겨우 수천 명만 살아 돌아갔다는 기록도 남아있다.

정방산성 부대는 거의 죽거나 흩어졌다. 김자점에게 남은 병력은 이제 700여 명에 불과했다. 김자점은 양근(양평)의 미원으로 가 한성에서 온 심기원 부대와 합세했다.

최전선 서북군의 행방

평안도 자모산성에 박혀있는 홍명구는 김자점보다 과감했다. 홍명구는 12월 20일 안주성의 평안병사 유림과 영변 철옹성에 주둔 중인 부원수 신경원에게 자신과 합세해 남한산성으로 진군하자는 격문을 보냈다. 여기서 '격문'이라고 표현한 것은 설득은 할 수 있지만 명령할 수 있는 관계가 아니기 때문이다. 통합지휘관의 부재와 감사와 병사의 애매한 권한관계가 문제를 일으켰다. 유림의 반응이 없자 조급해진 홍명구는 1월 1일 장훈 등 4명의 장수에게 수백 명의 기병을 주어 먼저 남하시켰다.

서북군은 청군의 사이에 있어서 남진하려면 세심한 주의가 필요했다. 장훈의 서북기병들은 정찰과 안전지대 확보 등의 임무를 제대로 수행한 것 같다. 그러나 1월 중순까지도 감사와 병사의 주력군은 움직이지 못했다.

홍명구 측 기록은 이 모든 게 유림 탓이라고 격렬하게 비난한다. 하지만 유림이 비겁했던 것인지 신중했던 것인지는 알 수 없다. 군사작전에서 용기와 무모함, 전술적 판단과 비겁함은 현장에 있던 사람이 아니면 구분하기 어렵다.

신경원은 홍명구의 전갈을 받은 즉시 또는 그 전에 철옹성을 출발했다. 평안도에 있는 부대 중에서는 신경원 부대가 최정예였다. 그렇다면 왜 신경원의 부대를 정방산성에 배치하지 않았던 걸까? 정방산성의 병력을 전방으로 올리느냐, 3선을 강화하느냐는 지속적인 논란거리였다. 그런데 이 논란은 결론이 아니라 타협으로 끝났다. '신경원의 전투 병력은 위로 올리고, 김자점의 후방부대는 정방산성에 둔다.' 최선처럼 보이는 이 타협안은 최악의 결과를 낳았다. 덕분에 김자점은 야전 사령관을 잃고 전투를 두려워하게 되었고, 최강 전투부대는 북쪽에 고립되어 본대를 찾아 사선을 뚫고 남하해야 하는 꼴이 되었다.

26일경 영변 철옹성을 나선 신경원은 적이 물러갔다는 정찰병들의 얘기를 듣고 직접 정찰에 나섰다. 그런데 고개에서 갑자기 청군 정찰기병과 조우했다. 기록에는 놀란 부하들이 도망쳤다고 하는데 조선 최정예부대에, 사령관을 호위하던 병사들이 그 정도일 수는 없다. 정찰기병은 최정예 중에서도 정예이다. 아마 방심했을 것이고 또 적의 실력에 압도당했을 것이다. 《연려실기술》의 기록을 보자.

신경원은 철옹성에서 잘 싸우고 있었다. 기병 수백 명으로 공격했다가 역습을 받아 패전하는 일도 있었지만 성이 험준해 잘 버텼다. 적이 포위를 풀고 물러나자 신경원이 곽산군수 정빈에게 정찰을 명령했다. 정빈은 부상으로 민가에 누워있다 그냥 돌아와 적이 없다고 보고했다. 신경원은 그 말을 믿고 물자를 운반하러 성 밖에 나갔다가 적의 습격을 받고 포로가 되었다.

전쟁터의 이야기는 사실과 소문을 구분하기 힘들다. 심지어 임진왜란, 병자호란 당시 왕에게 달려온 무장이나 군관의 보고에도 헛소문이 있었다. 결론은 조선군이 패하고 신경원은 잡혀 김자점 부대의 오른팔이 잘려 나갔다는 것이다.

이 무렵 북부의 임경업은 백마산성을 사수하고 있었다. 몇 번 청군이 공격해봤지만 완강히 저항하였다. 청군의 전격전술을 감안하더라도 폐허가 된 의주를 재건하고, 물자를 비축해 적의 교두보 지역에 섬처럼 고립되어서 버텨냈다는 건 높이 평가할 부분이다. 그러나 산성에 있는 전력으로는 전황에 영향을 미칠만한 활약을 할 수 없었다. 포부와 배포, 능력이 남달랐던 임경업 본인이 제일 애가 탔을 터였다. 어쨌든 임경업의 백마산성 농성전은 청과 조선 양측에 모두 강렬한 인상을 주었다. 이것은 이후 임경업의 삶과 전설에 커다란 영향을 미친다.

산성으로 내달리는 팔도군

오로지 님을 향해

팔도군의 집결

김자점도 오지 않는데 누가 구하러 오겠냐는 인조의 한탄
은 혼자만의 상상이었다. 북부 전선을 제외한 팔도군은 산
성을 향해 다급히 움직이고 있었다.

12월 22일 전라감사 이시방과 전라병사 김준룡이 여산
(현 익산)에서 조우한다. 며칠 전 이시방이 관하의 군현에 급
보를 쳤다. "평소보다 2배의 속도로 행군해 집결하라." 그가
지목한 집결지가 여산이었다. 김준룡도 신속하게 여산으로
달려왔다. 이때 진위(현 평택) 현령이 전라감영에 보낸 인조
의 명령서가 도착한다.

19일 묘시에 청군이 산성을 세 번이나 공격했다. 삼남의

군사는 밤낮으로 말을 달려 산성으로 오라.

이 통문으로는 전투 규모나 산성의 위기를 짐작할 수 없었다. 그저 매우 위태롭다는 감정만 자극할 뿐이었다. 이 앞뒤가 다 잘린 문서를 보면 어떻게 행동해야 할까? 군대가 움직이려면 분명한 목표와 충분한 전술이 필요하다. 맹목적으로 달려가다간 대패하기 십상이다. 야간휴식도 없이 강행군을 하면 병력의 70~80퍼센트가 낙오하거나 전투력이 소멸될 수도 있다.

지금이 그런 손실을 감수하고서라도 강행군을 해야 하는 상황일까? 위급함이 그 정도는 아니라면? 전라도 병력을 모으고 편제하는 데도 시간이 걸리는데, 대체 주어진 시간이 얼마인가?

여산에서 조우한 이시방과 김준룡은 전라사단의 전군, 후군, 중군, 좌군, 우군 5개 연대를 임무에 따라 나누었다. 병력이 다 모이지 않았지만 김준룡이 3개 연대를 거느리고 순차적으로 출발했다. 이시방은 후위를 맡고, 군현들과 연락을 취하며 추가 병력을 모집했다.

산성에서 가까운 충청병력은 더 빨리 움직였다. 18일에 감사 정세규가 산하 군현에 동원령을 내려 7천 정도의 병력을 모았다. 충청사단 역시 전라사단과 마찬가지로 감사 정세규와 병사 이의배가 병력을 나눠 죽산과 수원으로 각각 진군했다.

강원감사 조정호와 원주목사 이중길, 원주영장 권정길이 주도하는 강원사단 7천 명도 출격했다. 충청병력과 함께 제일 먼저 도달하리라 기대한 강원병력이었다.

경상감사 심연도 15일에 소집령을 발동했다. 병력은 8천. 경상좌병사 허완과 경상우병사 민영이 각각 1천 명을 이끌고 선봉이 되어 20일 산성으로 향했다.

청군의 진격로에 위치한 평안병력은 산성에 고립되어 있었지만, 함경도에서는 감사 민성휘가 20일경에 동원령을 내렸다. 함경도의 지형상 다른 곳보다 시간이 걸렸던 것 같다. 감사 민병휘와 북병사 서우신의 인솔로 병력 7천 명이 산성을 향해 출발한다. 이들은 경기도 양근에서 패전한 다른 부대들과 합류했지만 더 이상 진군하지 못한다.

흐릿한 구원의 빛

"화전火箭이다!"

21일 근왕병으로 추정되는 병력이 헌릉(태종의 묘)에 포진한다. 현재는 인릉(순조의 묘)이 더해져 헌인릉이 된 이곳은 서울 강남과 성남 사이에 동서로 놓인 구릉지대다. 이 구릉은 동쪽으로 진행하다 산줄기가 끊겨 평지가 된 후 다시 상승해 남한산성의 산자락이 된다. 지금은 두 구릉 사이의 평지로 분당-수서 고속도로가 지난다.

이 부대가 최초로 산성 근처에 도착한 부대였다. 이 부대는 하늘로 화전 세 발을 쏘아 올렸다. 우리가 도착했으니 지시를 내려달라는 신호였다. 그러나 사전에 팔도병의 진군로나 주둔지를 정한 적이 없어서(이 방안은 27일에나 작성된다), 산성에서는 헌릉에 누군가가 도착한 것은 알았지만 어느 부대인지조차 알 수가 없었다. 황당하게도 약속된 신호체계조차 없었다.

산성에서는 아군의 도착인지, 적군의 기만인지, 오발인지 확인할 방법이 없었다. 남한산성 입성 자체가 예정에 없던 일이긴 하지만, 산성의 원래 용도가 삼도 동원병력의 집결지였다. 적어도 충청, 전라, 경상 병력의 이동로와 숙영지 등을 사전에 정해 두었을 법도 한데 그런 것도 없었다.

아무리 군대 이동로가 기밀이라 하나 병력이동 시에는 플랜 A와 B를 마련해야 한다. 대병력을 제멋대로 움직일 수 없으니 약속된 신호체계 정도는 있어야 했다. 적에게 들켜 악용되면 어떻게 하느냐고 묻는다면 전쟁 자체를 할 수 없다.

24일 어렵사리 조정에 충청사단이 도착했다는 사실이 전달된다. 조정은 화색이 돌았다. 그러나 얼마 뒤 이 부대는 온데간데없이 사라져버렸다. 답답하고 또 답답했다. 적진의 소식은커녕 성 밖의 소식을 제대로 알 길이 없으니….

그제서야 전쟁 준비 과정에서 아주 중요한 하나가 또 빠졌음을 깨달았다. 바로 특수부대다.

산성의 특공대

산성에 갇히자 포위망을 뚫고 나갈 연락병이 필요했다. 바깥소식도 알아야 하지만 가장 급한 것이 각 군지휘관에게 왕의 명령서를 전달하는 것이었다. 왕의 명령서가 전달되지 않으면 이를 핑계로 감사와 병사들이 참전을 회피할 수도 있기 때문이다. 그러니 더더욱, 무조건, 최대한 빨리 교서를 전달해야 했다.

처음에는 선전관, 군관, 용사들 중에서 연락병을 모집했다. 그 대가로 6품 실직을 당장 제수(추천의 절차를 밟지 않고 임금이 직접 벼슬을 내리던 일)한다고 했을 정도로 다급했다. 하지만 일반 군사작전과 특수작전은 완전히 다르다. 조선에는 특수작전을 위해 훈련된 병사가 없었다. 부랴부랴 19일에 어영청 군관 3명을 선발했다. 전날 전투에서 적진에 뛰

어들었던 전사들이었다. 영화 속 람보와 현실을 혼동하는
건 조선시대 사람들도 다르지 않았던 것 같다. 하지만 대부
분은 특수작전 훈련이 전무했다. 가장 선순위인 팔도사단에
연락하는 일조차 제대로 이뤄지지 않았다.

양반의 굴레

19일 인조가 유도대장 심기원의 동생 심기성을 호출해
임시 무관직인 초토사로 임명했다. 일종의 특사 임무를 준
것이다. 밖에 나가 흩어진 병력을 수습하고, 팔도에서 도착
하는 군대에 상황을 전하고, 작전계획을 수립하는 임무였
다. 심기성은 당장 성을 나가겠다고 호기롭게 떵떵거렸다.

"성 밖에서 병력을 모집하고 편제할 때 제 명령을 따르지
않는 수령이 있다면 먼저 베고 보고해도 될는지요?"

"당연히 그래야겠지. 하지만 자의적으로 해서는 안 될 것
이다. 지침을 만들어 행하라."

심기성이 물러나자 인조는 동부승지 이경증을 돌아보았다.

"심기성이 무사히 빠져나갈 수 있을까?"

"심기성은 걸음이 나는 듯하니 꼭 성공할 것입니다."

"양반이 어떻게 나는 듯이 걸을 수 있는가?"

이 말은 심기성의 능력을 못 믿겠다는 말이 아니라 감탄

이었다. 의심쟁이 왕도 역시 무장은 뭐가 달라도 다르다고 생각했던 것 같다. 그날 저녁 인조가 심기성을 다시 불렀다.

"떠날 준비는 다 되었소? 작금의 상황을 잘 알고 있을 터이니 임무 수행에 지체함이 있어서는 안 될 것이오."

그런데 당장이라도 뛰쳐나갈 것 같던 그가 말을 바꿨다.

"포위망 돌파를 시도한 이들이 계속 실패하여 돌아오고 있습니다. 신도 나갈 시간을 고민 중입니다."

여기까지는 그렇다 치는데 그다음 발언은 조선의 양반만이 할 수 있고 이해할 수 있는 말이었다.

"탈출에 성공하려면 낮에는 숨어있고 야음을 타서 움직여야 합니다. 얼굴에 흙칠도 해야 할 텐데… 탈출에 성공한다 해도 그런 몰골로는 군병을 모집할 수 없을 것입니다."

"경의 임무는 마을에 들어가 병사를 모집하는 것이 아니라 산성으로 오고 있는 부대를 만나는 것이다. 그대의 형인 심기원부터 만나야 할 것 아닌가. 얼굴에 흙칠을 해도 동생은 알아보겠지."

"도보로 빠져나가면 발이 부르터 위엄있게 걸을 수 없습니다. 말을 타지 않는 이상 호령이 먹히지 않을 것입니다."

이 발언에서 엿볼 수 있는 중요한 지점이 있다. 신분제 사회라고 해서 양반에게 무조건 복종하지 않는다는 것이다.

위엄을 갖추고, 목소리, 걸음걸이도 당당해야 했다. 이런 걸 보면 동양이건 서양이건 왜 옛날 사람들이 복장, 장신구, 깃발, 데리고 가는 종과 마차에 태우는 애완견의 품종까지 그토록 신경을 썼는지 알 것 같다.

인조는 기가 막혔지만 내색은 하지 않았다.

"어떻게든 나갈 길을 찾도록 하라."

등을 떠밀어 내보냈지만 속으로는 이렇게 중얼거렸다.

'그럼 그렇지. 양반이 어떻게 날고 기겠나⋯.'

옆에서 듣고 있던 젊은 성균관 직강 홍주일이 보다 못해 이렇게 건의한다.

"전하께서 내리신 임무는 양반 체면에 수행하기 어려운 것으로 사료되옵니다. 그러니 정예 기병을 함께 내보내 강행돌파를 시도하는 것이 어떻겠사옵니까?"

"오호라, 대여섯이면 되겠는가? 아니다. 열 명을 뽑도록 하여라. 성에도 병력이 부족하니 서른 이상은 아니 된다."

이때만 해도 관료들이 애국심 투철한 무관이나 무사에게 꽤 기대를 걸었던 것 같다. 주변의 문관들이 앞다투어 자기가 본 선전관이나 용사들을 추천했다.

"선전관 성준흡이 최고의 용사입니다. 또 허억이란 자가 있는데 장사입니다."

동부승지 이경증이 거들었다.

"얼마 전에 승려들을 내보냈는데, 도중에 적을 만났지만 포로가 되지 않았다고 합니다."

승려들을 내보내자는 게 아니라 승려들도 하는 일을 정예 군관이나 일급무사가 못할 리 있겠냐는 뜻이었다. 하지만 곧 생각이 틀렸음을 증명해 주는 사건이 터졌다.

포위를 뚫는 전문가들

인조가 외부로 내보낼 사람을 찾고 있을 때, 외부에서도 산성과 연락을 취하기 위해 애를 썼다. 밖에서도 역시 용감한 병사들이 자원했다. 삼남지역에서 산성으로 파견한 연락병이었던 선전관 조형과 이신검이 용인에서 우연히 만났다. 삼남군대가 비슷한 시기에 움직였고, 도로가 뻔하니 서로 조우했던 모양이다. 그런데 거기부터가 위험지역이었다. 함께 산성을 향해 가다 청군에게 발각되고 만다. 구사일생으로 도주했지만 말을 분실했다. 하지만 영화 속 특수부대처럼 산과 숲을 뚫고 오는 게 쉬운 일은 아니다. GPS가 없던 시절, 산속에서 방향을 잡고 나아갈 수가 없었던 것이다.

그렇게 길을 잃고 적에게 쫓기고 있을 때 경운이라는 승려 일행을 만났다. 정체는 알 수 없지만 보통 스님은 아니었다. 그는 기꺼이 안내원이 되어 청군의 경계망을 뚫었다. 분명히 산길로 인도했을 것이다. 산성 바로 앞 청군의 봉쇄망을 뚫기는 쉽지 않지만 산길을 알기만 하면 봉쇄망 앞까지 오기는 어렵지 않았다. 청군 병력으로 조선의 수많은 골짜기를 감시하기란 불가능했다.

경운은 거침없이 안전지대로 이들을 인도했는데, 무사들의 체력이 감당하지 못해 도중에 주저앉고 말았다. 그들의 사명감이 부족했던 것이 아니라 이를 악물고 따라오다 탈진해 버린 것 같다. 한시가 급했으므로 경운은 상좌승에게 이들을 보살피다가 체력을 회복하면 데려오라고 하고 자신이 먼저 출발해 24일에 산성으로 들어왔다.

조형과 이신검이 상좌승의 부축을 받아 성으로 들어오는 동안 심기성은 성벽에서 오락가락하고 있었다. 눈치를 챈 인조는 매일 출성을 재촉했다. 심기성은 성문을 돌아다니며 지세를 보고 야습이 벌어지거나 화친을 위해 사신이 오가는 틈을 노려보자는 등 온갖 아이디어를 내보았던 것 같다. 인조는 초조하다 못해 화가 났다.

"이번 전쟁의 성패는 팔도의 구원병을 빨리 조직하는 것인데 경이 그 열쇠를 쥐고 있소!"

인조가 초조한들 어쩌겠는가. 승려는 드나들어도 군관들은 계속 실패하는 것을…. 심기성은 결국 12월 28일에 관직과 임무를 반납하며 반성문을 겸한 사직서를 올렸다.

"신은 양반답지 않게 걸음이 나는 듯했다지만 그건 옛날 일입니다. 근래 큰 병을 앓은 터라 신체기능이 예전 같지 않습니다. 승려나 백성들은 혼자도 움직이므로 포위망을 빠져나가기 쉽지만 신은 양반입니다. 몇 되밖에 되지 않는(혼자서도 충분히 멜 수 있는) 양의 식량이나 단 한 벌의 옷이라도 반드시 하인이 메고 가야 합니다. 호위를 위해 선전관이 같이 가는데 그 친구도 양반이라 하인에게 짐을 들립니다. 자연히 인원이 최소 4~5명 이상이 되어 경계선을 넘기가 힘들어집니다. 신이 벌써 몇 번이고 시도했지만 목책에서 번번이 적의 초병에게 발각됐고 서너 번은 죽을 고비를 넘겼사옵니다."

심기성의 사직서를 본 인조는 너무 괘씸했는지 사직을 허락하지 않고 심술궂은 처벌을 내렸다.

"다 용서할 테니 다시 출발하라."

절반은 비겁한 변명이었다고 해도 중요한 점은 양반이라 배낭을 멜 수 없다는 말이 당당히 핑계가 될 수 있는 사회가 바로 조선이었다는 점이다. 뛰어난 전사라는 선전관도 배낭

메고 수통 차는 것을 거부했다.

현대에도 모든 군인이 야전에서 뛰지는 않는다. 야전군이라고 다 특공대원도 아니다. 군인뿐 아니라 세상의 어떤 직업도 남다른 임무를 감당하려면 사전에 준비와 훈련이 없으면 안 된다. 그런데 조선시대에는 말타기와 활쏘기는 잘해도 병기는 들지 않는 무장이 너무 많았다.

그렇다고 군관들이 다 무능했던 건 아니다. 외지에 있다가 원대복귀를 하거나 전령 역할에 성공하는 군관도 있었다. 하지만 청군이 목책을 쌓고, 포위와 경계를 강화하자 그 포위를 뚫기가 점점 더 어려워졌다. 어떤 병사들은 산성에서 도망치기 위해 자원했다. 그들은 한 번 나가면 돌아오지 않았다. 정부는 그들의 자원이 허위였는지, 경계망 통과에 실패한 것인지조차 파악할 수 없었다. 그렇게 어명은 밖으로 전달되지 못한 채 시간만 흘러갔다.

체탐자는 어디로

조선과 여진의 운명이 뒤바뀌기 전, 그러니까 압록강과 두만강 유역에서 조선이 여진 부족을 소탕하고 밀어내던 세종 시대에는 강을 따라 설치한 조선의 군사기지에 부대마다 '체탐자'라는 특수부대가 있었다. 그들은 강을 넘어 적진에 잠복해 여진족의 움직임을 관측하고, 아군 스파이와 접촉하기도 했다. 그 외에도 침공지역의 사전 정찰, 여진 부족의 동향파악 등 다양한 특수임무를 수행했다.

체탐자들은 대단히 유능했다. 전성기에 이 부대의 규모는 약 500명에 이르렀는데 4군 6진 개척에 지대한 공을 세웠다. 그러나 이 부대는 중종 무렵에 해체되고 말았다. 이유는 아무도 모른다. 한 줄 남은 기록으로 추정해 보자면 그 범인은 관료주의다. 여진의 공세가 뜸해진 16세기에 체탐자는 관료들의 경력관리와 승진을 위협하는 불편한 존재가 되었다.

이런 유의 부대원들은 아웃사이더 기질에 더해 동지의식이 각별하다. 한마디로 상사가 다루기 어렵다는 얘기다. 동서양을 막론하고 조직이 아웃사이더 기질의 구성원을 얼마나 혐오하는지는 겪어본 사람만이 안다. 체탐자 대다수는 조직의 규율 안에서 창의성을 발휘하는 인재라기보다 술집에서 난동을 부리는 일이 더 많았을 테니 수령이고 무장이고 곱게 보았을 리가 없다.

어쨌든 그렇게 체탐자는 사라졌다. 음지에서 일하고 잊히는 것이 특수부대원의 운명이라지만, 그건 부대원 개개인의 인생이 그렇다는 것이지 특수부대의 존재 이유까지 잊혀서는 곤란한데 말이다. 정묘호란과 병자호란 전에 이완, 임경업이 특수부대원의 양성을 요청했고, 실제로 어느 정도 운영도 되었다. 하지만 예외 조치였을 뿐 공식적으로 조선에 체탐자는 존재하지 않았다.

염주를 쥔 연락병

연락병 문제로 골머리를 앓고 있는 인조를 웃게 한 이들이 나타난다. 바로 앞서 언급한 경운과 같은 승려들이었다. 남한산성 관리에도 승려들의 힘이 컸다. 성은 축성만 한다고 되는 게 아니라 주기적인 보수와 관리가 필요하다. 현재도 남한산성 안에 몇 개의 사찰이 남아있는데, 원래는 더 많은 사찰이 있었다. 이 사찰들이 구역을 나누어 성을 관리했다. 산성 방어전이 시작되자 승려들은 자연히 여러 사역에 동원되었고, 무기만 있고 취사도구, 도끼 등 갖가지 공구나 도구가 준비되어 있지 않던 군대에 사찰의 식기나 비품 등을 제공했다.

이보다 더 큰 승려들의 공적은 외부와의 연락이었다. 산사에서 오랜 세월을 보내온 이들은 자연히 산의 지리를 속속들이 알고 있었다. 억불정책을 쓴 조선과 달리 여진인들은 승려를 존중해서 활동이 편했을 것이라는 추측도 가능하다. 하지만 가장 중요한 이유는 그들의 전문성에 있었다. 승려 집단은 민간전문가 집단이었다.

조선시대 승려 사회는 '또 하나의 사회'라 할 정도로 다양한 구성원을 포함하고 있었다. 조선시대의 모든 신분을 망라하는 것은 물론 개인별 경력도 다양했다. 과거 준비생을 가르칠 정도로 학식 있는 학승, 산사를 관리하는 노승, 세상을 비웃고 기행을 일삼는 괴승, 구도승, 사회사업가, 그냥 머리만 깎은 사람… 드라마에 등장하는 다양한 개성을 지닌 승려들이 실제로 다 있었다.

승려들의 직업도 다양했다. 예를 들어 명산대찰은 관광명소다 보니 관광업, 요식업, 양조업, 숙박업까지 성행했다. 자연히 그에 종사하는 전문가들이 있었고 사찰로 관광을 나선 관료는 절에서 제공하는 술과 음식을 먹고, 여승 가이드에게 설명을 듣고 건장한 승려가 메는 가마에 앉아 등산을 했다. 뿐만 아니라 사찰을 지키고 참배객을 보호하기 위해 건장한 무승도 있었고, 사찰 간의 네트워크를 담당하는 날다람쥐 같은 전령승도 있었다.

연락병으로 활약한 것은 승려만이 아니었다. 이때 스타로 떠오른 인물이 바로 서흔남이라는 노비였다. 그는 남한산성의 군영인 수어청 소속 병사의 사노비였는데 산성 일대에 살면서 나무꾼 노릇도 했다고 한다. 자연히 산이 그의 손바

닥 안에 있었다. 게다가 산성의 승려들과 인척관계여서 연락병으로서 완벽한 조건을 갖춘 셈이었다. 동네에서 전해지는 전설에 따르면 거지행세를 하며 청군을 속이고 포위망을 들락거렸는데, 실제로는 무술 고수여서 서너 명의 청군 병사를 처치하기도 했다고 한다. 정확한 직업이나 인생역정까지는 알려지지 않았지만 확실한 건 그가 사찰에서 자발적으로 양성한 특수부대원이었다는 것이다.

그는 산성 밖으로 3번이나 나갔다 돌아왔다. 인조가 애타게 찾던 도원수 김자점, 전라감사 이시방과 접촉한 사람도 서흔남이었다. 눈치 빠른 그는 고위 관료 가족들의 소식도

歷史 역사 꿰뚫기

조선 승려 사회의 자유, 어떻게 가능했나?

조선의 성리학은 이전의 어떤 유학사조보다 수양을 강조하고 계율적이었다. 이렇다 보니 불교 내에서는 그런 계율을 형식주의라고 비판하는 사조가 있어서 승복이 오히려 유교의 속박에서 벗어나는 보호복이 되기도 했다. 더 중요한 이유는 조선의 중농억상 정책이다. 이로 인해 조선은 수공업, 기술, 다양한 전문가들이 대접받고 성장하기가 어려운 구조였다. 하지만 사찰에는 건축, 조각, 금속기술 등 다양한 기술에 대한 수요가 있으니 자체적으로 이들을 품을 수 있었던 것이다.

알려주곤 했다. 서흔남은 포상도 제대로 받았다. 인조는 천인 신분에서 면하는 것은 물론 과거급제 자격까지 줬다. 전쟁 후에도 그를 총애해서 훈련원주부, 서북만호, 훈융첨사로도 임명했다. 비문에 새겨진 관직은 '가의대부동지중추부사'이다. 후대 왕들도 그를 기억했다. 1688년 숙종이 남한산성 행궁에 행차했을 때, 서흔남을 언급하며 그의 자손을 등용하라고 특별히 명령했을 정도였다.

서흔남이 스타가 된 이유는 그가 승려가 아니었기 때문이다. 이런 특수임무는 혼자 할 수 없다. 서흔남이 포위망을 뚫을 때도 몇몇 승려가 동행했다. 이 승려들도 당상관직을 받았다. 경운을 비롯해 여러 승려들이 활약했지만 이들은 속세로 나오지 않았다. 어떤 이는 면천이나 관직을 친척에게 양도하는 바람에 유명인사가 되지 못했다.

동장대에 피어오른 희망의 불꽃

"어! 저 불빛 좀 보게!"

동장대에 있던 어영청 소속 초병들이 발견한 것은 분명 불빛이었다. 아침이 되자 광진나루 건너 북쪽 산에서 취사로 추정되는 연기가 피어올랐다. 날이 저물자 다섯 지역에서 봉화가 올랐고 광진나루 남쪽, 산성을 마주보는 검단산

에서도 횃불이 올랐다. 즉시 산성 북문 쪽 또는 동장대에서 횃불을 올렸다.◊

바로 검단산에서 반응이 있었다. 검단산에 횃불이 솟자 어둠 속에서 횃불들이 강북 쪽으로 죽 이어지며 명멸했다.

"원군이 도착했다!"

초병들은 얼싸안고 펄쩍펄쩍 뛰었다. 횃불이 뻗어간 방향으로 봐서 강원사단이 틀림없었다. 이번에는 새로 편성한 연락병들이 활약했다. 27일에 어느 승려가 강원감사 조정호가 보낸 장계와 꿩 4마리를 가지고 들어왔다.

조정호는 강원사단을 이끌고 경기도 양근에 도착했다. 조정호는 계속 후속 병력을 기다리면서 원주목사 이중길과 영장 권정길이 지휘하는 원주병력을 선발대로 파견했는데, 전투는 권정길에게 맡기고, 목사 이중길은 후방으로 소환해 군량지원을 맡겼다. 검단산에 오른 부대가 바로 권정길의 선봉부대였던 것이다.

권정길은 인조도 아는 인물이었다. 이귀의 군관 출신으로 정묘호란 때 출정을 자원했었다. 실전에서는 기회를 놓쳤지

◊ 기록에는 '북쪽 성이 휘어진 곳'이라고 했는데 북문 앞에 돌출한 연주봉돈대일 수도 있고 북쪽과 동쪽 성벽이 만나는 동장대 부근일 수도 있다.

만 이때 인조에게 좋은 인상을 주었는지 포상을 받았고 화량진첨사로 등용되었다.

　인조는 흥분해서 바로 원주목사 이중길의 품계를 높였다. 권정길은 아예 방어사로 임명해 강원부대를 통솔하는 대장으로 삼았다. 방어사 임명은 포상이면서 조선의 전쟁 대비 과정에서 또 한번 미숙함을 보여주는 일이었다. 앞서 말했듯 이때 군현 병력은 영장이 인솔하고 도 병력은 감사와 병사가 나눠서 지휘했다. 병사는 무관이지만 감사는 문관이다. 또 영장이 수십 명인데, 영장을 통솔하는 중간지휘관도 없다. 방어사가 중간지휘관인지 문관인 감사를 대신하는 사단장인지 정확하지 않지만, 두 가지 문제 중 하나를 방어사 임명으로 해결한 것이었다.

　외부와 연락을 담당할 특수부대 운영도 자리를 잡았고 충청부대와 강원부대가 도착했으니 다른 도의 병력도 곧 도달할 것이다. 근 보름 만에 산성에 희망이 솟았다. 그뿐이 아니다. 전황도 역전됐다. 대반격의 시작이 도래했다.

때늦은 장기판

군량이 없는 상태에서 멀리 떨어진 도의 군병이 계획없이 함부로 진격하다 도착하는 대로 패배하는 것보다 낫지 않겠습니까. ―《승정원일기》에 기록된 어영청 상소

뒤늦은 계획

26일, 27일 산성이 흥분의 도가니에 빠져 있는 동안, 북문 쪽에 위치한 어영청 본부 막사에서는 참모들이 지도를 펼쳐 놓고 철야작업 중이었다. 작업을 지시하고 참관하고 있는 대장 원두표의 표정에 그늘이 져 있었다.

산성에서 인조는 열심히 일했다. 하루도 빠짐없이 대신과 신하들을 면담하면서 화친전략, 방어계획, 전투준비 등을 의논했다. 그러나 10일이 되도록 진짜 중요한 계획, 팔도병

배치계획, 주둔지, 진격로와 보급로, 상호협력 작전은 논의 조차 되지 않고 있었다.

급하게 모집한 연락병들은 생명을 걸고 사선을 넘나들고 있었다. 그런데 문서 내용은 빨리 병력을 이끌고 달려와 왕과 나라를 구하라는 것이고 어디에도 전략목표, 전술목적, 집결장소, 협력할 병력, 산성 도착 후의 임무 등에 대한 내용이 없었다. 편지이지 작전명령서가 아니었다.

이때까지 조정은 청군 병력을 과소평가하고 있었다. 눈앞에 보이는 적 상당수는 조선인을 붙잡아 청군으로 분장시킨 것이라는 소문도 돌았다. 팔도병력이 산성으로 집결하기만 하면 청군을 몰아낼 수 있다고 확신하는 근거였다.

군비증강이 논제가 될 때마다 조선의 관료들이 하는 말이 있다. "군대는 병사 수가 아니라 정예한 것이 중요합니다." 맞는 말이다. 하지만 여기서 말하는 정예함이란 병사 개개인의 장비와 숙련도만을 의미하지 않는다. 군대의 정예함은 전술적 역량이 좌우한다. 예측한 청군 규모도 희망을 섞은 어림짐작이지만, 실제 병력이 적다 해도 기동력이 한 수 위인 정예 기병이다. 병자호란에 참전한 청 기병은 정예 중 정예였다. 훈련도 부족한 병사가 제멋대로 한 곳으로 집결하다가는 최악의 경우 각개격파될 수도 있다. 그게 사르후전투의 교훈인데 사람들은 광해군과 강홍립의 배신만 아니었다면 승리할 수 있었다는 둥, 강홍립의 뼈를 갈아 마시고 싶다는 둥 마녀사냥식 저주만 퍼붓더니 사르후의 패착을 그대로 답습하고 있었다.

원두표는 급히 수하 부장과 종사관들을 소집했다.

"시급히 팔도병력의 집결지와 운영전략을 작성하라."

원두표의 지휘 아래 작성된 초안은 산성 입성 후 열흘 넘게 지나버린 27일에 마련됐다. 원두표는 즉시 어영청 상소 형식으로 제안을 올렸다.

원두표의 구상안

편의상 각도의 병사가 지휘하는 병력을 1여단, 감사가 지휘하는 병력을 2여단이라고 한다.

1. 전라, 충청병력

김준룡의 전라도 1여단은 죽산의 죽주산성으로 가서 이의배의 충청도 1여단을 지원한다. 이시방의 전라 2여단은 임진왜란 때 권율이 주둔했던 독산성에 주둔한다.

독산성은 임진왜란 때 권율의 주둔지로 명성을 얻었다. 죽주산성은 삼국시대부터 몽골전쟁, 임진왜란 등 전쟁 때마다 무용을 떨친 역전의 성이었다. 삼남 병력이 합류하는 지점은 천안과 안성, 두 곳이다. 천안에서 서울로 오는 도로는 오산-수원을 거치는데, 이 루트를 커버하는 최적의 요충지가 독산성이다. 죽주산성이 있는 죽산은 현재의 안성시 죽산면으로, 서울-안성 루트와 충주-광주로 통하는 루트 사이의 요충지인 동시에 남한산성의 청군을 공격하는 베이스캠프로 최적지이다.

2. 경상병력

경상사단은 여주의 파사산성에 주둔하면서 검단산에 도착한 권정길의 원주부대를 지원한다. 이 두 부대는 충주 흥원창에 저장한 곡식을 군량으로 사용한다.

검단산을 차지하면 현재 제2중부고속도로를 따라 서울에서 이천으로 가는 도로를 지배하게 된다. 동시에 산성 동쪽에서 청군을 몰아내고 출구를 만들 수 있다. 청군 주력은 산성 서쪽에 있으니 동쪽에서 아군 병력과 물자를 받아 서쪽으로 밀고 나가면 전쟁은 끝난다.

3. 함경병력

경기도 포천산성에서 합류한다.

조선 최고의 정예병은 북쪽 부대였다. 평안도 병력이 청군의 진군로에 들어가 꼼짝 못 하고 있는 상황에서 최정예부대는 함경도 부대였다. 원두표는 함경사단의 합류지를 경기도 포천산성으로 정했다. 김자점이 이끄는 황해도 병력에 대해서는 언급이 없는데, 일단 연락이 닿지 않아 상황도 불투명하고 청군의 진격로에 위치해서 재량권을 부여했던 것 같다. 정부가 김자점에게 내린 명령은 심기원과 합세해 남한산성을 구하라는 것이었다.

4. 최후의 승부처

원두표가 구상한 포진은 청군과 최후의 승부를 가르는 전략까지도 포함하고 있었다. 위의 각 군 거점들은 각 사단의 전투 개시지점이 아니라 베이스캠프, 즉 전술의 출발점이다. 여기에서 병력과 군량을 수합하고 정예병을 뽑아 사방에서 청군을 압박한다. 그렇게 되면 청군은 분산하거나 돌아가며 싸워야 할 것이다. 어느 쪽이든 산성 포위망에 구멍이 생긴다. 팔도군이 유기적으로 협력해 청군을 치면 청군은 지치고, 조선군이 승리할 가능성이

커진다. 청군이 우왕좌왕하는 동안에 산성으로 진입하는
길이 열릴 수도 있다.

5. 산성 병력의 공세 전환

조선의 진짜 최정예병은 산성에 있다. 임진왜란 후 화
기병과 급료병 체제를 신설하면서 한성의 군영병이 최정
예가 되었다. 이들이 공세로 전환할 기회가 생기면 청군
을 팔도군 주둔지 한쪽으로 유인하고, 그 사이에 반대편
동원사단과 산성의 군영병이 청군 진지를 공격한다. 포
위를 풀거나 최소한 바깥과 통하는 길 하나는 개방할 수
있을 것이다.

원두표는 최선의 전략이라 생각했다. 그런데 인조의 반응
이 좀 이상했다. 원두표는 급한데 인조는 태평했다.

"수고했다. 의정부와 의논해 보겠다."

출전 준비

산성에 들어온 뒤 전투를 계속하면서 병사들의 역량이 눈
에 띄게 달라지고 있었다. 그 모습을 보자 독전어사들과 제

갈량들은 고무되었다. 성벽에서 만나는 병사마다 이따위로 웅크리고 있느니 나가서 싸우자고 소리쳤다. 독전어사들은 책에서 병사의 투지가 승리의 제일 요건이라고 배웠다. 결국 유일한 장애물은 힘만 쓸 줄 알았지 기발한 책략은 고사하고 기본적인 요령도 모르는 장군들과 비겁하게 화친만 생각하는 대신들이었다.

27일 구원부대가 왔다는 소식이 알려지자 독전어사들이 인조에게 우르르 달려왔다. 이제 공세로 전환할 때이고 자신들의 역량을 증명할 기회라 생각했다.

"내일 당장 사대문으로 병사 500명을 동시에 보내 야습합시다. 적을 박멸하지는 못해도 성과는 있을 겁니다."

황일호가 말했다. 나열형 화법을 사용하는 그는 뻔한 전술에 원론, 추론, 상식을 닥치는 대로 이야기하며 저런 황당한 결론을 내놓았다. 인조는 심드렁하게 체찰사에 이 의견을 전하라고 말했다. 중대 규모의 공격을 해보자는 의견은 이미 22일경부터 나왔다. 그러나 이번엔 달랐다. 그동안 소극적이던 김류도 동조했다. 자신이 늘 이런 도박을 거부하면서 팔도군이 도착한 다음에야 공세로 나갈 수 있다고 주장해왔기 때문에 거부할 명분이 사라졌다. 김류의 동조에 인조는 흥분했다.

"전에 없는 대규모 공격을 시행하도록 하라. 내가 직접 참 관하겠다."

결국 김류가 체찰사부를 중심으로 500명 규모의 공격 계획을 준비하게 된다. 다음은 임련 차례였다. 그는 전날 야간에 검단산에서 연기와 불꽃이 난무하는 장면을 목격했다. 전투가 벌어진 것이 분명했다. 험천 쪽에도 아군이 왔으며 (충청2여단이었다) 청군 부대가 이들을 향해 이동 중이라는 정보도 그의 생각에 중요한 바탕이 되었다. 하지만 임련은 정보를 제멋대로 종합하는 스타일이었다.

"이런 중요한 결전의 순간에 우리 병사들이 추위로 몸이 얼어 있습니다. 몸을 녹이는 데는 술이 최고인데 술이 없어서 제가 조리법을 개발했습니다(서민이라면 다 아는 조리법이었다). 쌀 두 홉에 된장을 섞어서 죽을 끓여 먹이는 겁니다. 이걸 먹으면 군사들이 감동해서 죽기를 각오하고 싸울 것입니다."

인조가 솔깃하는 모습을 보이자 제갈량과 방통들은 기다렸다는 듯이 비책을 쏟아냈다.

"심한 병자는 직접 심부름꾼을 보내 약을 나눠줍시다."

"부대의 사기진작을 위해 성벽에서 예포를 쏩시다. 한 발씩 쏘는 게 좋을까요, 한꺼번에 쏘는 게 좋을까요?"

듣고 있던 관향사 나만갑이 한숨을 내쉬었다. 산성에 들어온 뒤 나만갑은 보급관 일을 너무 잘해서 인조의 신뢰를 얻었다. 또 무슨 정책이든 비축물자의 양을 참작해서 처리해야 하므로 나만갑이 거의 승지처럼 모든 중요 회의에 참관하게 되었다. 그 바람에 인조와 대신, 대장, 거의 모든 관료들의 한심한 행태를 모조리 목격하게 되었다. 이제까지는 꾹꾹 참았지만, 이날은 폭발하고 말았다.

"전하 저는 발언권이 없는 관향사이나 감히 한 말씀 올리겠습니다."

인조는 이런 상황에는 항상 너그러웠다(진짜 속셈은 회의를 정신없게 만들고 책임을 떠넘기기 위해서였다). 또 제지한다고 나만갑이 입을 다물 사람이 아니란 것도 알고 있었다.

"도대체 왜 이러십니까? 화의를 하든 전투를 하든 전하가 결정을 내리셔야지요. 그리고 소대, 중대 규모의 전투에 시시콜콜한 문제까지 왜 어전회의를 합니까? 전하가 이러시니 관료들이 별것도 아닌 일까지 전부 결재를 받는다고 찾아옵니다. 매사가 의논만 하다가 끝나고, 장수들은 매일 날씨 핑계를 대고, 국가의 중대사와 군사비밀을 하인과 심부름꾼까지 다 알고 있습니다. 제발 이런 일로 시간 낭비하지 마시고 전하가 결단을 하십시오."

정곡을 찌른 비판이었지만 인조는 화를 내지 않았다. 인조는 나만갑을 응시하며 말했다.

"맞는 말이네. 그럼 내가 어떻게 해야 할까?"

나만갑은 속이 터졌다.

"결정을 하셔야죠, 결정을. 큰일은 직접 하시고, 작은 일은 맡기세요. 어찌 매번 온갖 일을 의논만 하십니까?"

인조의 대답은 기록이 없다. 회의가 끝나고 신하들이 모두 물러갔다고만 기록되어 있다.

다음 날인 28일 인조가 나만갑을 공조참의(판서를 보조하면서도 대등한 발언권을 가진 관직)에 임명했다. 새로이 발견한 재능에 적절한 지위였다. 인조는 독전어사들의 말을 들어주는 척은 했지만, 실제 임무는 도체찰사에게 전적으로 맡겼다. 덕분에 현대의 연구자들이 피해를 입었다. 이후 29일부터는 작전회의가 군사령부에서 이뤄지면서 실록과 《승정원일기》에서 사라졌다.

11 산성의 전투

조선군, 산성을 나서다

김류가 준비한 500명의 기습공격. 개시일은 12월 29일이었다. 이는 성공하면 방어에서 공격으로 획기적 전환의 기회가 될 수 있었다. 그러나 나만갑은 불안했다. 원두표의 전략은 팔도사단이 체계적으로 제 위치에 포진한 다음 유기적 팀플레이를 펼친다는 구상이다. 그러나 이 구상이 인증되지도, 더군다나 각 사단에 전달되지도 않았다. 정예병사 500명으로 공격한다는 구상은 획기적으로 보이지만 이전의 야습에서 규모만 키운 셈이다. 성밖 구원부대의 사기를 올리고, 청군의 주의를 분산시킨다는 것도 실현 가능할지 알 수 없다.

우리 진군을 적에게 알려라

29일. 북문이 열리고 조선군 병사들이 날렵하게 좌우로 진군하기 시작했다. 소규모 전투지만, 거의 매일 같이 기습 공격을 벌였던 탓에 병사들이 지형과 싸움법에 숙달되어 있었다.

북문을 나서면 좁은 오솔길이 수십 도 경사 아래로 빨려 내려가듯이 뻗어있다. 그리고 오솔길 좌우로는 사면이 가파르면서도 넓은 지형이 나온다. 좌우 날개로 방패를 든 병력이 전진하면서 중앙으로 치고 내려가면 상당히 효율적인 전투를 벌일 수 있다.

이날의 전투는 전보다 병력이 많았고, 어영대장 원두표가 직접 병력을 인솔했다. 하지만 전략목표는 달라진 것이 없었다. 김류나 대장들 입장에서는 구원부대가 도착했다고 무턱대고 출동할 수도 없었다. 원두표의 방안대로 차분하게 포진을 하고 보조를 맞추려면 연락도 해야 했다. 하지만 인조는 흥분했고, 김류와 대장들이 싸움을 회피한다고 온갖 비난을 받는 판에 구원군이 도착했는데도 눈치만 보고 있으면 어떤 비난을 받을지 모를 일이었다. 김류 자신도 구원군이 도착해야 본격적인 공격을 할 수 있다고 변명을 해왔기 때문에 공격하는 시늉이라도 해야 했다. 그래서 낸 묘안이 작전목표는 유지하되 야습부대의 규모를 늘려 생색을 내자는 것이었다.

다만 이날 병사들에게 적의 반격에 유의하고 이전처럼 성에서 멀리 떨어져 목책 가까이 적을 추격하거나 넓은 지역으로 내려가지 말라는 등의 구체적인 행동지침을 하달했는지, 병사들에게도 드디어 제대로 전투를 벌인다고 허세를 부렸는지는 알 수 없다. 필자의 추정은 후자이다. 어쨌든 500명이나 출동했고 위력을 보이자는 작전이었으니 평소처럼 성벽 아래에 있는 척후병이나 몰아내고 돌아올 수는 없었을 것이다. 최초의 작전 지시는 목책 근처까지 가서 뭔가 위력시위를 하라는 것이었을 가능성이 높다. 전략적 효과로 보면 야습을 하나 목책까지 접근하나 오십보백보지만 김류는 고민 끝에 이런 타협안을 구상했던 것 같다.

아무튼 확실한 건 이날은 진격하는 기세부터가 달랐다는 것이다. 북문을 나선 아군은 점점 기세가 올랐다. 공격대는 정보보안도 유지하지 않았다. 좌우 날개를 벌리고, 징과 북을 울리면 요란스럽게 진격했다.

여기서부터는 증언이 갈린다.

"원두표와 병사들이 흥분해서 제 지시를 어기고 목책까지 밀고 내려가더니 목책을 넘어 전진했습니다." 이는 김류의 주장이다. 어쨌든 조선군은 계속 진군해서 적의 목책과 군막을 불살랐다. 몇 마리의 소와 말까지 탈취했다.《속잡록》에서는 소 3마리, 말 3필이었다고 한다.

김류는 목책을 넘어 전진하는 것을 보고 원두표에게 명령을 내려 군사를 거두려고 했다. 그러나 군령이 제대로 서지 않았고 부대는 계속 목책을 넘어 전진했다. 간신히 군대를 멈추고 철수를 위해 병력을 모으고 있는데, 매복해 있던 청군 기병이 튀어나왔다. 조선군은 분투했지만 기병에게 포위되고 만다. 퇴로는 멀고도 험했다.

나만갑은 회고록에 별장 신성립 이하 최고의 전사였던 장교 8명이 모두 전사했다고 적었다. 병사들의 사상자 수는 정확하지 않다. 30일에 김류는 어영군이 25명, 체찰부 소속 병사가 78명이고 나머지는 조사 중이라고 보고했다.

누구의 책임인가

김류를 증오하는 이가 쓴 것으로 추정되는 저자 미상의 기록인 《산성일기》에서는 동서남북 4문의 대장이 모두 공격에 반대했는데, 김류가 강요했다고 한다. 이 내용이 이긍익의 《연려실기술》에도 실려 있다.

처음에 어떤 사람이 말하기를, "목책을 불사르면 군사가 진격하는 데 거칠 것이 없을 것이다." 하니 김류가 이를 명하여 목책을 이미 불살라버렸으므로 오랑캐가 우리 군사를 공격하는 데 더욱 거칠 것이 없었다. … 김류가 허물을 돌릴 곳이 없자 원두표가 구원하지 못한 탓이라 변명하여 장차 사형에 처하려 하자, 홍서봉이 말하기를, "수장이 군율을 어기고서 부장에게 죄를 돌려서야 되겠는가."라고 하자, 김류가 마지못해 대궐에 엎드려 대죄하고, 원두표의 중군을 매 때려 거의 죽게 하였다.

이는 병자호란 당시 조선군의 실태, 무능하고 아랫사람에게 책임을 전가하기 바쁜 대신들의 행태를 보여주는 대표적인 기록이다. 김류를 무턱대고 비난하는《산성일기》의 기록은 지극히 편향적이고 과장이 섞여 있다. 하지만 기록 자체는 사실의 목격담에 기초했을 가능성이 없지는 않다.

처음부터 대장과 병사들이 말도 안 되는 작전이라고 항의했을 가능성도 있다. 악마로 묘사된 독전관(명령을 소리내어 읽는 직책) 유호가 머뭇거리는 병사들을 떠민 것도 사실일지 모른다. 중세의 전쟁에서는 늘 후미에서 독전관이 거대한 도끼를 번뜩이며 따라다녔다. 1차대전의 참호에서도 장교가 권총을 휘두르며 위협하는 장면은 일상이었다.

이 기록이 마녀사냥이었다 해도 김류에게 책임이 없는 것은 아니다. 다만 지적의 방향이 틀렸다. 김류의 책임은 그 책임의 소재를 애매하게 한 것이다. 이날의 명령서가 남아있지 않지만 숙달된 행정관료이자 정치가였던 김류는 분명히 '성문 밖 적군을 몰아내고 목책에 있는 적군의 반격에 유의하며 최대한 진격해서 아군의 성세를 과시하되 적을 무리하게 추격해서 적진 깊숙이 들어가지 말 것'이라는 식으로 공격 목표를 애매하게 정했을 것이다.

병사 중에는 신중한 병사도 있고, 독전관의 의견에 동조하는 병사도 있었을 것이다. 하지만 막상 전투에 임하고 보니 병력도 전에 없이 많고 청군의 흔적도 보이지 않아 사기가 올랐을 수도 있다. 이렇게 되면 병사들도 두려워하지 말고 더 치고 나가자는 무리와 신중해야 한다고 망설이는 무리로 나뉘게 된다. 서로 간에 목표와 행동이 달라지면서 대형이 분열된다. 분명 '더 가자, 그만두자' 등 의견이 난무했을 것이다.

이 부대가 각 군영에서 뽑아낸 혼성부대였다는 점도 중요하다. 조선 군대는 신분제적 위계질서는 강했지만 군사 조직으로써 위계는 효율적이지 않아 늘 군령이 제대로 서지 않았다. 기록에 자주 등장하는 우리나라 군대가 비웃음을 산다는 표현이 이런 의미이다. 좋게 말하면 특급 베테랑 용병들로 구성된 자율적인 분위기의 부대 같았다.

군사작전에서는 항상 명령이 명확하고 책임소재가 확실한 바탕 위에 지휘관이 통솔력을 갖추어야 한다. 대부분의 전쟁 영화에서(특히 실화에 기반하고 문제의식이 깊이 있는 영화에서는) 반드시 위계가 혼란해 군령이 무너지는 장면이 등장하는 이유도 바로 이 때문이다.

김류의 양심이나 억울함은 판정할 수 없지만, 군사적 측면에서 이 부분은 확고하게 비판받아야 한다. 아무리 그래도 김류가 인조의 면전에서 원두표에게 책임을 전가한 것은 치졸한 행위였다. 원두표의 구상을 보면 그가 이런 한심한 허세 작전에 동의했을 리 없다.

명령하지 않는 왕, 도착한 칸

그날 밤 김류는 인조에게 패전을 보고하면서 책임을 적당히 원두표와 병사들에게 전가하며 얼버무렸다.

"그러게 내가 망월봉에 주력하라고 하지 않았느냐!"

인조는 망월봉에 주력하고 다른 문에서는 혼란을 줄 정도로만 공격을 하라고 하지 않았냐고 말하고 사건을 종결한다. 망월봉에 주력하고 다른 문에는 혼란만 주라? 그렇다면 왜 망월봉이 있는 동문이 아닌 북문으로 나섰던 것일까? 변명 같은 이 한마디에 패전의 진상이 숨어 있다.

29일 북문 공격의 핵심 문제는 작전목표와 작전내용이 맞지 않았다는 점이다. 산성에 들어온 직후부터 지속적으로 제기된 주장이 있었다.

"청군은 소수이다. 고립을 면하려면 청군이 증강되기 전에 외부와의 통로를 열어야 한다."

인조가 탈출을 하든지 남아서 산성을 지키든지 간에 통로 개척이 선결 목표였다. 통로 개척에 제일 유망한 지점이 동장대 밖 망월봉이었다. 산성 동북쪽 모퉁이에 튀어나온 망월봉은 약간이기는 하지만 산성보다 높았고 동장대에서 능선으로 연결되어 있었다. 성을 쌓을 때 성 밖에 성보다 높은 봉우리를 놔둔다는 것은 금기다. 남한산성을 쌓을 때 망월봉까지 성벽을 확장할까 고민하다가 포기했다. 능선을 파서 길을 아주 끊어버리려다가 지맥 손상을 이유로 능선 양쪽을 깎아내려 망월봉에서 동장대로 오는 길을 좁게 만들었다. 전쟁이 벌어지자 다시 급하게 능선을 파서 길을 끊었다. 지금도 지형이 인위적으로 왜곡된 흔적을 발견할 수 있다.

이건 망월봉의 가치를 성벽 방어라는 관점에서만 본 실수였다. 공세적 입장에서 보면 망월봉은 산성 동쪽 도로와 한강으로 통하는 요지였다. 망월봉과 원주 권정길 부대가 주

둔한 검단산 사이에 하남시에서 이천 쪽으로 빠지는 제2중
부고속도로가 있다. 조선시대에도 도로가 있었던 것 같다.
망월봉을 거점으로 이곳으로 치고 내려가면 이천까지 연결
할 수 있다. 성안의 군대가 공격을 개시하면 검단산의 조선
군도 협공할 것이다. 산성수비대와 강원사단이 연결되어 이
도로를 확보하면 경기동부, 충청, 영남, 호남의 군대까지도
이 통로를 이용할 수 있다. 산성은 구원되고, 청군에 대한 대
반격의 거점이 된다.

산성이 포위되자 망월봉의 전략적 중요성이 재조명되었
다. 청군도 즉시 망월봉을 점거했다. 망월봉을 탈환해야 한
다거나 망월봉을 점거하고 이천으로 길을 뚫자는 의견은 초
기부터 나왔다. 점령할 수는 있지만 성벽이 없어서 지킬 수
없다는 반대의견도 있었다. 결국 권정길 부대가 검단산에
올랐고 500명의 정예병으로 전략적인 활로를 뚫는다면 그
목표는 망월봉이 적격이었다.

김류가 패전 보고를 하자마자 인조가 "망월봉이 주공격
목표이고, 다른 성문에서의 공격은 양동작전이다."라고 한
것을 보면 29일 공격 이전 망월봉 공격에 대해 정리된 의견
이 제시되었던 것이 틀림없다. 그렇다면 왜 29일 조선군은
북문을 나섰던 것일까?

중구난방의 토론만 벌어지고 인조는 평소처럼 명확한 결정을 내리지 않았다. 인조 이하 모두가 이번 공격의 의의와 망월봉의 가치에 대해 알고 있었다. 그러나 두려웠다. 구원부대가 산성 주변에 나타난 것은 분명한데, 정체도 규모도 모른다. 그렇다면 먼저 연락을 통하고, 계획을 세워야 하는데 책임지기 싫은 조선의 유비 인조는 공격 목표는 정해주지 않고 관우, 장비에게 떠넘긴다. 관우와 장비는 고민에 빠진다. 공격은 해야 하는데 전략적 성과를 추구할까, 안전한 곳을 택해 싸우는 흉내만 낼까? 조선의 관우와 장비는 안전한 곳을 택했고 그곳이 북문이었다.

북문 공격 자체가 전략적 우선순위를 외면한 공격이었으니 앞서 말한 대로 보여주기식 공격이 이루어질 수밖에 없었다. 하지만 안전하다고 믿었던 전투에서 예상외로 큰 타격을 입고 말았다. 29일의 북문 전투는 산성 방어전을 통틀어 가장 충격적인 패전이었다. 잠시 솟았던 희망이 다시 내려앉고 김류는 평판에 치명타를 입는다. 대중은 희생양을 찾았고, 분노와 비난 덕분에 소문에 과장이 더해졌다.

《산성일기》는 이 패전으로 정부에 대한 불신이 쌓여 병사들의 사기가 떨어졌고, 이것이 삼전도의 비극을 초래하는 원인이 되었다고 말했다. 하지만 이 말의 절반은 왜곡이다.

병사들은 이 패전의 원인이 아마추어 제갈량들에게 있으며 그들 대부분이 척화파라는 사실도 알고 있었다.

군사작전에 정치가 개입하면 없던 사단도 벌어진다는 것이 만고의 진리인데, 근절하기가 어렵다. 그래서 저명한 프로이센의 군사평론가 클라우제비츠도 "전쟁은 정치의 연장이다."라고 했나보다. 하지만 이 패전에는 더 중요한 교훈이 숨어 있다. 안 될 때는 뭘 해도 안 된다. 그날따라 청군이 조직적으로 매복하고 조선군을 기다리고 있었던 것이다. 가능성은 세 가지. 첫째, 정보가 누설됐다. 둘째, 근왕병이 모여드는 정황을 보고 조선군의 행동을 예측했다. 셋째, 청군이 평소와 다르게 특별경계를 펼쳐야 했던 사정이 있었다.

셋 다일 수 있지만, 세 번째 사정도 분명한 이유 중 하나였다. 만약 세 번째 이유뿐이었다면 조선군의 패배는 우연이 겹친 불운이라고 할 수 있지만, 적에 대한 정보 없이 무턱대고 싸움을 벌인 필연적 대가이긴 했다. 그래도 분명 세 번째 이유도 결정적이었다. 그것도 엄청나게….

29일의 전투가 있었던 바로 그 날, 한강을 건너 짐을 푼 자가 있었다. 바로 홍타이지였다. 그가 바로 그날 남한산성 근처에 도착한 것이다. 그가 30일에는 산성 앞의 청군 진영에 도착할 예정이었으니 첩보가 샜든 새지 않았든 간에 청군은 특별경계령을 펴야만 했던 날이었다. 그런데 하필 그날 조선군이 북을 치며 요란하게 진군해 나갔던 것이다.

12 구원부대의 궤멸

달려드는 불나방들

사르후전투가 재현되다

김준룡의 전라1여단이 충청사단이 머물고 있던 죽주산성에 도착했다. 원두표의 구상은 전혀 몰랐음에도 그 구상대로 움직였다. 여기까지 오는 동안 김준룡 부대는 4개 연대로 증원됐다. 그런데 김준룡이 죽주산성에 도착하고 보니 충청사단은 22일 벌써 북쪽으로 이동하고 없었다.

청군도 조선군이 모여드는 것을 포착했다. 청군과 조선군의 결정적 차이는 속도다. 여기서 속도란 기병의 진군 속도가 아니라 전술적 판단과 실천의 속도다. 청군도 제일 위험한 곳이 검단산이라는 사실을 파악했고 놀랍게도 26일 즉시 권정길 부대를 공격했다.

권정길은 잘 싸워서 여러 번 청군을 격퇴했다. 하지만 야간에 청군이 뒤쪽으로 돌아 습격했고 조선군은 무너졌다. 전투 보고에서는 "갑자기 청병이 뒤를 엄습하는 바람에 무너졌다."라고 했다. 산성에서 밤에 보았다는 검단산의 불꽃은 이 전투 때문이었다. 원주부대는 그렇게 전멸했다.

원주부대의 패전 사실을 까맣게 모른 채 조정에서는 권정길에 대한 포상을 논하고 있었다. 권정길의 부대는 이미 검단산에 없었는데 말이다. 원두표는 충청사단과 전라1여단을 합류시키자는 전략안을 올렸지만 두 부대는 이미 따로 움직이고 있었다.

정세규의 충청2여단은 험천(현 용인시 수지구) 근처에 도착했다. 이곳에서 충청1여단과 합류할 생각이었지만, 충청1여단은 20일 산성을 출발했다가 청군을 만나 바로 패전해서 죽주산성으로 후퇴했다는 보고만 받았다. 이후 이의배와는 연락이 닿지 않았다.

캄캄한 새벽, 청군 정찰병이 충청사단 숙영지 인근을 정찰했다. 얼마 후 이른 아침 충청사단 앞에 청군이 나타난다. 충청사단은 좌·중·우영의 전통적인 삼군 포진으로 맞섰다. 정확한 전투 장소는 알 수 없지만 용인의 탄천 주변 지형을 보면 야트막한 산세가 평지와 닿아 있다. 충청사단은 청군 기병의 야전능력을 감안해 산세를 끼고 평야를 내려다보는 형태로 포진해 있었을 것이다.

청군은 먼저 좌영을 습격했다. 그러자 중영과 우영이 좌영을 지원하기 위해 이동했다. 적의 기병이 보는 앞에서 보병 부대가 이동하려면 테르시오 대형 같은 탄탄하고 빈틈없는 결속력이 필요하다. 그 촘촘한 테르시오 대형도 한두 명의 빈틈이 생기면 기병이 파고든다. 장창 정도의 무장이나 전술적 숙련 없이 기동성에서 우월한 기병 앞에서 함부로

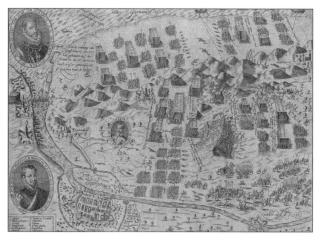

테르시오 대형 창병과 총병을 조합해 하나의 거대한 사각형 진을 만든 스페인 군대의 전투 대형으로 효율이 뛰어나 17세기 초까지 유럽 각국에서 모방했다.

이동하는 것은 스스로 빈틈을 드러내는 격이었다. 게다가 테르시오는 평지전투용이다. 따라서 산비탈이나 능선을 따라 이동하면 사정이 다를 수 있다. 청군은 기병이 주력이라 해도 평지로만 다니지 않는다는 것은 이미 누르하치 시대부터 충분히 증명되었다. 반대로 보병의 산비탈 이동은 밀집 방어대형을 완전히 무너지게 만든다.

결국 충청사단은 궤멸했다. 감사 정세규는 구사일생으로 목숨은 건졌다. 검단산 전투에서 살아남은 권정길의 동생 권임길도 전사했다. 이의배는 살아남아 잔존병력을 이끌고 후퇴해서 허완과 민영이 이끄는 경상병력에 합류했다가 쌍령전투에서 전사했다. 험천전투에서 사망했다는 기록도 있다.

험천전투는 사르후전투의 완벽한 재연이었다. 조선군이 아무리 실전경험이 부족하다 해도 사르후의 교훈을 몰랐을 리 없는데, 막상 실전에 부딪히자 까맣게 잊었던 모양이다. 아니면 정말로 몰랐을 수도 있다.

불운의 격전

노장의 눈물

충청사단이 험천과 죽산에서 패퇴하는 동안 경상좌병사 허완과 경상우병사 민영의 경상1여단 2천 명이 12월 26일 현재 경기도 광주에 위치한 쌍령에 도착했다(1월 2일에 도착했다는 주장도 있다). 좌병사와 우병사가 각각 1천 명을 거느린 연합부대였다.

여기서부터 남한산성을 포위하고 있는 청군 진영까지는 약 20리(약 8킬로미터), 전투대형으로 하루면 행군하는 거리다. 조선 후기 지도를 보면 여기에서부터 산성까지 길이 쭉 뻗어있다. 이 도로 양쪽으로 작은 언덕이 솟아 있어서 '쌍령'이란 이름이 붙었다. 허완과 민영은 각자 한쪽 언덕에 진을 쳤다. 군대는 단 하루를 머물러도 참호를 파고 방어진지를 구축해야 한다는 건 철칙이다. 하물며 이곳은 적진이 코앞이고, 적 기병의 활동 범위 안이다.

좌병사 허완은 이젠 현역 중에는 거의 남아있지 않은 임진왜란 참전자였다. 그는 군인 보는 기준이 까다로웠던 이순신에게도 좋은 평가를 받았던 장수였지만 이제는 칠순이 다 되어가는 노장이었다. 반면 우병사 민영은 젊고 패기가 넘쳤다. 허완은 전선이 가까워질수록 부하들이 슬금슬금 자신의 눈치를 본다는 인상을 받았다.

허완은 알고 있었다. 인간은 종종 전선에 가까워지면 두려움이 무모함으로 변한다. 사기는 높아 보이고, 병사들은 어떤 상황에서든 모범 답안을 말한다. 지휘관은 병사들 앞에서 망설이는 모습을 보이지 않는다. 그런 분위기 속에서 지휘관, 병사 모두 두려움을 떨치고 자신감을 얻는다.

훌륭한 지휘관은 이런 심리를 잘 이용해 부대의 사기를 높여야 한다. 우병사 민영이 그렇게 하고 있었다. 과거에는 자신도 그랬던 것 같다. 하지만 이제는 그러고 싶지 않았다. 군에 너무 오래 있다 보니 우렁찬 함성, 결연한 표정 뒤에 있는 무자비한 전투, 죽음의 현장을 알게 되었다. 그는 다행히 임진왜란에서 살아남았지만, 제대로 된 훈련도 받지 못하고, 실전경험은 전무한 군대가 왜군처럼 전투 경험이 풍부한 군대와 부딪혔을 때 어떤 혼란과 비극이 벌어지는지도 잘 안다. 그때는 이런 자각조차 못 하고 정신없이 전쟁에 휘말려들었지만, 시간이 지나고 회고해 보니 죄악도 그런 죄악이 없었다.

그런데 또다시 그 죄악의 현장에 섰다. 이 나라의 전쟁은 40년 전과 달라진 것이 없다. 바뀐 건 조총뿐이다. 군복은커녕 옷도 제대로 갖춰 입지 못한 병사들, 불안감에 병사들만 들쑤시고 다니는 장교들, 모두가 아마추어인 장병들…. 정찰을 보내고 초병을 세우려고 하면 패기 있는 자원자는 있지만 믿고 맡길 사람이 없었다.

"이 나라의 전쟁은 아무것도 모르는 문신들이 준비도 안 된 병사를 최악의 장소에 몰아넣지. 그러곤 용기만 있다면 이길 수 있다고 우기지. 우린 방법이 둘밖에 없어. 적에게 무능한 지휘관이라고 조롱받으며 죽거나 조정에 끌려가 비겁한 장수로 죽는 거지."

변한 게 있다면 젊었을 때는 감정을 꼭꼭 숨겼지만, 나이가 드니 울컥하는 감정을 감출 수 없다는 것이었다. 두려움에 떠는 병사를 볼 때보다 소년병들이 "우리 장군님은 최고야."라고 말하는 것을 듣거나 목책을 똑바로 박으라고 다그치는 고참 병사를 볼 때 눈물이 솟았다. 전투가 벌어지면 자신을 따르는 충성스러운 병사들이 먼저 죽고, 비겁자는 살아서 도망친다. 조금 후 벌어질 일을 뻔히 알면서도 장군은 비겁한 자를 뒤에 세우고, 굳세고 훌륭한 병사를 앞에 세워야 한다. 허완의 고뇌를 모르는 젊은 장교들과 몇몇 고참 병사들은 허완의 눈물을 의심스러운 표정으로 바라보았다. 그러나 허완은 개의치 않았다.

선택권이 없는 전투

쌍령에 포진하기로 했을 때 좌병영의 안동영장 선세강이 강하게 반대했다.

"이렇게 포진하면 두 병영이 분리되어 서로를 엄호할 수 없다. 적이 가운데 도로를 따라 들어와준다면 양쪽 진영에서 협공이 가능하겠지만 어느 바보가 그런 식으로 죽으러 들어오겠는가? 분명 각개격파를 시도할 것이다. 서쪽 고지로 올라가서 하나로 뭉쳐 원형으로 포진해야 한다."

민영은 반대했다.

"적의 대부대가 공격해 온다면 그 말이 맞다. 하지만 적은 부족한 병력으로 산성을 넓고 얇게 포위하고 있다. 산성 안에는 1만이 넘는 조선의 최정예병이 있다. 어떻게 대병력을 빼서 우리를 공격하겠는가? 다만 적은 기동력에 자신 있고 우리 군대를 업신여기고 있다. 만약 적이 공격해온다면, 우리의 사기를 저하시키기 위해 소수의 기병으로 도로를 달리면서 우리를 조롱하고 치고 빠지는 전술을 쓸 것이다. 그때 사격으로 본때를 보여주면 된다. 우리 목표는 최대한 빨리 산성으로 돌입하는 것이다. 고지로 올라가면 상당한 체력을 낭비해야 한다. 또 만에 하나 적의 정찰기병이 출몰해도 소수의 기병이 도로에서 종횡하는 것을 눈 뜨고 바라만 봐야 한다. 병사들이 겁을 먹고 사기가 떨어질 것이다. 진짜 문제는 적이 말을 버리고 고지로 기어오르며 공격해준다면 고마운 일이지만, 공격 대신 도로를 차단하고 지연전술을 쓰면 우리는 고립되어 버린다. 산 위에 물이 있는지도 모르고, 우리가 가진 식량과 장비로는 며칠 못 버티고 얼어 죽고 말 것이다."

민영이 반대하는 동안 허완은 듣고만 있었다. 어떤 포진이 옳으냐는 우리의 판단이 아니라 적의 선택에 달려 있다. 산성의 상황도 적의 상황도 심지어 적의 목표도 모르는 상황에서 적이 얼마의 병력을 동원할지, 속전속결로 나올지, 지구전으로 나올지 전혀 알 수 없는 상황이다.

허완은 문득 죽은 우병사 군관 박충겸이 생각났다. 경상도 본영에서 집결할 때 병력이 절반도 모이지 않았는데 감사 심연은 어서 출발하라고 벼락같이 독촉만 해댔다. 감사가 종사관(각 부대의 주요 장군을 보좌하던 관직)으로 뽑았다는 도경유란 작자는 더 심했다. 합천 출신인 군관 박충겸은 남자답고 의리가 있어서 병사들이 좋아했다. 도경유가 설쳐대자 박충겸이 "군대가 애들 장난인 줄 아느냐."라고 항의를 했더니 처형을 당해버렸다. 민영은 차마 제지하지 못했다. 감사와 병사의 지휘권은 항상 애매했다. 군사는 병사에게 맡긴다는 게 원칙이지만 그건 말뿐이다. 감사는 항상 개입했고, 왕에게 보고가 올라가면 최종 승자는 감사였기 때문에 도경유를 제지할 수 없었던 것이다.

허완의 동쪽에 민영의 진영이 위치했는데, 좀 더 높고 경사가 가팔랐다. 민영은 적이 공격해 온다면 어느 쪽을 먼저 공격할까 생각해보았다. 약한 쪽을 먼저 친다는 병서의 교리에 따르면 서쪽의 좌병사 허완의 진영이다. 그러나 그곳은 서쪽 고지로 산줄기가 이어져 있다.

반면 자신의 위치는 좀 더 견고하지만 빙 둘러싸면 퇴로가 없다. 여기가 무너지면 좌병사 진영은 싸우지도 않고 붕괴할 수도 있다. 허완은 나이가 많아서 말도 제대로 타지 못한다. 왠지 마음도 심약해져 있는 것도 같다. 자신이라면 병사들이 무너질 조짐이 보이면 즉석에서 참수한 뒤 장검을 빼들고 소리라도 지르겠지만, 좌병사 영감은 그렇게도 못할 것 같았다. 민영은 머리를 흔들며 생각을 지웠다. 어차피 내일이면 이곳을 떠야 할 것이다. 그때 어떤 초관이 찾아온다.

"정찰부대를 내보내야 합니다. 필요하다면 소신이 자원하겠습니다."

옳은 말이지만 허완이 제지했다. 적이 코앞인데 경험도 없는 정찰부대를 내보내봤자 적 탐지는커녕 적에게 살해당하거나 먼저 탐지당할 것이다. 다행히 아직까지 적 정찰병이 관측되지 않았다. 허완의 희망은 소문대로 적이 소수이고, 자신들이 근접할 때까지 눈치채지 못하는 것이다. 허완은 내심 이 적은 병력으로 포위망을 강행 돌파하기는 무리라고 생각하고 있었다. 적과 산성이 보이는 지점에서 괜찮은 고지를 찾아 버티면서 산성과 연락하고, 경상 본영과 다른 부대가 합류하기를 기다릴 작정이었다.

정찰병조차 운용하지 못하고 쌍령에서 엉거주춤한 상태로 있는데, 1월 2일 경상도 함창 출신이라는 채이항이 우병사 민영의 진영에 나타났다. 그는 인조의 피란 소식을 듣고 친척인 채선과 함께 검 한 자루를 들고 산성 잠입을 시도했다. 동문 쪽 근처에 숨어 3일 동안 기회를 엿보다 경계병에게 들켜 채선이 잡히고 말았다. 자신은 도주해서 검단산의 권정길 부대로 갔지만 이미 궤멸 직전이었다. 그는 그곳을 벗어나 본향인 경상부대를 찾다가 우병사 진지를 발견하고 찾아왔다는 것이다.

우병영에는 채이항의 신원을 보증해 줄 지인이 있었다. 며칠 사이에 죽을 고비를 두 번이나 넘긴 이 모험가는 민영에게 청군의 포위 상황과 산성으로 가는 길을 일러주었다. 경상1여단에게 한줄기 햇빛 같은 정보였다. 민영은 좌병영에 이 첩보를 전하고 다음 날 일찍 출발하기로 했다.

예상 밖의 공격

아침 식사를 마치고 막 출발하려고 하는 찰나, 청군이 밀어닥쳤다. 정찰이 아니라 본격적인 공격이었다. 민영은 청군이 좌병영 쪽으로 몰려가는 것을 지켜보았다. 자신이 반대는 했지만 선세강이 주장했던 서쪽 고지가 계속 마음에 걸렸는데, 고지를 보니 청군 대장기가 펄럭이고 있었다. 민영은 믿기지 않았다. 청군이 자신들을 발견했을 가능성은 충분했다. 다만 전투가 벌어진다 해도 수백 명 정도의 기습

부대일 것이라고 생각했다.

어디에 있는지는 모르지만 삼남의 총병력이 사방에서 산성을 향해 집결 중인 건 분명하다. 청군은 집결하는 조선군을 방어하기에도 바쁠 것이라 생각했는데 어디서 이런 대규모 공격부대가 나타난 것일까? 설마 다른 부대가 후퇴해버린 걸까? 산성에서 빠져나온 전령이나 피란민에게 물으면 한결같이 적군은 소수라고 말했다. 심지어 눈에 보이는 병력의 절반은 청군 복장을 강제로 입힌 조선인이라는 말도 있었고, 병력 부족으로 포위망을 구성할 수도 없어서 매일같이 병력을 수레에 태워 이리저리 옮겨다니며 병력을 과장하고 있다는 말도 들었다.

좌병영의 허완은 병사를 2열로 배치했다. 목책을 1차 방어선으로 구성하고, 안쪽에 정예포수를 모아 2차 방어선을 구축했다. 초관(종9품 무관직)들이 정예병을 일선에 두어야 한다고 항의했지만 묵살했다. 정예기병은 병사 한 명 정도의 구멍만 생겨도 그쪽으로 파고들 수 있다. 목책도 기병의 월담을 방어할 정도로 충분히 높고 견고하지 않았다. 백병전에 약한 조선군은 적이 조금만 침투해도 방어선 전체가 동요되곤 했다. 그걸 방지하려면 1선의 구멍에 예비대를 신속히 투입해야 하고, 침입하는 적 기병을 2차 방어선에서 빠르고 정확하게 사살해야 한다. 초보일수록 1선에 정예를 두고 싶어 한다. 하지만 군사적으로 볼 때 정예는 2선 배치가 옳다.

청군의 공격은 예상 밖이었다. 서쪽 고지로 오르더니 공격대가 능선을 타고 내려왔다. 선두에는 30여 명 정도가 나무방패를 앞세우고 다가왔다. 조선군이 일제사격을 퍼부었다. 총탄이 방패에 부딪히며 나무조각이 사방으로 튀었다. 처음에는 충격을 지탱하는가 싶더니 방패가 쪼개지고 병사들이 쓰러졌다. 방패가 버텨내도 연속으로 총알이 박히면 충격으로 뒤로 넘어지며 나뒹굴었다. 이 틈에 조선군 사수들이 화살을 날렸다. 화살은 포물선을 그리며 방패를 넘어 적군의 머리 위로 쏟아졌다.

선두가 무너지자 뒤에서 말을 타고 오던 적장의 모습이 드러났다. 조선군 포수들이 기회를 놓치지 않았다. 총성과 연기 속에서 적장의 모습이 사라졌다가 다시 나타났다. 말을 갈아탄 것인지 또 다른 지휘관인지는 알 수 없지만 포수들이 다시 그를 노리고 발사했다. 포연이 걷히자 주인 잃은 말이 홀로 적진으로 돌아가는 모습이 똑똑히 보였다.

끈질긴 항전

'내가 조선을 너무 무시한 건가?' 청 지휘관은 조선군의 사격에 깜짝 놀랐다. 조선군은 고정 진지에서의 사격만큼은 총이든 활이든 최상급 실력이었다. 사르후전투 때 명군이 조선에 파병을 요청하자 조선은 임진왜란 때 실력을 보았으면서 어디다 쓰려고 부르냐고 하소연을 했다. 명군이 탐낸 건 바로 이 조선의 포수였다.

조선 진영에서는 환호성이 터졌다. 우병영 진지에서도 함성이 일었다. 전투하는 좌병영보다 구경하는 우병영이 더 감동한 것 같았다. 모두가 환호하는 동안 몇몇 포수들은 침착하게 총에 화약을 재었다. 화승총은 발사 뒤에 화약을 넣고 총알을 재는 과정이 복잡하다. 빠르게 발사하면 1분에 두 발도 발사할 수 있다고 하지만, 차분하게 하면 1분에 한 발이다. 서너 발 쏘고 나면 총알의 위력과 정확도가 급속히 떨어지기 때문에 총 안에 끈적하게 낀 화약 잔류물도 청소해 주어야 한다. 그런데 그때 갑자기 총성이 울렸다.

"뭐야? 오발인가?"

그리고 두세 명의 포수가 뒤따라 발사했다. 돌아보니 소수의 청군이 산등성이를 따라 내려오고 있는 게 아닌가! 이

296

내 그들의 전진을 엄호하려는 듯 후방에서 화살이 날아왔다. 장교의 사격 명령도 없었는데, 기가 오른 포수들이 너도나도 할 것 없이 사격을 개시했다. 개별적으로 사격을 시작하는 바람에 사격 통제가 무너졌다. 장교가 사격 통제를 위해 소리를 질렀지만, 흥분한 포수들이 제각기 발사하니 총성이 끊이지 않아 장교의 목소리가 계속 묻혔다.

청군 입장에서는 이런 난사가 더 무서웠다. 화승총의 약점인 일제사격 간의 시간을 전혀 허용하지 않기 때문이다. 더욱이 접근하는 병력이 소수이다보니 일제사격이 아니어도 총알이 계속 이들을 향해 집중되었다.

갑자기 출현한 이 부대는 공격부대가 아니었다. 첫 번째 공격은 요도고이와 실투라는 2명의 장교가 지휘했다. 그들은 방패부대 뒤에서 말을 타고 내려갔는데, 조선군의 사격이 시작되자마자 요도고이가 총탄에 맞았다. 비틀거리며 일어선 요도고이는 병사들에 들려 후송되었지만, 그 직후에 실투마저 총을 맞고 낙마했다. 병사들이 달려가 보니 즉사였다. 그때 선두의 방패부대가 견디지 못하고 뒤로 물러섰고, 총알과 화살이 후위의 병사들을 향해 우박처럼 쏟아졌다.

능선에는 엄폐물이 없고, 길이 좁아 선두가 후퇴하자 후위가 같이 밀려났다. 병사들이 산 위의 진지로 뛰어들자 고위장교 한 명이 달려나오더니 앞에서 도망쳐 오는 병사를 그대로 칼로 쳐 죽었다. 청군은 전사한 동료의 시신을 버리고 도망치면 처벌을 받았다. 지휘관의 시신을 방치하면 부대 전체가 사형을 당할 수도 있었다. 청군만 그런 건 아니다. 명의 장수 척계광의 병법에서도 12명으로 구성된 원앙진◈에서 대원들이 대장을 잃고 패주하면 전원 사형이었다.

실투의 시신을 찾으러 되돌아간 병사들은 쏟아지는 조선군 사격에 크게 당황했다. 한 병사는 이런 끈질긴 사격은 처음 겪었다고 회고했다. 도무지 전진이 불가능해 시신회수조가 다시 후퇴했다. 청군 지휘관은 시신회수를 포기하고 패잔병들을 뒤로 빼라고 지시했다. 처벌과 시신회수는 승리 후에 해도 된다. 지금은 승리가 중요하다.

첫 공격은 조선군의 화력을 시험해보기 위한 탐색전이었다. 공격 2파는 기병이 더 많이 투입되었고, 공격면도 훨씬 넓었다. 첫 전투로 조선군 시선이 능선으로 몰려있는 동안 숨을 죽이고 조선군 진지 쪽으로 최대한 근접해 있던 청군

◈ 정면에 방패를 든 군사 2명을 세우고 그 뒤로 군사 10명이 2열로 서는 진. 근접전에 대응하기 위한 진이었다.

기병은 공격신호가 울리자 일제히 돌격했다. 조금 전 조선 군의 사격 실력을 보았던 그들은 최대한 멀리서 1차사격을 유도하고, 일제히 돌격할 기회를 노렸다.

우발적 사건이었지만 소수의 시신회수조를 향해 총알을 난사한 탓에 조선군은 병사마다 화약 소모량이 일정하지 않았다. 처음 포수들은 개인당 화약 2냥씩을 배분받았다. 평균 10발 정도를 사격할 수 있는 양이었다. 하지만 청 기병을 상대할 때 실전에서 적절한 양인지, 어느 정도의 간격을 두고 얼마나 빠르게 화약을 재보급해야 할지는 아무도 몰랐다.

여기에 난사까지 벌어지자 장교들과 화약담당관은 화약 소모량과 분배 시점을 정하는 문제로 혼란에 빠졌다. 병사들은 자신의 화약주머니가 비는 것을 걱정하고, 화약담당관은 전투가 끝나기 전에 화약상자가 비는 것을 걱정한다. 문제는 전투가 얼마나 지속될지 아무도 모른다는 것이다.

기병이 믿는 것은 속도다. 속도를 최대한 활용하는 방법은 공격과 공격 간의 시간 차이를 최소화하는 것이다. 쉴 새 없이 적을 흔들어 적이 전황을 판단하고, 전투 경험을 복기해 대응 요령을 찾아낼 시간을 주지 말아야 한다. 청군의 2

차 공세는 1차 전투가 끝나자마자 시작되었다.

조선군이 응사했다. 이번에는 청군도 쉽게 돌격하거나 물러나지 않았다. 조선군은 사격통제를 회복했지만 갑자기 총성이 약해졌다. 몇몇 병사의 화약이 떨어진 것이다. 당황한 병사들이 화약을 달라고 소리쳤다. 특히 1차 공격이 있었던 능선 쪽 포수 중에 다급한 병사들이 많았다.

2선에 있던 포수들 중 위험을 느낀 포수들이 달려 나가 1선을 지원하려고 했다. 허완은 망설였다. 적군이 돌격해 들어올 시점이다. 능선 쪽이 당장 위험하긴 하지만, 기병 공격이 어디로 집중될지는 알 수 없다.

일단 급하게 화약보급병을 파견했다. 화약단지를 든 병사가 도착하자 의외로 많은 포수들이 달려 나와 화약단지 주변으로 몰려들었다. 모두가 화약이 떨어진 건 아니지만 다들 화약주머니가 가벼워졌다. 몇몇이 화약이 떨어졌다고 소리치는 바람에 화약 고갈의 공포감이 가중되었다.

노련한 청 기병들은 이 순간을 놓치지 않았다. 나중에 생존자들은 적군 중에 조선말을 아는 자가 있었고, 화약이 떨어졌다고 함부로 소리치는 바람에 적군이 그곳을 공격했다고 말했다. 조선말을 몰라도 감으로 알아차렸을 것이다. 근처에 있던 청 기병이 괴성을 지르며 목책으로 돌진했다. 화약 보급을 받으러 몰려들었던 조선군 포수들이 놀라 2선으로 달아나기 시작했다.

포수들이 도주하자 사이사이에 배치한 사수들도 동요했다. 안동영장 선세강이 화를 내며 달려나갔다. 이럴 때는 말보다 행동이다. 그는 모두가 볼 수 있도록 목책 앞에 우뚝 서서 활시위를 당겼다. 선세강은 무려 30여 발을 쉬지 않고 쐈다. 화살이 명중하고, 낙마자가 생겨도 청군의 기세는 수그러들지 않았다.

"기회를 잡으면 전력으로 돌진하라. 희생이 크다 해도 그것이 그 전투에서 최소의 희생이다." 우수한 기병대는 이 진리를 곱씹는다. 풍부한 실전경험은 이 진리를 몸으로 체득하게 한다. 청군 기병이 목책을 뛰어넘었다. 2선에서 지켜보던 조선군 병사들의 눈앞으로 말과 먼지가 뒤엉키면서 선세강의 모습이 사라졌다.

대폭발

2선에 배치한 정예포수들이 사격을 개시했지만, 그들의 사선 앞은 허완이 예측했던 것보다 훨씬 혼란스럽고 격렬했다. 적과 아군이 뒤엉켜 조준이 어렵고, 적군은 빠르고 사납

게 돌진해 들어왔다. 2선에는 안타깝게도 목책도 없었다. 아무리 정예포수들이라 해도 발사 속도가 느린 조총으로는 위력에 한계가 있었다.

"후퇴하라!"

허완은 후퇴를 지시했다. 자신도 말에 올랐지만 칠순이 다 된 노인이 날렵하게 말에 오를 수가 없었다. 이 부분은 꼭 짚고 넘어가야겠는데, 생존자의 목격담을 기초로 서술한 듯한 《연려실기술》에는 이렇게 기록돼 있다.

부하들이 부축해서 허완을 세 번이나 말에 태웠지만 허완이 겁에 질려 그때마다 말에서 떨어졌다. 결국 탈출에 실패해서 적군에게 밟혀 죽었다.

칼로 자결했다는 설도 있다. 세 번이나 말에서 떨어진 것이 사실이라 해도 그것이 허완이 겁에 질렸다는 증거가 될 수는 없다. 허완은 칠순의 노장이었다. 이 기록은 작성한 사람이 젊어서 몰랐거나 아니면 알면서도 허완에게 책임을 전가하기 위해 악의적으로 서술한 것이 분명하다.

민영과 우병영 병사들은 눈앞에서 좌병영의 몰락과 야수

같은 기병들이 자신들을 향해 고개를 돌리는 것을 지켜보면서 자리를 지켰다. 그들을 도와줄 구원병도 없었다.

눈앞에서 경험한 덕분일까? 우병영군은 사격 통제가 훨씬 훌륭했다. 좀 더 유리한 지형과 균형 잡힌 일제사격 덕에 청 기병도 감히 근접하지 못했다. 분명히 처음에는 난사를 유도하기 위해 돌진해 들어오는 척 위장공세를 펼쳤겠지만 우병영군은 계략에 걸려들지 않았다.

청군 버일러는 조선군의 일사불란한 사격을 보며 이번엔 쉽지 않겠다고 생각했다. 조선군을 얕잡아 보았는데, 의외로 실전을 겪으면 빨리 배운다는 사실을 깨달았다. 하여간 미스터리한 나라였다. 황제의 당부가 떠올랐다.

"조선군은 쉬운 상대지만 절대 만만히 보아서는 안 된다."

황제의 경고는 조선의 이런 이상한 잠재력 때문인지도 몰랐다. 버일러는 어설픈 위장공격을 중지하고 강력한 압박전술로 전환했다. 300명에서 500명 단위의 기병 제대(배열된 부대를 묶어 이르는 말)가 강력한 제파공격◆을 실시한다. 각

◆ 어느 한 공격지역에 종으로 여러 제대를 편성하여 파도가 밀려오는 것처럼 연속적인 타격으로 방어지대를 공격하는 전법. 파상공격이라고도 한다.

제대가 공격 전면을 좁게 해서 종대로 돌진했다. 1파가 사격과 비탈에 막히면 2파가 옆에서 1파를 지나치며 공격한다. 2파도 막히면 같은 방식으로 3파가 약진한다. 최정예로 편성된 예비대는 결정적 순간에 최후의 돌격을 노린다.

그런데 갑자기 조선군 진영 한복판에서 거대한 폭발이 일어났다. 제파공격을 준비하기 위해 병력을 정렬할 때였는지, 청군이 조선군 총격 앞에서 악전고투하고 있을 때였는지 시점은 분명치 않다. 이유는 모르지만 조선군 화약 저장고가 폭발한 것이다. 버일러는 최종 라인에서 대기 중이던 300명의 기병에게 돌격 신호를 보냈다.

"대장이 알아서 구멍을 찾아 무조건 뛰어들라."

민영 부대는 잘 싸웠지만, 여기서도 실전에서 적용한 적이 없는 화약보급 시스템이 사고를 일으켰다. 화약을 아껴야 한다는 강박증에 화약을 한군데에 모아 놓고, 제일 깐깐한 수령을 보급관으로 임명했다. 훈련 때는 이게 최상의 방법이지만 실전에서는 대단히 위험하고 비효율적인 방식이다.

폭발 원인은 화약을 받으러 온 병사의 총에 늘어져 있던 화승이었다. 화승에서 튄 불꽃이 화약에 점화해 버린 것이다. 보급소가 하나다 보니 화약분배 속도가 느렸기 때문이다. 답답한 마음에 서두르다 안전수칙을 소홀히 했거나 보급병을 기다리다 못해 포수가 총을 들고 직접 화약을 달라고 달려왔다가 사고가 난 것 같다. 종사관 도경유에게 억울하게 살해된 군관 박충겸의 아들이 복수한다고 화약에 뛰어들어 자폭했다는 설도 있는데, 지어낸 이야기가 확실하다.

　말을 타고 후방에 있던 도경유가 제일 먼저 후퇴했다. 민영은 후퇴를 거부하고 싸우다 전사했다. 우병영군도 거의 궤멸했다. 채이항은 이번에도 도주에 성공했다. 그는 포기하지 않고 후방에 있을 심연의 경상2여단으로 향했다.

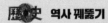

쌍령전투는 조선 전쟁사의 수치일까?

　쌍령전투는 조선군 4만이 겨우 300명의 청 기병에게 패한 전투라고 알려져 있다. 하지만 쌍령의 경상군은 본대가 아닌 선발대였다. 병력기록은 정부 보고서가 제일 정확할 수밖에 없는데 경상 총병력은 8천, 쌍령의 병력은 2천 정도였다. 청군 기병 300명은 총병력이 아니라 마지막에 돌입해 온 부대병력이 분명하다. 설사 기병의 총병력이 300명이었다고 해도 만만히 볼 상대는 아니다. 보병 10명이 탱크 1대와 대적한다고 했을 때 10:1의 전투라고 상정하는 사람은 아무도 없을 것이다.

14 광교산전투

빛바랜 승리

쌍령전투가 있기 얼마 전 12월 29일 광교산(현 용인시 수지구에 위치) 근처에 김준룡의 전라1여단 2천여 명이 도착했다. 그 시각, 청군은 3번째 사냥감을 찾고 있었다. 사냥부대는 험천전투에서 충청여단을 박살 낸 슈무루 양구리 부대였다. 그는 14살 때부터 전쟁에 참전해 누르하치 휘하에서 전공을 쌓은 돌격대장 스타일의 장수였다. 누르하치는 그를 사위로 삼았고 홍타이지의 매부가 되었다. 양구리는 김준룡 부대가 삼남지역의 마지막 부대라는 사실을 알고 있었을 것이다. 후방에 떨어져 있는 부대는 염려할 필요가 없다. 선두부대를 격파하면 후위부대는 전진을 포기하므로 이 전투가 이번 작전의 마지막 전투인 셈이다.

전쟁터에서 장수들만이 느끼는 특별한 감정이 있다. 적이 애처롭다는 생각…. 조선군은 아무것도 모른 채 통발 속으로 들어오는 물고기들 같았다. 하루 이틀 거리도 안 되는 근거리에서 3개 부대가 보조도 맞추지 않고 전진해서 차례로 함정 속으로 뛰어든다는 것은 자신들로서는 생각도 할 수 없는 일이었다. 그렇다고 동정할 필요야 없다. 장수 입장에서 적은 아둔할수록 감사할 일이다.

"이렇게 전쟁이 쉬워서야… 무슨 용기로 덤벼든 거야?"

옆에 있던 부장이 거들었다.

"원래 모르는 자가 더 용감한 법입니다."

막사 안에서 웃음이 터졌다.

적장의 죽음

호남군을 동원할 때 김준룡 부대에 정예병을 편성했던 것 같다. 이시방은 불만이었던 듯하지만 '1여단은 전투, 2여단은 보급과 지원'이라는 원칙에 충실하게 편성한 것으로 보인다. 김준룡은 쌍령처럼 낮은 지형에 병력을 나누는 실수를 하지 않고 고지에 사각형의 진지를 구축하고, 화약과 보급품을 안에 모아두었다. 충청·경상여단의 진형과 비교하면 가장 방어적인 진형이었다.

전투는 정면승부 형태의 접전이었다. 힘든 싸움이 되겠다고 판단한 양구리는 새벽안개를 틈타 정면공격을 감행했다. 격전이 벌어졌다. 김준룡 부대는 쌍령전투에서 벌어진 실수를 하나도 저지르지 않고 방어선을 사수했다. 적은 총공세를 펼쳐 전방기지 하나를 점거했다. 김준룡 부대는 물러서지 않고 버텨 적을 밀어냈다.

청군은 전술을 바꿨다. 이날 오후에 북쪽 후면으로 기습을 가했다. 광양현감 최택이 무너졌지만 김준룡이 예비대를 이끌고 달려가 적을 격퇴했다. 그리고 이 전투에서 결정적인 사건이 벌어진다. 적진에서 갑자기 큰 소리가 났다.

다음날 도도가 양구리의 시체를 들고 홍타이지의 막사로 들어온다. 누르하치의 사위이자 거물 장수 양구리가 전사한 것이다. 홍타이지는 믿지 못하다가 양구리의 얼굴을 보고서야 시신을 끌어안고 오래도록 통곡했다.

양구리는 전투 중 총탄에 맞아 전사했다는 설도 있고, 전투 후에 죽은 척 누워 있던 조선군 병사의 저격으로 죽었다는 설도 있다. 청 기록은 후자를 지적하는데, 책임추궁을 피하고 양구리의 체면을 세워주기 위한 보고일 수도 있다. 이 정도의 고위인사가 전사한 것은 청 전쟁사에서 드문 일이다.

조선군은 누구인지는 모르지만 적의 중요한 인물을 사살

했다고 좋아했다. 아마 이 기록이 진실일 것이다. 김준룡은 승리했지만 전투를 지속할 여력은 없었기에 재보급과 충원을 위해 수원으로 철수했다.

구원군의 궤멸

김준룡은 수원에서 바로 남한산성에 전령을 파견해 군대를 정비한 뒤 헌릉으로 진격하겠다고 보고했다. 전력이 약화되고 물자도 바닥났으나 지원은 도착하지 않았다.

이시방의 전라본대는 양성(현 안성시 양성면)에 주둔 중이었는데 소집령 이후 관군은 약 4천 명이 모였다. 하지만 광교산에서 수원까지는 직선거리로 7킬로미터, 수원에서 양성까지는 20킬로미터가 넘는다. 평지인 수원에는 부대를 보호할 요새가 없었다. 극적인 승리를 거두었지만 병사들은 청군의 위력을 보았다. 또 자신들을 사지로 몰아넣고, 지원은 나 몰라라 하는 상황에 분노했던 것 같다. 경상·충청여단이 전멸했다는 소문도 들었을 것이다. 이 와중에 다시 진격한다고 하자 병사들이 탈영하기 시작했다.

만약 원두표의 구상이 시행됐더라면 이시방은 수원에서 10킬로미터 남쪽인 독산성에 있어야 했다. 그랬더라면 김준룡 부대는 독산성이란 요새로 후퇴해서 재충전을 할 수도 있었을 것이다. 이시방은 4천의 관군을 거느리고 있었지만, 1여단이 없으면 싸울 수 없다고 생각했던 것 같다. 아니면 용기가 부족했든가. 하여간 이시방은 즉시 공주로 후퇴했다. 이후 뒤늦게 화엄사의 각성대사◇가 승군 2천 명을 이끌고 합류했다.

김준룡의 전라1여단은 병자호란에서 가장 빛나는 전과를 거두었지만, 이 전투를 끝으로 와해되고 말았다. 그런데 김준룡의 광교산행에 대한 기록이 엇갈린다. 김준룡의 신도비명에는 이렇게 적혀 있다.

김준룡 부대가 직산에 있을 때 죽산에서 조선군(이의배 부대라고 추정된다)이 적의 맹공을 받고 있다는 전갈을 받았다. 종사관이 죽산부대를 구하자고 했지만 김준룡은 왕을 구하는 것이 먼저라고 하며 죽산을 방치하고 단독으로 진군했다.

이것은 "김준룡이 죽산으로 갔지만 이미 이의배 부대가 사라졌다."라는 《승정원일기》의 기록과 맞지 않는다. 신도

◇ 각성대사는 전국 승군을 통솔하는 일을 하는 팔도총섭에 임명되어 남한산성 축성에 큰 공을 세운 인물이다. 이 고승도 자신이 쌓은 성이 이런 용도로 사용될 줄은 생각지 못했을 것이다.

비 내용은 조선군의 각개약진을 변명하고, 김준룡의 충성심을 과시하려는 의도겠지만 군사적으로는 끔찍한 이야기다.

어느 쪽이 맞는지는 알 수 없다. 하지만 이런 기괴한 충성심을 요구하는 나라, 패전하면 지휘관이 무능하고 용기가 없어서 패전했다고 서생들이 대대손손 조롱에 가까운 비난만 퍼부어대는 나라에서 태어난 장수와 병사들의 애환 정도로 이해하는 편이 좋겠다.

아래 내용도 신도비명의 기록인데 지금까지 조선군 부대의 모습과 너무 달라 사실인지 과장인지 의심스럽다.

김준룡은 정찰병을 멀리까지 파견하고, 부대를 정돈해 행군해서 청군 유격대가 이들을 발견하고도 공격하지 못했다. 광교산에 도착해서는 진지를 구축하고 정예부대를 보내 청군의 소규모 부대를 격파하고 수없이 목을 베었다. 그러자 청군이 두려워하여 병력을 모아 안개 낀 새벽에 정면공격으로 아군을 격파하려고 하였다.

이것이 단지 지휘관의 역량에 따라 달라질 수 있는 내용이라면 충분히 긍정할 수 있다. 하지만 자율적인 부대육성이 불가능한 조선의 군사제도 아래서 기동력과 전투력에서 청군을 압도하는 기병 중대가 지휘관 한 명의 역량으로 탄생할 수는 없다.

병자호란이 끝난 후에 조선군의 문제, 패인에 대해 입소문이 많이 돌았을 것이다. 그러다 보니 김준룡의 비문에는 우린 그렇지 않았다는 식의 서술이 이루어진 것 같다. 그렇다고 김준룡의 승리를 우연으로 치부하면 안 된다. 이유 없는 승리는 없다. 강적을 상대로는 더더욱 그렇다.

승리한 전라1여단도 소멸하고, 2여단은 후퇴할 정도였으니 다른 부대는 말할 것도 없었다. 충청사단은 2개 여단이 다 소멸했다. 강원사단 감사 조정호는 권정길 부대가 패하자 진군을 포기하고 여주군 미원현으로 후퇴했다.

1여단과 좌·우병사를 잃은 경상감사 심연은 조령 너머로 후퇴해서 문경에 주둔했다. 수치상의 병력은 아직 2/3가 남았지만 전투력은 1여단의 절반도 되지 않았을 것이다.

전라도는 승군 병력을, 경상도는 의병을 보충했지만 열정만 있고 전투력은 없거나 작은 유격부대 수준 정도였다.

홍명구와 유림의 부대가 팔도 근왕병 중 제일 늦은 1월 26일 김화(현 북한 강원도 김화군)에 도착했다. 유림이 조정에

보낸 장계는 23일에야 남한산성에 도착했는데, 유림은 평안
도의 전황을 보고하고, 기회를 보아 전진하겠다고 했다.

홍명구와 유림은 5천의 병력으로 진군하지만 28일 청군
과의 전투에서 궤멸되고 만다. 두 부대는 의견이 계속 어긋
나 군대를 합칠 수 없었다. 유림은 높은 곳에, 홍명구는 낮은
곳에 진을 쳤다. 청군은 홍명구 부대를 먼저 공격해 홍명구
를 사살한다. 유림 부대는 간신히 방어에 성공했지만 전투
능력을 상실했다. 두 사람의 불화는 후대까지 이어져 비문
마저도 서로를 비난한다.

구원부대는 이렇게 사실상 전멸했다. 충청, 강원, 경상부
대들은 부대 간의 협력도, 심지어는 제대로 된 정찰도 없이
제각각 적진의 코앞까지 진군했다가 각개격파당했다. 전술
의 기본도 지키지 않은 이 패전의 책임은 누구에게 있을까?

조선의 지휘관들이 그 정도로 어리석었을까? 이의배는 자
신의 판단하에 죽주산성으로 이동했는데, 전라·경상병력과
합류하려는 생각이었음이 분명하다. 이것은 27일에 올린 원
두표의 구상과도 정확히 일치한다. 그런데 원두표의 구상이
만들어지기도 전인 24일경에 전령이 통하면서 이의배가 죽
산에 주둔했다는 사실이 전해지자 김신국, 박황이 모두 분
노했다. "이건 신하된 도리가 아니다, 충청군이 영·호남 군대

와 무슨 상관이 있는가, 변란이 발생하면 신하는 무조건 즉시 달려와야 한다, 겁을 먹고 주춤거리고 있는 것이 분명하다, 사람을 보내 독촉하자!"

실제로 독촉장을 든 전령이 출발했다. 당시 대간들과 후세의 문필가들은 이들이 겁쟁이고 불충하다고 비판에 열을 올렸다. 그들이 정말 겁쟁이였다면 부당한 명령에 저항할 용기가 부족했던 것 뿐이었다. '불충'이라는 비판은 더더욱 억울하다. 전술의 기본원칙도 무시하는 독촉장을 받아들고 그들은 죽음이 기다리는 땅으로 묵묵히 걸어 들어갔다.

1월 3일 황일호와 임담은 겁을 먹고 움직이지 않는 이의배의 목을 베고 충청병사를 민진익으로 교체하자고 왕에게 건의했는데, 그날은 청군이 쌍령의 경상여단을 공격한 날이다. 이의배도 잔여 병력을 이끌고 쌍령에 함께 있었다고 추정하고 있다.

15 산성에 드리운 불길한 기운

검은 일식

인조는 임시궁에서, 병사들은 성벽에서, 충청사단의 병사들은 차디찬 땅속에서 1637년 신년을 맞았다.

행궁에서는 늘 하던 대로 망궐례를 올렸다. 명 황제를 향해 예를 올린 것이다. 명이 구원병을 보내준다거나 하는 기대는 아예 접었지만 그래도 망궐례는 했다. 이날 조선의 마음은 명이 아니라 하늘에 있었을 것이다. 사대는 신앙으로 바뀌고 있었다. 이 근거 없는 신앙은 서구열강이 증기선을 끌고 조선을 향해 다가온 19세기 말까지도 변치 않았다.

그러나 이날, 하늘마저도 불길한 신호를 보내왔다. 미시 (13:30~15:30)에 일식이 시작된 것이다. 천문관들은 이미 일식을 예측하고 전날 인조에게 보고까지 마쳤지만, 막상 일식이 시작되자 마음이 어두워질 수밖에 없었다.

망궐례가 끝나자 2품 이상 대신과 홍문관 관원들이 왕을 찾아와 신년하례를 했다. 병사들은 말고기와 콩 3홉씩을 받았다. 부상병들은 자신들에게는 더 특별한 포상을 줘야 한다고 불평을 늘어놓았다. 조선은 청 진영에도 소고기와 술을 들려 신년축하 사절을 보냈지만 청 관료들은 조선 사절을 들이지도 않고 돌려보냈다.

"지금 황제가 와계셔서 정신이 없으니 돌아가시오."

뭐? 황제가 와계신다고?

칸이 직접 움직이다

홍타이지는 간단한 신년식을 마치고 직접 동문 밖 망월봉에 올랐다. 아침 7~9시 사이에 진영을 나섰고 돌아온 시간은 15~17시경이었다. 그렇다면 정오쯤에는 망월봉에 올라서 산에서 점심을 먹고 내려왔을 것이다.

지금도 흔적이 남아있는 망월봉의 청군 전초기지는 동장대에서 직선으로 200미터도 떨어지지 않은 곳에 있다. 신년이면 사람들은 무엇이든 결심을 하고 계획도 세운다. 홍타이지도 예외가 아니었다.

신년행사 후 산성에서는 바로 일상에 복귀한 인조와 대신들의 전략회의가 한창이었다. 충청, 경상 근왕군의 전투 결과를 전혀 몰랐기 때문에 더욱 희망이 솟구치는 분위기였다. 그런데 그 희망을 산산조각 내는 보고가 도착한다.

"홍타이지가 왔습니다!"

동장대에 있던 조선군 초병들은 황제를 상징하는 노란 우산과 붉은색이 뒤엉킨 깃발과 휘장, 요란한 음악소리와 성대한 행렬을 보고 즉시 조정에 알렸다. 인조는 믿지 않았다.

"홍타이지와 함께 왔다는 증원 병력은 분명히 거짓이다. 망월봉에서 황제의 노란 우산을 봤다고? 진짜 황제라면 그런 곳에 왔겠느냐? 다 거짓말이다."

황제가 직접 망월봉에 오르다니… 있을 수 없는 일이다. 입장을 바꿔 조선군이 성을 포위하고 있어도 인조는 망월봉은커녕 탄천까지도 가지 않았을 테니 말이다. 최명길이 혹시나 하는 마음에 이런 말을 던진다.

"저들은 품위있고 교양있는 족속이 아닙니다. 정말 태종이 전선에 와서 산에 올랐을 수도 있습니다."

인조와 대신들은 들은 척도 하지 않았다. 산성 밖에서 들려온 패전 소식도 믿지 않는다.

"검단산에 도착한 원군이 패했다고? 거짓이다. 우리가 이긴 게 분명하다. 성벽에 나가서 산을 봐라. 저런 절벽 위에 있는 군대가 어떻게 패할 수가 있나? 이 부대가 갑자기 사라진 이유는 모르지만, 아군이 패했을 리가 없다."

호조판서 김신국이 나선다.

"홍타이지가 진짜로 왔다고 한들 무슨 상관입니까? 남도병이 이미 노적봉(검단산 자락을 말할 가능성이 높다)에 도착했습니다. 적은 이천으로 통하는 길도 막을 여력이 없어 허둥대고 있습니다. 새해 선물도 받지 않고 조선 사신을 돌려보낸 이유도 알겠습니다. 허세지요."

최명길이 반대의견을 냈다.

"황제의 상징인 황산을 가지고 장난칠 수는 없습니다."

전 대제학(홍문관과 예문관에 둔 정2품 벼슬)이며 비국당상을 겸하고 있는 장유도 거들었다.

"저들은 지금까지 거짓말을 한 적이 없습니다."

후세에 척화론자들은 최명길을 주화파의 수괴로 지목했다. 그 역시 쏟아지는 비난을 의식해서인지 간간이 싸우든 화해하든 빨리 결단을 내려서 철저하게 준비를 해야 한다며 양면적 발언을 하기도 했다. 발언 내용만 놓고 보면 정말 직선적이고 아프게 말하는 사람은 오히려 장유였다.

이 대화에 대한 《인조실록》과 《승정원일기》의 어조는 완전히 다르다. 후대의 편집본인 《인조실록》에서는 최명길이 현명한 판단을 하고 대안을 제시한 것처럼 기록했다. 하지만 속기록에 가까운《승정원일기》에는 현장 분위기가 생생하게 남아있는데, 인조는 최명길을 향해 "말을 많이 하지 말라(입을 다물라)."라고 핀잔을 줬다. 그리고 적이 궁지에 몰렸다고 확신하고 강화를 요구하면 어떻게 튕길까를 고민했다. 웃기고 슬픈 이 장면에 김신국이 정점을 찍었다. 적이 강화를 요청하면 "먼저 병력을 물려야 화친을 생각하겠다고 합시다."라고 말한 것이다.

순간 인조는 정신이 번쩍 들었다. 어떤 경우든 야누스적 자세를 잃지 않는 왕은 우리가 큰소리를 칠 상황이 되었다는 사실을 부정하고 싶지도 않았지만, 그렇다고 해서 강화를 늦추고 싶지는 않았기에 당장 김신국에게 명령했다.

"저들이 강화를 요청하면 못 이기는 척 들어줘라."

그러다 인조가 갑자기 분위기를 바꿨다.

"조선군이 집결했다 한들 적을 공격할 능력은 되는가?"

"아군은 아직 야전에서 적을 공격할 수준은 안 됩니다."

뭔가 앞뒤가 맞지 않는 것 같았다. 회의를 끝내야 할 시간이 됐다는 의미였다. 신년답게 힘껏 희망에 부풀었지만, 회의는 여느 때처럼 아무런 진전 없이 흐지부지 끝났다. 유일한 결론은 김신국과 이경증을 다시 사신으로 파견하자는 것이었다. 그러나 그들도 성과 없이 돌아왔다. 청은 조선이 태종의 친정을 의심한다고는 전혀 생각지 못했지만 조선은 끝까지 의심을 풀지 않았다.

산성에 지는 그림자

그날 밤 마을에서는 여느 날처럼 마을 사람들이 모여 소복의 이야기를 듣고 있었다. 조정에서 오간 이야기를 전하자 사람들은 웃지 않았다. 그들의 마음속에 일식보다도 더 짙은 그림자가 드리웠다.

청군 본영 막사에서는 도도와 도르곤, 용골대를 비롯한 지휘부 장수들이 전황판을 보며 흐뭇한 미소를 짓고 있었다. 전황판에는 남한산성과 목책, 산성을 향해 달려오는 조선군 부대의 표식과 조선군을 요격하기 위해 출동한 청군의 표식이 장기말처럼 놓여 있었다. 당시 청군에게 조선군은 장기판 위의 '졸'에 지나지 않았다. 청군은 완전히 주도권을 쥐고 조선군을 흔들었다.

16 척화파의 아집

이 모든 것이 화친 때문이다

황제의 글자

마음에 품었던 새해의 희망은 24시간도 가지 못하고 깨졌다. 1월 2일 두 개의 불길한 사건이 연달아 터진다.

첫 번째 비보는 척화파들에게도 신뢰를 얻고 있던 무장이서의 사망이었다. 산성에 들어온 사람들은 그가 사전에 대비하고 비축해둔 물자로 생존하고 있었으니 그를 비난하지는 못했다. 게다가 김류보다 훨씬 공격적이고 자신감 있는 태도를 보였다. 그렇다고 독전어사와 손바닥을 마주치는 수준은 아니었다. 이서는 군지휘관을 향한 척화파의 현란한 공세에 맞서 합리적 사고로 현장론과 탁상론 사이의 균형을 잡아주던 무장이었다. 그가 죽자 군사 문제에 대한 비난이 김류를 향하게 되면서 장군들은 더욱 위축됐다.

두 번째 비보는 더 큰 충격이었다. 청 진영으로 갔던 홍서봉이 돌아왔다. 그의 손에는 홍타이지의 서신이 들려있었다. 편지에는 황제가 내리는 글이라는 뜻의 '조유詔諭'가 적혀 있었다.

'홍타이지가 직접 왔구나! 이건 청의 국력을 건 침공이다.'

전쟁이 터지고 보름도 넘게 지나서야 전쟁에 대한 인식이 바뀐다. 홍타이지의 서한에는 화친이나 항복 조건에 대한 언급은 없었다. 이 전쟁의 원인은 조선이 제공했다는 것이 개요였다. 《인조실록》과 《승정원일기》 기록의 뉘앙스가 조금 다른데, 《인조실록》에서는 글 마지막 부분에 있는 내용을 생략했다(이해를 위해 상당히 의역했다).

"전에 나의 제후(몽골)의 왕이 국서를 보냈을 때 너희는 거절하고 받아들이지 않았다. 그들은 대원의 후손이다. 과거에 고려는 대원에 끊임없이 공물을 바쳤는데, 오늘날에는 왜 이다지도 고상한 체하는가? … 자, 이제 내가 직접 대군을 이끌고 왔다. 책략과 용기 있는 자들은 어디 있는가? 내보내서 맞붙어 싸워보자."

인조는 당황하고 화가 났다. 최명길이 말했다.

"칸이 직접 왔다면 우리나라가 망할 겁니다. 제가 전부터 이런 사태를 걱정했던 겁니다."

"다 내 잘못이로다."

인조가 보기 드물게 잘못을 인정했다. 척화파의 말을 들은 것이 실수였다는 의미이다. 이 자리에 척화파의 대표주자인 김상헌도 있었다. 이번에도 그는 동요하지 않았다.

"'조유'라는 단어는 인정할 수 없습니다. 전하께서는 아침까지만 해도 척화로 결정하지 않으셨습니까?"

인조의 태도가 급변하자 최명길과 김상헌이 왕 앞에서 설전을 벌였다. 김류가 화를 내며 끼어들었다. 김상헌은 주화론을 절대로 인정하지 않았지만 젊은 대간들보다는 훨씬 노회했다. 주화론의 실리, 척화론의 명분이 맞붙은 대결이다. 김상헌은 실리론에 실리로 응수했다.

"신은 명분에 사로잡힌 비현실적 주장을 하는 게 아닙니다. 적이 정말 강한지 우리는 모릅니다. 지금 적의 요구를 다 들어주면 점점 무리한 요구를 해서 오히려 나라를 멸망에 이르게 할 수 있습니다."

김상헌이 냉철한 반격을 하자, 선조의 사위로 대표적인 척화파였던 신익성까지 뛰어들어 분위기를 망친다.

"비단과 금은보화를 줄 수도 있고 왕자와 대신을 인질로 줄 수도 있습니다. 그러나 황제로 인정할 수는 없습니다."

인조는 왕자를 인질로 보내자는 말에 기분이 상했다. 인조가 변심했다는 소식이 전해지자 대간들이 찾아왔다. 인조는 자신이 사태를 살피면서 처리하겠다고 소리쳤다.

척화파 VS 주화파

전쟁 중에도 평화회담은 열린다. 양측은 서로 패를 교환하며 유리한 조건으로 전쟁을 마무리하기 위해 애쓴다. 전황이 바뀌면 외교의 패도 바뀌고, 때로는 유리한 전황을 조성하기 위해 외교 테이블을 이용하기도 한다. 전쟁의 성패는 이렇듯 전장과 테이블 사이를 숨 가쁘게 오가며 진행된다. 그래서 외교 또한 총성 없는 전쟁이다. 외교관들은 한 손에는 전투보고서를, 한 손에는 수십 가지 협상조건을 들고 뛰어다녀야 한다.

그런데 이 즈음해서 조정의 논의는 3차원을 넘어 4차원적으로 진행된다. 먼저 '세자 인질론'은 전쟁을 당장 끝낼 수 있는 중대한 안건이다. 주화파는 처음부터 세자를 바치기로 마음을 굳혔다. 인조는 불안했다. 청이 자신을 폐위하고 세자를 즉위시킬 수도 있기 때문이다.

척화파는 이런 문제보다는 "청 연호를 쓸 것인가? 우리가 신하라는 말을 쓸 것인가? '조유'라고 적힌 청의 문서를 우리가 접수해야 하는가?" 등의 문제를 들고 벌떼처럼 일어났다.

세자 인질 문제에서도 우리가 명분에서 굴복하면 결국 세자도 빼앗긴다는 식의 주장을 폈다.

전쟁에서는 밀리고 외교 카드마저 고갈되었다. 대의를 포기하고 협상에 임해도 성사가 될까 말까 한 상황에서 단어 사용을 두고 논란이 벌어진 것이다. 이런 상황에서도 인조는 양쪽 모두를 이용하니 회의가 돌고 돌 수밖에 없다.

최명길이 작성할 문서에 '신하'라는 단어를 사용하는 문제로 백관회의(모든 신하가 모여 하는 회의)까지 개최했다. 김류는 자신이 책임지고 '신하'라는 호칭을 사용하고 천하의 죄인이 되겠다고 했다. 인조는 고마워하며 떠넘겼다. 그럼에도 불구하고 대간들의 결사반대로 청 연호는 끝내 사용하지 못했다.

이렇듯 사절이 만나서 나눌 말 한마디 한마디를 다 왕에게 묻고 결재를 받았다. 인조에게도 피치 못할 사정이 있다. 조선에는 전문외교관이 없었다. 평시에는 나이 든 재상만 고생하면 된다. 문서도 검토하고, 사신으로 외국에도 간다. 재상은 모든 업무를 경험해 본 통합 국정 베테랑이라서 의례적인 외교에서는 더 유용하다.

하지만 지금처럼 조선이 약자인 상황에서는 전문외교관이 없다 보니 가끔 황당한 발언도 등장한다. 조정 대신 중 제일 말 잘한다고 인정받은 호조판서 김신국이 이런 발언까지 했을 정도다.

"의주성에서 청군을 징벌할 수 있었으나 지난 10년간의 관계를 생각해 차마 먼저 공격할 수가 없어서 봐준 것이라고 말하면 어떻겠습니까?"

이러니 인조가 개입하지 않을 수가 없었다. 사신 한번 보낼 때마다 토론이 벌어졌다. 사소한 안건마다 실리와 명분이 얽히니 전쟁 중에 화친회담을 여는 것이 옳으냐는 논쟁까지 벌어진다. 누구도 책임지기 싫고, 왕은 누구에게도 권한을 주고 싶지 않고, 강력한 명분론에 단어 하나마다 시비가 걸리니 현명한 결론에 도달할 수가 없었다. 한 장면을 예로 들어보자(여러 장면을 짜깁기해 만든 예시이다).

주화파 : 홍타이지에게 사신을 보내 확인합시다.

척화파 : 청군이 왜 왔냐고 물으면 뭐라고 합니까?

주화파 : 황제가 먼 길을 오셨으니 예물을 좀 가져왔다고 하지요.

척화파 : 그를 황제라고 인정하는 게 되지 않습니까?

주화파 : "그자한테 줄 선물 가져왔수다." 이럴 수도 없지 않습니까? 기록에 남는 것도 아니고 그냥 말로 황제라 하는 거

야 어떻습니까. 우리가 꾹 참고 넘어갑시다.

척화파 : 만약 예물에 '황제에게 드림'이라 쓰라고 하면 어떻게 합니까?

명분이 위기에 빠지면 척화파는 판을 엎는다. "우리가 이런 사신을 보내면 적이 우리를 얕보게 됩니다. 보낼 필요 없습니다." 이렇게 회의는 돌고 돌았다. 결말은 나지 않고, 정세는 오판되었으며, 병사들은 죽어갔다.

1월 2일에서 4일 사이에 조정은 주화론으로 기울었다. 그렇다고 군사행동을 멈출 수는 없다. 아직 희망이 있었다. 팔도사단이 승리를 거둔다면 협상카드는 달라진다.

1월 4일 김류와 이성구는 인조가 회피하고 있던 통합지휘관 임명 문제를 거의 화난 목소리로 강권했다. 인조는 그제야 김자점을 평안도와 황해도의 통합사령관으로, 심기원을 충청·경상·전라병력과 강원도 통합사령관으로 임명했다. 그러나 팔도 전체 통합사령관 임명은 끝내 거부했다.

하지만 늦어도 너무 늦었다. 게다가 상황을 정확히 알지도 못하면서 인물만 보고 임명한 것도 문제였다. 심기원은 휘하병력이 없었다. 삼각산에서 근근히 머물다 경기도 광릉으로 피신한 상태였다. 심기원이 산성 북방에 머무는 상황에서 삼남과 강원도 통합지휘관이 된들 어떻게 지휘를 하겠는가? 또 총사령관을 임명했다고 하더라도 너무 늦었다. 그가 통솔해야 할 군대는 이미 주검이 되어 차가운 땅속에 누워 있었다.

죽어가는 백성들

소복의 모임은 예전의 활기를 잃었다. 1월 초까지만 해도 밤마다 여유와 웃음이 있었다. 사람들은 '왕이나 중전, 공주를 본 적이 있느냐, 궁에서는 뭘 먹냐' 등을 집요하게 물어댔다. 궁에서 보고 들은 일을 밖에서 누설하는 건 금기사항이다. 소복은 처음에는 조심했지만, 결국 털어놓았다. 사람들은 전쟁을 잊은 듯 이런 이야기에 빠져들었다.

하지만 중순쯤부터 상황이 급속히 나빠졌다. 올해 추위는 유난히 길었다. 혹한기가 넘어가나 싶더니 다시 강추위가 찾아왔다. 땔감까지 단속하는 바람에 모닥불조차 피우기 힘들어졌다. 날이 조금 풀렸을 때는 예전에 나눠준 가마니도 회수령이 내려졌다. 물론 아무도 내놓지 않았다. 이때가 되자 소복은 산성 사람들의 강인함에 다시 한 번 놀란다. 그들은 궁의 종인 소복보다 몇 배나 고된 노동을 하면서도 훑겹

옷, 그것도 한 달이 지나자 다 터지고 찢어져 버린 옷을 걸치고 산성의 겨울을 버텨내고 있었다(소복은 관원에게 옷을 얻어 입어서 의복 상태가 제일 좋았다). 그중 유독 소복을 잘 챙겨주던 이가 있었다. 황노인이라 불리는 자였다. 황노인은 일자무식이었지만 지혜가 있었다. 도시 사람이라 야생생활에 서툰 소복을 유달리 잘 챙겨주었다. 군량창고 근처에 살찐 쥐와 뱀이 득실거린다는 걸 눈치 채고 재빨리 그것들을 잡아온 사람도 황노인이었다. 지금은 그마저도 소문이 나서 씨가 말랐지만….

그런데 꼿꼿했던 그가 사망했다. 궁에서 왕에게 "백성들이 힘들지만 얼어 죽은 사람, 굶어 죽은 사람은 없다."라고 보고했다는 말을 들은 다음 날이었다. 소복은 황노인의 시신을 붙잡고 통곡했다. 이 나라에서 태어나 저런 관원들 밑에서 견뎌내야 하는 현실이 한스러워 울었다.

전쟁 전에 소복은 짜증을 내긴 했지만 마음속으로는 언관들을 존경했었다. 회의만 했다 하면 밤늦게까지 끝낼 줄 모르는 건 끔찍했지만 늘 곧은 소리를 하고, 오랑캐를 욕하고, 권력자를 비난하고, 백성들의 고통을 입에 달고 사는 사람들이었다. 전란을 겪으면서 낮에는 매일같이 그들이 하는 얘기를 듣고, 밤에는 백성들이 전해오는 얘기를 듣는 삶을 반복하다 보니 이상한 점을 알게 되었다. 그들의 말은 현실과 동떨어져 있고 맹목적이었다.

언관들은 모든 것이 주화파 때문이라고 선동했다. 우리가 패배하는 이유도 화친을 들먹여 병사들이 싸우려 하지 않기 때문이다, 전쟁 전에 침공 징후가 있어 병력동원을 하자고 했는데 하지 않은 것도 주화파 때문이다, 적은 3만~4만도 채 되지 않는데 적을 공격해 포위망을 깨트릴 수 없는 것도 주화파 때문이다, 전투에서 패배하는 건 비겁한 장수들 때문이다, 병사는 용감한데 장수는 어리석다….

"쌍, 그놈의 헛소리들은…."

모임 중에 남격대에서 근무하는 군관의 종이 한 명 있었는데, 그는 이런 이야기만 들으면 격노했다. 그러고는 자신이 본 전투상황, 매일같이 성벽을 돌아다니며 헛짓을 하는 대간들의 일화를 늘어놓았다.

"어제는 갑자기 나타나서 최군관을 부르더니 다짜고짜 갑옷과 투구가 몇 개냐고 묻는 거야. 우리가 자기 부하야? 이놈의 양반들은 계통도 없고, 소속도 무시하고, 아무튼 막무가내야. 그래도 어떡해. 매일 전하를 만나 고자질을 하니… 최군관이 꾹 참고 우리 구역엔 5개밖에 없다고 했지. 그랬더니 교대로 돌아가면서 입고 보초를 서라는 거야. 우리 병사들 몰골이 이 모양이라 적이 얕본단다. 그러더니 글쎄, 투구와 갑옷을 입은 사람은 적이 잘 볼 수 있도록 성벽 높은 곳에 세워 근무를 세우라는 게 아니겠나? 이 추위에 그게 말이돼? 그리고 뭐? 적이 잘 보이게 우뚝 서 있어? 아니 우리가 죽으면 책임질 거여? 군관이 동상 위험이 있어서 안 된다고 했더니 갑옷이 무거워서 땀이 나기 때문에 괜찮다는 거여. 어이 소복이, 이 양반들 사간원에서도 그러나?"

그런 이야기를 자주 듣다 보니 소복도 의문이 생겼다. 궁에서는 사실 이런 모습을 볼 기회가 없었다. 산성에 풀어 놓고 보니 세상 물정도 모른 채 제멋대로이고, 무엇보다 자신들의 말과 행동에 책임을 질 줄 몰랐다.

한번 존경심이 꺾이자 그들이 다르게 보이기 시작했다. 저들은 모든 게 주화파 때문이라고 하지만 자신이 보기엔 이 모든 고생이 저들 때문인 것 같았다. 그러던 차에 황노인의 주검을 대하자 정체를 알 수 없는 응어리와 설움, 불안감 같은 것이 한꺼번에 터져나왔다. 소복은 몸부림을 치며 통곡을 했다.

황노인이 죽은 후 거짓말처럼 상황이 급속히 악화되었다. 먼저 식량 배급이 줄어들었다. 건장하던 농사꾼들도 얼굴이 누렇게 떴고 찬바람을 힘겨워하기 시작했다. 죽는 사람들이 늘어나기 시작하자 어느 날부턴가 관리들은 사망자의 숫자만 묻고, 전에는 꼬박꼬박 묻던 사망 원인을 묻지 않았다. 바깥에서도 점점 좋지 않은 소식이 들려왔다.

산성 근처까지 왔다던 팔도 근왕병은 갑자기 종적을 감췄다. 더 충격적인 소식은 근왕군이 패배하면서 청군이 여유가 생기자 약탈부대가 활동을 시작했다는 것이다. 청군은 군기가 엄해 약탈을 자제하는 모습을 보이기도 했지만 같이 온 몽골 기병은 완전히 달랐다. 전쟁 후반으로 가면서 몽골군은 전성기 때의 잔혹함을 드러냈다. 청군도 여자를 보면 어김없이 잡아갔다.

척화파는 이 비극도 주화파의 탓으로 돌렸다. 화친한다는 소문을 듣고 백성들이 피란하지 않아 그 때문에 더 큰 피해를 입었다는 것이다.

호랑이 가죽을 쓴 양 VS 이빨을 드러낸 늑대

너희는 입으로만 사람을 욕하니 호랑이 가죽을 뒤집어쓴 모양새이다. … 지금 그대가 살고 싶은가? 그렇다면 속히 성을 나와 귀부(스스로 와서 복종함)해야 할 것이다. 싸우고 싶은가? 그렇다면 속히 나와 일전을 벌여야 할 것이다.

– 홍타이지가 인조에게 보낸 편지 中

최명길의 재등판

희망이 꺼져가자 최명길이 다시 외교 전선에 등장한다. 주화파는 화약을 지고 불에 뛰어들어 줄 사람을 찾았고, 척화파는 청의 협박에 어쩔 줄 모르는 겁쟁이 대신에게 다시 의지하는 인조가 원망스러웠다.

최명길은 이것이 마지막 기회라고 생각했던 것 같다. 그동안 언행을 조심하고 자신의 목을 베자는 비난에도 자리를 피하기만 하던 그였다. 이때부터 말과 행동이 훨씬 비장해지고 과감해졌다. 그가 청에 보내는 문서를 작성할 때 한 관원이 들어와 '신하'라는 표현을 쓸 수 없다고 항의하자 최명길이 화를 내며 소리쳤다.

"지금까지 그런 쓸데없는 명분만 따지다가 이 지경이 되었는데 아직도 정신을 못 차렸는가?"

최명길이 회담장에 나타나자 청 진영은 화색을 띄었다. '드디어 말이 통하는 자가 왔군.' 하지만 청의 목적은 변함이 없었다.

청 : 항복을 받아내고 세자를 인질로 데려가겠소.
최명길 : 타협의 여지가 없겠습니까?
청 : 없소.

회담장에 팽팽한 긴장감이 흘렀다. 서로 너무 다른 패를 쥐고 있었다. 조선의 목적은 성문을 열지 않고 청군을 철수시키는 것이었다. 피를 토하는 심정으로 청을 황제로 인정했지만 성문을 열 마음은 없었다. 회담이 평행선을 달리자 청은 냉온양책을 사용했다. 청국 사람들은 좋게 보면 질박하고 우직한 면이 있다. 그래서 무장들과 오히려 말이 잘 통했다. 반면 문관들에게는 역효과였다. 청군의 투박한 언행은 꼼수가 있는 것처럼 보였다. 늘 정확한 판단을 하던 최명길마저 '이들이 팔도 근왕군 누군가에게 큰 패전을 당해 다급하게 서두르는 게 아닌가?'라고 추정할 정도였다.

1월 17일 청국 관원은 불붙은 지푸라기를 들고 퍼포먼스까지 펼쳤다. 구약성경의 '마른 뼈의 비유'◆와 비슷했다. 조선은 마르고 불에 탄 지푸라기지만 청 황제를 따르면 살아날 수 있다는….

마부대는 고문기술자처럼 갑자기 주변 사람들을 모두 내보내고 친한 척을 했다. "진즉에 내가 말한 대로 했으면 이렇게 되지 않았잖소. 우리는 최대한 잘해보려고 하는데 번번이 강하게만 나오시니."

당연히 이 장면 전에 먼저 무시무시한 협박을 날렸다.

"우리는 강화도를 공격할 것이오. 공유덕과 경중명이 홍이포를 가지고 이리 오고 있소." 하지만 최명길은 넘어가지

◆ 성서의 한 장면. 하느님이 선지자 에스겔에게 골짜기에 가득한 뼈들이 살아나는 장면을 보여주는데 마른 뼈는 패망한 이스라엘을, 뼈들이 살아나는 것은 이스라엘의 부활을 의미한다.

않았다.

"당신들이 성안에 들어오면 우린 다 같이 죽겠소."

옛 중세 십자군 왕국의 예루살렘 성이 이슬람 군주 살라딘에게 포위되었을 때 기사 발리앙이 사용한 방법, 상대가 원하는 것을 인질로 거는 책략이었다. 하지만 최명길과 발리앙은 처지가 달랐다. 발리앙은 성안에 있는 '이슬람 주민'을 인질로 삼고 있었다. 그들 대부분은 주변의 이슬람 왕국이나 도시에서 온 사람들이었다. 당시는 이슬람 종파들이 서로 반목하며 내전 중인 시대였고 이를 통합하는 것이 살라딘의 정치적 목표였다. 그들이 살해되면 살라딘은 엄청난 정치적 부담을 안을 수밖에 없었다.

하지만 조선의 경우 인질이 성 밖에 있었다. 강화에 있는 왕족과 은퇴한 대신들 그리고 관료의 가족들이었다.

퇴로가 없다

"강화도 건은 협박이 분명합니다. 수군이 없는 청군이 강화를 공격하기란 불가능합니다. 하지만 홍이포를 가져온다는 건 사실인 듯 보입니다."

산성으로 돌아온 최명길이 보고했지만 인조는 둘 다 부정한다. 그리고 끝까지 이상한 입장을 고수한다.

"더 이상 항전은 가망이 없다. 청을 황제로 인정하고 화친을 하기로 결정한다."

인조는 최명길, 김류와 함께 신하들을 설득하고, 청에 보낼 문서를 작성하게 했다. 하지만 청군의 강화도 공격, 홍이포 배치 등의 첩보는 모두 부정했다. 청군의 병력도 여전히 3만이 되지 않을 것이라고 우겼다.

국왕의 이런 이상한 처신은 척화파에게 우리가 아직 충분히 싸울 수 있는데, 비겁한 대신들이 청의 협박에 굴종하고 있다는 느낌을 주었다. 비교적 실용적인 사고를 지녔던 나만갑마저 인조에게 재고를 간청했다. 다만 나만갑의 논리는 골수 척화파와는 달랐다. "힘이 부족하면 명분을 포기할 수 있습니다. 그러나 아직 싸울 수 있사옵니다. 군량도 남아있고 팔도 근왕군도 노력하고 있으니 그들이 올 때까지 버텨야 합니다."

상황이 진전되면서 최명길이 국서 초안을 작성하였다. 그러자 김상헌이 들어와 찢어버린 후 인조에게 가서 대죄했다. 조선 역사상 왕의 국서를 제멋대로 찢고 무사한 사람은 김상헌이 유일할 것이다. 인조는 끝까지 척화파와 정면으로 맞서지 않았다.

"그대 말이 맞지만 이미 대세가 기울어 어쩔 수 없네."

동장대에 배치된 200여 명의 조선군 병사들은 긴장한 채 성벽에 붙어있었다. 건너편 망월봉으로 청 병력이 증강되고 있었다. 한때는 조선이 마음만 먹으면 수백 명만으로 간단하게 점령할 수 있다던 망월봉이다. 하지만 지금 망월봉으로 모여드는 청군의 규모는 믿을 수 없을 정도였다. 1천, 2천, 나중에는 6천까지 헤아려졌다. 동장대로 통하는 길목에 강력한 진지가 구축되고 막사들이 늘어섰다. 가운데에는 사령부로 보이는 거대한 검은 막사가 솟았다. 마지막으로 그들이 거대한 물체를 산 정상으로 끌어올렸다. 누군가가 그 물건의 정체를 알아냈다.

"맙소사 저건 포좌야! 저렇게 큰 대포가 있단 말인가?"

지평 이시해가 황급히 인조에게 달려왔다.

"전하! 놈들이 대포를 가져온다는 말은 들었지만, 이렇게 거대한 대포가 세상에 있을 줄은 생각도 못 했습니다."

"당황하지 마라. 그 포좌는 가짜다. 우리를 협박하려는 속임수에 불과하다."

최명길이 청 진영에서 들은 홍이포 이야기를 꺼냈을 때 사람들은 최명길이 또 속았다고 비난했다. 이경석은 10년 전 사건인 영원성전투를 들먹이며, 저들이 대포가 있다면 영원성에서 써먹지 왜 패전했겠냐는 말을 했다.

적의 침공 목적과 전술, 심지어 아군의 동향까지 제멋대로 유리하게 단정하고, 다른 사람이 조금이라도 불리한 판단을 하면 인성에 문제가 있다는 식으로 몰아가는 자세는 최악의 상황에서도 바뀌지 않았다.

사면청淸가

소동 끝에 국서가 출발했다. 아마도 18일 오후 늦게 최명길, 홍서봉, 윤휘가 국서를 들고 서문을 나갔을 것이다. 홍타이지를 황제라고 쓰고, 청의 연호인 '숭덕'을 사용했다.

"청에 저항한 것을 후회합니다. 이제부터 마음을 고치고 생각을 바꾸어 다른 번국들과 나란히 황제로 모시겠습니다."

황제, 숭덕, 신하 같은 단어 때문에 백관회의까지 열고 김류는 자신이 천하의 죄인이 되겠다고 피를 토했지만 단어는 문제가 아니었다. 이 글의 핵심은 끝부분에 있었다.

"청을 황제로 받들 테니 천자의 관대함으로 용서해주시고 안녕히 돌아가십시오. 성에서는 못 나가겠습니다."

외교협상은 난항이었다.

"아니 왜 벌써 돌아오느냐!"

"오늘은 접수할 수 없다고 퇴짜를 놓는 바람에…."

그 난리를 치고 작성한 국서를 전하지도 못한 것이다. 통역관 김돌쇠가 조선 사신을 맞더니 용골대가 기다리다가 들어가 버렸으며 관원도 없고 날도 저물어서 접수할 수 없다고 말했다.

인조는 혀를 찼다. '대신들은 겁이 많고, 척화론자들은 용기는 있는데 융통성이 없고….' 인조는 아마 속으로 이렇게 중얼거렸을 것이다. 그러나 정작 자신이야말로 책임감이 결여된 사악한 리더라는 생각은 끝까지 하지 않았을 것이다.

조선은 역시나 끈질겼다. 하지만 홍타이지에게는 아직 여러 수단이 남아있었다. 무엇보다 자신의 아버지이자 청 태조를 좌절시킨 그 무기가 이제 자신의 손에 있었다.

"포탄이다! 홍이포다!"

다음 날인 19일, 거대한 포성과 함께 포탄이 성안으로 꽂혔다. 포탄 한 발이 거위알만 했다. 말로만 듣던 홍이포의 위력은 대단했다. 망월봉 외에 망월봉 남쪽 한봉에도 포대가 설치되었다. 20일부터는 종일 포성이 울리며 매일 성안으로 포탄이 날아들기 시작했다. 폭발하는 포탄은 아니지만 산탄을 발사하면 넓은 범위가 피해를 입었다. 지붕을 부수고 벽을 때리면 건물이 무너질 수 있었다. 매일 사상자가 발생했다.

포격의 주목표는 성벽 위의 성첩이었다. 나중에는 성첩이 거의 무너졌다. 성벽은 그래도 꽤 튼튼했다. 하지만 포탄이 쏟아지는 성벽 위에서는 병사들이 버틸 수가 없었다. 성첩이 무너지고 복구가 안 된다는 건 병사들이 성벽에 오르지 못한다는 의미다. 적은 높은 곳에서 성벽을 관측했고, 아마도 성벽 위에 병사들이 보이면 그쪽으로 포격했을 것이다. 당시 포격의 정확도가 그리 높지는 않았겠지만, 포격이 주는 공포는 대단했다. 또 성첩이 없으면 적이 공격해 올 때 성벽에 엄폐할 곳이 없다.

홍이포의 전략적 타격 목표는 행궁이었다. 행궁에 포탄이 날아들고 사상자까지 발생하자 행궁은 공포에 휩싸였다. 행궁 포격은 우연이었을까? 산성 분지 안 깊숙이 자리잡은 행궁은 사정거리도 사정거리지만, 탄착점이 보이지 않는 상태라 정확히 포격하기란 불가능하다.

이 미스터리를 해결해 주는 장소가 망월봉 안쪽에 있는 벌봉이다. 둥근 화강암 바위가 겹겹이 싸여 벌집처럼 보인다고 해서 이름붙은 벌봉은 높이가 10미터 정도 된다. 정말 신기하게도 정상에 오르면 골짜기 사이로 행궁이 마치 잠망경으로 보듯이 보인다. 행궁이 관측되는 거의 유일한 장소다. 이것이 정월 초하루 홍타이지가 망월봉에 오른 이유였다. 벌봉은 포를 설치할만한 곳은 아니라서 포는 아래쪽 공간에 설치하고 벌봉을 관측 장소로 사용했을 것이다.

포성이 울리기 전 최명길 일행이 다시 나가 국서를 전달했다. 용골대의 반응은 시큰둥했다.

"두고 가라. 황제에게 전달은 해보겠다."

청이 원했던 건 실제 조치였다. 출성과 세자 인질. 최명길은 이들이 외교 놀음보다 중요한, 뭔가 다른 일에 신경을 쓰고 있다는 인상을 받았다. 불길한 생각이 들었지만 인조에게 말을 꺼낼 수가 없었다.

18 강화도 함락

그 바다를 건너지 마오

최후통첩

"강화도 공격은 협박이다. 얼음이 녹으면 기병은 강이나 강화해협을 건널 수 없다."

당시 인조뿐 아니라 비변사도 혹한기를 넘기면서 강화도의 위기가 오히려 해소되었다고 생각했다. 조선은 청군이 물에 약하다는 확신이 있었다. 몽골전쟁 때 몽골은 30년 동안 강화도를 공격하지 못했다. 당시 고려의 재상이던 이규보는 몽골군이 강화도를 공격하려는 움직임을 보이자 이렇게 읊었다. "걱정 마라. 물에 들어오면 저들은 곧 죽는다."

비변사는 해빙에 맞춰 역습할 계획을 세웠다. 1월 18일◇

◇ 나만갑의 《병자록》에는 18일, 《승정원일기》에는 19일로 기록되어 있다. 18일에 비변사에서 문서를 작성하거나 올렸고, 인조가 19일에 답을 한 것일 수도 있다.

비변사에서 강화와 경기, 한강에 있는 병선과 배를 총동원
해 한강을 봉쇄한 후 청군의 퇴로를 차단하는 작전을 입안
해서 올렸다.

인조는 기각했다. 강화도 공격을 걱정했거나, 청군과 협
상하며 철군을 요청하고 있는데 수군이 강을 봉쇄하면 화친
을 망칠 수 있다고 생각한 것 같다. 비변사는 반대로 화친을
유도하려면 압박수단이 필요하다고 생각했겠지만, 인조는
자신을 걸고 모험을 할 마음이 없었다.

조선 수군이 집결했다. 만약을 대비해 수군을 강화도에
집결시킨 것이다. 강화도와 김포 사이의 바다는 남북으로
강처럼 흐른다. 북쪽 입구를 감제瞰制(높은 지점에서 관측하는
일)하는 기지가 연미정, 남쪽 입구의 관문이 광성보다. 강화
로 들어오는 도강 지점은 이 중간으로 지금 강화대교가 놓
여 있는 갑곶나루이다.

연미정에는 수사 강진흔의 충청수군, 광성보에는 장유의
동생 강화유수 장신이 포진하고 있었다. 수군을 남북으로
배치한 이유는 거세기로 소문난 강화해협의 조류 때문이다.
청군의 공격이 시작될 때 조류가 진행하는 방향에 있는 수
군만 갑곶으로 향할 수 있었다.

조선군은 남북의 수군에게 출동준비 명령을 내리고, 갑곶나루와 읍성에 수비대를 증원했다. 산성에서는 까맣게 몰랐지만 강화해협에는 침묵과 공포가 깊게 드리웠다.

청군은 도르곤의 지휘로 강화도 공략을 준비했다. 강변 마을에 군을 파견해 도하용 배를 건조하게 했다. 하지만 이 소동이 남한산성에는 전달되지 않았다. 산성은 그렇다 치고 강화도에서도 전혀 몰랐던 것일까? 최소한 2~3일 전에는 파악했을 것 같다. 3만의 대군이 도하작전을 벌이려면 나루에 배를 모아야 하고, 해변에 기지도 건설해야 한다. 강화도에서 관측되지 않을 수가 없다.

늦은 밤, 청 사신이 성문 앞에 도착해 회담 가능성을 알렸다. 그렇다고 해서 청이 최종 조건을 양보한 것은 아니었다. 단지 조선을 조금 더 압박해 동의를 끌어내기 위함이었다. 그래서 항복 조건에 한 가지를 더 얹었다. 척화파 한두 명을 잡아 보내라는 것이었다. 19일 조선이 보낸 국서를 심드렁하게 받았던 용골대 아니었던가. 왜 그날 밤 갑자기 태도가 바뀐 것일까?

아마 포격에 조선 조정이 충분히 놀랐을 것이라는 계산도

했을 것이다. 청은 조선의 완고함을 충분히 경험한 터라 말로 목적을 달성하는 건 포기하고 있었다. 압박 작전은 3단계로 계획되어 있었다. 포격, 강화도 함락, 그래도 안 되면 산성 공격. 청도 물리적 공략만은 피하고 싶었다. 피를 보면 조선의 잠자는 야성을 깨울 수도 있다. 자신들도 그렇게 깨어나지 않았는가.

하지만 청도 압박을 받고 있었다. 바로 시간의 압박이다. 황제와 청 주력군이 두 달째 조선에 묶여 있었다. 오가는 시간, 귀향 시간까지 하면 반년이다. 1월이 가기 전에 무조건 이 전쟁을 끝내야 했다. 더구나 강화 공격일이 정해져 있었기에 청은 회담을 서둘렀던 것이다.

조선이 다시 국서를 쓴다. 여전히 요지부동이었다.

"성은 나갈 수 없습니다. 척화파는 이미 다 내쫓아서 없습니다. 아량을 베푸십시오."

21일 이미 날이 저물었는데 용골대가 서문에 나타났다. 국서를 돌려주러 왔다는 것이다. 내일 날이 밝은 뒤 처리해도 될 텐데 무엇이 급해서 외교 관행을 깨고 서두르는 걸까? 그 누구도 이유를 눈치채지 못했다.

인질이 된 왕실

강화해역에 포성이 울렸다. 갑곶나루 언덕을 방어하던 수비대장 황선신은 완전무장한 청군의 대병력이 포구에 도열하는 것을 보았다. 황선신은 병사들을 진지에 배치하며 용기를 부추겼다.

"겁먹지 마라. 저놈들 배를 봐라. 저런 작은 배로는 나루까지 도달하지도 못한다."

청군이 나루에 배치한 배들은 삼판선이라고 불리는 배였다. 간간이 판자를 뜯어 급조한 뗏목도 보였다. 삼판선은 보통 수군 전함이 배에 달아 끌고 다니며 해안에서 보급품이나 물을 수송할 때 또는 도주하는 소수의 왜구를 추격할 때 주로 사용했다. 따라서 전투력과 방어력이 전혀 없는 배다. 해협 남북에 자리잡고 있는 조선함대의 전선에 걸리면 파리떼처럼 쓸어버릴 수도 있다.

청군이 죽음의 배에 탑승을 시작했다. 황선신은 고개를 좌우로 돌려 해협의 남북, 연미정과 광성보에 있을 조선함대를 찾았다. 연미정 쪽에서 조선함대가 먼저 모습을 드러냈다. 그때 지금껏 그가 들어보지 못한 거대한 포성이 울렸다. 산성에서와 마찬가지로 강화에서도 조선군이 전혀 예상하지 못한 변수가 홍이포였다.

그래도 현재의 대포 성능과는 비교불가이니 조선 수군이 과감하게 돌진했더라면 전투가 어떻게 진행되었을지는 알 수 없다. 하지만 조선 수군은 포격에 겁을 먹고 물러서더니 자취를 감춰 버렸다. 청군의 도하를 막을 수 없게 되었으니 돌아가서 피난민이라도 태우자는 생각이었던 것 같다. 남쪽에 위치한 광성보의 장신 함대는 조류 때문에 움직일 수가 없었다. 황선신은 분노했지만 어쩔 도리가 없었다.

그렇게 청군이 도하를 시작했다. 병력을 가득 태운 배가 해협을 새까맣게 덮었다. 황선신은 겁을 먹고 도망치려는 병사를 제지하며 해협을 노려보았다.

'저런 괴물 대포가 우리에게 있다면 저놈들을 지금 단박에 수장시켜 버렸을 텐데….'

갑곶나루에 상륙한 청군은 언덕을 지키던 황선신의 수비대를 몰살시켰다. 이 틈에 강화유수와 수군 지휘관들이 달아났다. 김경징도 모친과 가족을 버리고 달아났다. 몇 명의 무장은 저항하거나 자살했다. 그 와중에 겨우 19살이지만 무골 기질이 다분했던 봉림대군(훗날 효종)은 당찬 모습을 보였다. 성벽에 올라 전황을 살피고 결사대를 만들어 돌격시켰다. 그러나 청군을 당할 수는 없었다.

청군은 성을 공격하지 않고 항복을 요구했다. 놀랍게도 봉림대군이 당당히 나가 도르곤을 만났다. 도르곤은 병사들의 약탈을 금지하고 왕실과 대신들의 가족을 보호하겠다고 약속했고, 실제로 그 약속을 지켰다.

성이 함락되려 하자 김류의 부인과 김경징의 아내는 자결했다. 전 우의정이며 김상헌의 형인 김상용은 남문에서 화약에 불을 붙여 폭사했다. 종에게 담배를 가져오라고 하고 담뱃불을 붙이면서 화약에 불을 질렀다고 한다.◆ 이 광경을 보고 전 우승지 홍명형과 근처의 여러 명이 함께 불에 뛰어들었다. 그 외에도 많은 이가 자결했다.

신주 호송을 책임졌던 윤방은 신주를 땅에 묻었지만 청군에게 발각되었다. 나중에 돌려받았지만 인순왕후의 신주는 영원히 분실했다. 되찾은 세종대왕, 문정왕후, 인성왕후의 신주는 다시 만들어야 할 정도로 심하게 손상되었다. 성종과 선조의 신주에는 칼자국 같은 손상 부위가 있었다. 강화

◆ 훗날 김상용의 폭사가 의거가 아니라 담뱃불로 인한 사고였다는 주장이 제기됐다. 김상용의 후손들은 억울해하며 김상용이 담배를 싫어했다고 주장했다. 억울해서였을까? 그의 집안에서는 금연이 전통이 되었는데, 3~4세대가 지나자 참지 못하고 누군가 피기 시작했다는 전설이 전한다.

로 가져간 보물 중에는 역대 국왕의 영정도 있었는데, 태조 영정은 분실했고, 세조 영정은 성 밖에서 찾았는데 약간 찢어져 있었다.

이후 도르곤이 떠나자 몽골군이 되돌아와 약탈을 시작했다. 몽골군의 단독행동인지, 필요한 인질을 안전하게 확보한 다음 벌인 청군의 계획적 행동인지는 아무도 모른다. 그 광경을 보고 많은 사람들이 가족과 함께 자결했다. 패자는 불행하다(Vae Victis). 전쟁사의 영원한 금언金言이다.

강화 함락으로 가장 큰 비난을 받았던 사람은 김류의 아들 김경징과 이민구, 홍명일 귀공자 삼인방이다. 이민구는 병조판서 이성구의 동생이고, 홍명일은 홍서봉의 아들이다. 세 사람 다 전쟁 전에는 한량 수준의 인물이었는데, 강화 피란이 결정되자 김경징과 이민구가 검찰사, 홍명일이 종사관으로 특채되었다.

이들은 매일 술과 기생에 절어 살면서 청군이 공격할 기미가 있다고 하자 "적군이 새냐? 이 해협을 날아서 건너겠느냐?"라고 하며 방어에 소홀했다고 한다. 그러다 침공이 시작되자 어머니와 가족까지 버리고 달아났다. 그해 가을 김경징은 이 책임을 지고 처형되었다. 김경징은 강화 함락의 원흉이 되었다. 김경징 일행의 도주는 변명의 여지가 없다. 작전상 후퇴도 아니고, 무책임하고 비겁한 리더의 전형이다. 그러나 강화 방어전 실패가 전적으로 그의 책임일까? 술에 취하지 않고 부지런하게 경계를 했더라면 강화 방어전은 성공했을까?

김경징의 직함은 강화검찰사. 검찰사는 법전에도 없는 이상한 직함이다. 강화에는 강화유수와 장교들, 수군함대의 사령관들이 있었다. 귀공자 3인방에게 군사적, 민사적 권한이 있었다고 보기 어렵다. 전후에 김경징의 처형을 요구하는 상소에서도 김경징은 군사적 임무와는 무관하니 도망친 죄가 군율 적용대상은 아니라고 했다. 다만 왕손과 왕실, 부모, 처자까지 버리고 도망친 행동이 너무 비열하므로 군율에 준해서 처벌해야 한다고 주장했다.

귀공자 3명은 모두 권력의 핵심이자 공신의 자제이다. 여기에 답이 있다. 검찰사는 정치장교로 국왕의 감시관 같은 임무였으며 기한도 한시적이었다. 그러니 한량을 앉혀도 괜찮았다. 김류 등은 강화도 방어를 자신했다. 방어에 성공하면 공신책봉은 떼놓은 당상이다. 아무리 집안이 좋아도 능력으로는 출세가 불가능한 귀공자들에겐 절호의 기회였다. 김류와 이성구 등이 제 마음대로 임명했다고 하지만 왕의 재가 없이 이런 인사는 불가능하며, 인조도 이들이 적격이라고 판단했을 것이다.

어처구니없게 강화도가 함락되고, 병자호란이 항복으로 끝나자 척화파는 주화파들이 일부러 군비를 소홀히 했다고 공격했다. 김경징 등 귀공자 삼인방의 임명은 정실인사의 전형이었으니 감정적으로 더 큰 비난을 받았다. 사람들은 김류가 부귀 때문에 나라를 망치고 또 제 아들을 죽였다고 말했다. 하지만 김경징 일행이 아니었으면 강화는 함락되지 않았을 것이라는 가정은 틀렸다.

19 삼전도의 항복

회한의 귀경 행렬

왕이 조금이라도 상도에 어긋난 행동을 하면 놀란 눈으로 서로 쳐다보며 괴상한 일로 여깁니다. 이런 풍속을 무시하면 왕도 나라를 다스릴 수 없습니다.

－ 인조가 홍타이지에게 보낸 국서 中

1월 22일 조선은 왕의 출성만 제외하고 청의 요구를 들어주기로 결정했지만 계속 우물거렸다. 청측에서는 22일을 기점으로 2단계 압박으로 전환했다. 강화도 공격과 함께 산성에 대한 포격이 거세졌고, 성문을 직접 공격하기 시작했다.

무너진 민심

"척화신을 내보내시오! 우리는 더 이상 싸울 수 없소!"

이미 23일부터 소문은 퍼져 있었다. 산성에는 비밀이 없었다. 군사들이 척화파를 보내라고 시위를 시작했다. 소복도 변했다. 전에는 조심조심하던 사람이 궁 안에서 벌어지는 일을 닥치는 대로 떠벌렸다. 다른 사람들도 마찬가지였다. 갑자기 '우리가 왜 이런 무능한 고집불통들을 위해 죽어야 하는가?'라는 분위기가 거침없이 확산됐다.

서문을 방어하던 이시백이 화살에 부상을 입고 쓰러진다. 25, 26일 서문과 동문에서 연이어 격전이 벌어졌다. 다행히 방어에 성공했지만 노련해진 군사들은 청군의 달라진 분위기를 완전히 감지했다.

인조는 세자와 척화신은 내보내도 자신은 나가지 않으려고 버텼다. 성문을 열면 종묘사직과 나라와 백성의 생명을 보존할 수 없다는 명분을 내세웠지만 이제는 그마저 통하지 않았다. 성은 방어력을 잃었고 군사들의 마음은 돌아섰다. 26일에 급제 자격을 크게 완화하고 무과를 시행해서 군사들을 회유하려 했지만 어린애 장난 같은 시도였다.

청 진영에 갔던 홍서봉은 청군이 강화도를 함락했다는 통지와 함께 그 증거로 윤방이 쓴 장계를 받아왔다. 인조는 넋이 나갔다. 최명길은 그동안 한이 쌓였는지, 인조를 위로해야 할 때인데 강화도 침공과 홍이포가 사실이었다고 인조를 찔렀다. 하고 싶은 말이 많았을 것이다. 지난 10년간 아니 그 전부터 자신이 내린 올바른 정세 판단이 다 무시당하고 외면당했다. 국제정세를 제대로 인식했으면 세자를 인질로 보내지 않아도 되었고 병사들이 죽어나갈 일도 없었다. 침공 초에 결단했더라면 세자 인질은 피할 수 없어도 이런 절박한 상황까지 이르지는 않았을 것이다.

어떤 경우에도 자기 의견을 내고야 마는 인조도 이때는 눈물만 흘리며 말이 없었다. 홍서봉도 최명길의 손을 들어줬다. 세자 인질을 허용해야 했다고 말한 것이다.

"그런 말 하지 마라. 이 사태는 다 재상들이 제대로 일을 처리하지 못해서 벌어진 일이다. 내가 강화 방어에 신경 쓰라고 얘기하지 않았던가!"

왕은 즉시 말꼬리를 강화도 함락으로 돌렸다.

"오늘은 내가 심란해서 얘기를 못 하겠다. 내일 하자."

척화파는 여전히 화친에 반대했다. 사신 홍서봉이 성문을 열게 하려는 청의 계략에 속은 것이라 주장했다. 인조는 기가 막혔다. "성첩이 다 무너지고 군사들의 마음이 돌아섰다. 당장 함락시킬 수 있는데 왜 계략을 쓰느냐?"

그들은 끄떡하지 않았지만 병사들은 분노했다. 시위대가

형성되었다. 이 사태가 더 지속되었으면 청군이 성으로 진입했거나 군사들이 반란을 일으켰을 것이라는 견해도 있다.

결국 인조는 실패를 인정했다. 세자를 인질로 보내고 척화신, 즉 청에 잡혀갈 사람은 자수하라는 교서를 내렸다. 알아서 희생양을 선출하라는 말이었다. 이에 대한 대응은 사뭇 달랐다. 예조판서 김상헌, 그다음 서열인 이조참판 정온과 사간 이명웅은 자신이 잡혀가겠다고 자원했다. 김수현, 임담, 황일호는 화친을 하느니 산성을 불태우고 차라리 다 죽겠다고 협박해보자고 제안했다. 앞서 최명길이 시도했던 작전이었다. 인조는 이미 해봤는데 효과가 없더라고 대답했다. 인조도 고위 관료나 측근을 희생시킬 마음은 없었다. 영악한 왕은 후유증을 최소화할 희생양을 찾았다.

인조는 척화신 윤집, 오달제와 술잔을 기울이고 있었다. 작별주였다. 그들이 청의 요구를 모두 수용한다는 국서와 함께 청에 보낼 척화신 세 명 중 둘이었다. 나머지 한 명은 평양서윤으로 발령받아 평양에 있던 홍익한이었다.

세 사람이 선정된 경위는 알려지지 않았다. 실록에는 세 명이 과거에 올린 상소가 수록되어 있다. 일부러 그렇게 편집한 것인지는 모르지만 청 사신의 목을 베자는 등 어조가 매우 격렬했다. 인조는 윤집, 오달제와 작별하면서 이런 말을 남겼다.

"그대들이 비록 식견은 얕았지만 국사를 그르치려는 뜻은 아니었다. … 그대들이 나를 임금으로 여겨 외로운 성에 따라 들어왔는데 나는 너희를 사지로 보내니 내가 어찌해야 하겠는가?"

이 순간 인조의 눈물은 진심이었던 것 같다. 두 신하에게 술을 내리고 마지막 작별의 말을 하는데 그 와중에도 나라를 위해 행동을 진중하게 하라고 말했다. 평소 하던 대로 오랑캐 어쩌고 하거나, 황제로 인정 못 한다는 고집을 부려서 저들의 분노를 촉발하지 말라는 말이었다.

"혹시 요행히 살아 돌아오면 그 기쁨이 어떻겠는가?"

요령껏 행동하면 만에 하나 살 수도 있다는 의미였다. 이건 진심이었을까? 아니면 청을 자극해서 추가적인 피해를 유발하지 않게 하려는 속셈이었을까?

1월 30일 남한산성 서문을 나선 인조는 삼전도에 도착한다. 이날 그 유명한 인조의 항복의식이 거행되었는데, 이 장면은 이미 여러 저서와 매체에서 소개되었으므로 생략한다. 그런데 항복의식이 끝나자 인조와 대신들은 산성이 아닌 한성으로 귀경했다. 홍타이지가 직접 말을 타고 지휘하여 여울로 군사들이 건너가게 하고, 용골대를 시켜 인조의 행렬을 호송하게 했다.

왕과 대신들은 그렇게 살아서 한성으로 돌아갔지만, 산성에 남은 사람들은 사냥감이 되었다. 청 군사에게 사로잡힌 주민들은 울부짖었다.

"왕이여, 우릴 버리고 가십니까!"

조선 왕이 여진족 왕 앞에서 머리를 조아렸다. 그 충격은 이해가 가지만 책임 있는 리더라면 항복 협상 중 산성에 있는 군인과 백성의 철수 문제를 논의했어야 했다. 명분 논쟁만 하다 이 문제가 쏙 빠졌다. 질서정연하게 산성으로 들어와 남문을 사수했던 수원 병사들은 성을 나서자마자 절반이 청군의 포로가 되었다.

밤 10시경 인조 일행은 몽골군의 약탈로 쑥대밭이 된 한성에 도착했다. 백성들의 아우성 속에서 인조와 관료들은 귀를 막고 걸을 수밖에 없었다.

2월 1일 용골대가 몽골병을 몰아내면서 겨우 한성 치안이 회복되었다. 그동안 왕과 관료들은 집에도 돌아가지 않고 청군이 지켜주는 창경궁 안에서 머물렀다.

다음 날인 2일 홍타이지가 귀환을 시작했다. 인조는 현재 왕십리 근처에 있는 살곳이에서 태종을 전송했다.

5일에 세자가 아버지에게 작별인사를 하러 왔다. 인조는 눈물을 흘리며 낯선 환경으로 떠나는 아들에게 당부했다.

"참고 노력해라. 지나치게 화를 내지도 말고 가볍게 보이지도 말라."

이것이 아버지와 아들의 마지막 대화였다.

소현세자와 봉림대군은 일주일을 더 머물다가 2월 8일 도르곤과 함께 청으로 출발했다. 훗날 청의 섭정이 되는 젊은 도르곤은 인조를 위로했다.

"세자는 염려하지 마십시오. 세자가 나보다 나이가 위인데, 며칠 같이 있어 보니 인품과 행동거지가 훌륭합니다."

그 한마디가 인조에겐 오히려 위협이 되었다. 정치가로 돌아온 왕은 일행 속에 세자의 동향을 보고할 스파이까지 심어놓았다. 이렇게 세자와 청의 마지막 군대가 조선을 떠났다. 병자호란이 끝난 것이다.

끝나지 않은 이야기

산성을 나온 소복은 사복시 종놈의 유혹에 넘어갔던 일을

평생 후회하며 살았다. 소복이 없는 동안 아내는 청군에게
잡혀갔다. 아내는 1년 후에 어찌어찌 돌아왔지만 고단한 생
활 중에 아기를 잃었다. 돌아오는 중에는 귀향하는 여인을
전문적으로 노리는 무뢰배에게 납치되었다가, 이 소문을 듣
고 정부에서 파견한 관원에게 간신히 구출되었다.

　소복은 아내를 따뜻하게 맞았지만, 그녀는 충격으로 평생
정상적인 생활을 하지 못했다. 소복은 궁을 떠나 벽촌에 들
어가 병간호를 하며 살았다. 나중에 이웃 사람들이 산성에
갔던 사람들은 면천도 되고 관직을 받았는데 왜 아무것도
얻지 못했느냐고 물었다. 소복은 대답했다.

　"나는 아내를 얻었지요."

　사람들이 무슨 말인지 이해할 수 없다는 표정을 지으면
소복은 그저 쓸쓸히 웃을 뿐이었다.

병자호란, 그 후

If

병자호란 때 광교산에서 가장 빛나는 전과를 올린 김준룡 부대의 승리와 해산은 우리에게 많은 물음표를 던진다. 만약 아군이 무턱대고 달려오다 야전 진지에서 대결하지 않고 광교산이나 독산성처럼 확고한 요새에서 적군과 싸웠더라면? 만약 삼남의 군대가 합동작전을 폈더라면? 만약 병사와 감사가 역할분담을 확실하게 하고 유기적인 지원체제를 갖추었더라면? 이것을 종합하면 원두표의 구상이 되고 질문은 하나로 모인다. 이 구상이 시행되었더라면?

청군 주력을 격파해 물리치거나 산성의 포위망을 깨트리고 구원부대가 성안으로 진입하는 쾌거는 이루지 못했다 하더라도 지구전을 펼쳐 청군을 당황하게 하고 더 나은 강화

조건을 마련했을지도 모른다.

병자호란의 균형을 깨트린 결정적 사건은 강화도 함락이었는데 팔도군이 독산성을 중심으로 죽주, 여주, 포천 등지로 포진했다면 청군도 압박을 받아 강화도에 공격부대를 배치할 수 없었을지도 모른다.

이런 가정을 던지는 이유는 이렇게 했더라면 병자호란의 역사가 달라졌을 것이기 때문이다. 우리가 승리할 수도 있었다고 말하려는 것이 아니다. "위험하니 무조건 산성을 향해 빨리 달려오라."라는 왕의 명령이 군사적으로 얼마나 심각한 오류였으며, 얼마나 중대한 결과를 초래했는가를 말하려는 것이다.

삼남 군대가 연합군을 형성하지 못하고 각개 약진한 이유도 지휘관들이 전술적으로 아둔해서였는지, 정치적 신호에 의한 압박 때문이었는지도 고민해 보아야 한다. 여기서 정말 이상한 것이 산성에서는 빨리 오라고만 했을 뿐 삼남 병력을 통합하는 지휘관을 추가로 임명하지 않았다. 산성 포위전이 예상치 못한 사태였으므로 어영청의 전략 구상 타이밍이 늦었을 수는 있지만, 통합지휘관은 이야기가 다르다. 임진왜란 때는 물론이고 을묘왜변 때도 조선은 일단 삼남도 통사부터 임명했다. 그래야 각 도의 병력을 조절하고 연합작전을 수행할 수 있기 때문이다. 조선의 군사제도는 계통적으로 너무나 엄격해서 통합지휘관 없이 자율적으로 연합이나 합동작전을 시행하기가 쉽지 않다.

인조는 고의로 임명을 회피했다. 이건 《승정원일기》에도 분명히 드러난다. 뒤늦게 심기원을 임명했을 때는 삼남 병력이 궤멸한 뒤였다. 남은 병력이라도 재조직했다면 모르겠으나 형식적인 임명이었고 심기원이 전군을 통제할 위치에 있지도 않았다.

현대의 우리와 달리 정치적으로 항상 극도로 조심할 수밖에 없었던 당시의 군지휘관들은 돌아가는 상황과 명령서의 내용에서 분명한 정치적 신호를 읽을 수 있었을 것이다. 그 증거가 김준룡의 신도비명에 적혀 있는 "죽산의 아군을 구하는 것보다 왕이 먼저다."라는 기록이다. 이것이 삼남 근왕군이 불나방처럼 청군이 기다리고 있는 사지로 하나씩 달려 들어가야 했던 비극적 전사戰史의 이면이다.

조선의 영원한 딜레마

척화파는 결코 자신의 오류를 인정하지 않았다. 덕분에 지금도 그들의 신념을 애국심으로 이해하는 사람이 많다. 하지만 그들이 집착하는 가치는 '명분'이다.

"인간, 자연 세계의 만물은(名), 수직·수평적 자기 위치가 있다(分)."

아름답고 깔끔하게 짠 최상급 화문석 돗자리가 있다고 치자. 한올 한올이 '명'이고 그들이 자리한 위치가 '분'이다. 한올이라도 뜯어서 다른 곳으로 옮긴다면 돗자리가 상한다. 당장은 눈에 띄지 않아도 빨리 헤지고 성능도 떨어진다. 이게 명분론의 세계관이다.

명에 대한 의리를 지켜야 한다는 대명의리론도 은혜를 잊으면 안 된다는 인간적인 의리가 아니다. 도가 부족한 사람들, 속물들을 설득하려니 속세의 용어와 비유를 사용했을 뿐이다. 속뜻은 명의 신하인 조선이 명분 질서를 깨뜨릴 수 없다는 것이다.

이들의 사고를 이해하면 행동을 이해할 수 있다. 바퀴가 망가져 정비소에 갔더니 정비사가 옆에 있는 다른 차종의 바퀴를 빼서 끼워주며 "괜찮습니다. 당분간 좀 덜컹대겠지만 참으세요. 타다 보면 타이어가 알아서 마모되고, 프레임 전체가 뒤틀리면서 다시 균형을 찾습니다."라고 하면 그 정비소를 신뢰하고 가는 사람이 있을까? 사실은 있다. 그래서 명분론자는 질색한다. "어리석은 중생이여! 이런 일이 일어나지 않도록 전문가가 나서서 규제하고 가짜를 색출해야 한다." 이것이 그들의 사명이다.

동시에 그들에게 명분은 절대 진리이다. 그들에게는 오판도, 잘못된 군사작전도 명분을 지키기 위한 행동이라면 용서된다. 명분을 지키는 사회는 하늘이 돕는다. 고로 어떤 경우에도 결과가 잘못될 수 없다. 혹 잘못됐다면 다른 이유 때문이다. 정말 편리한 사고 아닌가! 잘되면 자신이 명분을 지킨 덕이고 잘못되면 남이 명분을 파괴한 탓이다.

그렇다면 척화파는 왜 그리 주화파를 싫어했을까? 명분론이 첫 번째 이유지만 그 배경에는 정치적 이해관계가 있다. 주화와 척화의 대립 구도가 '주화파는 나이 든 고관, 척화파는 젊은 문신'처럼 단순한 상하 구도는 아니었다. 오히려 척화파는 명분을 쥐고 있고, 목소리가 크고 저돌적인 젊은 언관이나 문관들이 많았다. 낮은 관원, 무관, 보통 사람들은 요즘 말로 댓글테러가 두려워 화친이란 말을 꺼내기 힘들었다. 두려움을 이겨내고 화친이란 단어를 꺼낼 수 있는 사람은 국왕의 측근, 반정공신, 고위대신들이었다. 그러니 척화파의 입장에서 보면 주화파는 오직 개인의 권력과 부귀영화를 보존하기 위해 정의를 배신하고 원수와 타협하려는 의도로밖에 보이지 않았다.

좀 더 확장해서 말하자면 공신들이 장악한 미래에 대한 불안감과 정의감도 있었다. 반정은 어쩔 수 없이 공신 집단을 만들어 낸다. 인조반정의 주역은 서인들이었다. 특히 광해군의 북인 총애를 싫어하던 사람들도 이 사태는 좀 혼란스러웠다. 서인은 심지어 광해군이 철퇴를 내리쳤을 때도 기득권을 유지하던 정계에서 가장 강한 파벌이었다. 오죽하면 광해군이 충효의 나라 조선에서 폐모라는 자충수까지 두었겠는가. 그런 서인이 반정공신이 되었다. 지금 의정부, 비변사, 군영까지 장악하고 있는 사람들은 거의 공신들이다. 이 상태가 다음 세대로 이어지면 어찌 될까? 물론 이것이 주화, 척화를 가르는 직접적인 이유는 아니다. 척화파에는 서인도 많았다. 그러나 이런 사정이 척화파, 특히 젊은 문신들이 주화파가 자신들의 이익을 위해 뭉그적거리고 심지어는 훼방을 놓고 있다고 의심하는 근거였다.

청의 압박과 전쟁 위험이 가중될수록 주화파에 대한 음모론과 의심은 커져갔다. 국왕과 정부가 산성에 갇히는 신세가 되자 의심은 분노가 되고 분노는 확신을 낳았다. 전쟁 후에는 김류가 일부러 군비와 병력배치를 방해했다는 소문까지 나돌았다.

척화파에게 주화파는 추구하는 정책이 다른 사람들이 아

니라 양심과 정의감이 결여되고 무능력을 넘어 질서를 파괴하는 악의 축이었다. 독전어사들이 손에 손잡고 성벽에 올라 참견을 하고, 무장과 다투고, 매일같이 왕에게 달려가 제갈량 흉내를 낸 데에는 공신 그룹과 주화파에 대한 음모론적 불신이 가득했던 탓도 있었다. 그들이라도 나서서 세상을 구해야 했다.

극단으로 치달은 국수주의적 정신승리

청에 끌려간 홍익한은 심양에 도착한 3월 5일에, 윤집과 오달제는 4월 19일에 사형장으로 끌려가 처형되었다. 죽기 전에 이들은 청의 회유를 거절하고 끝까지 저항했다고 전한다. 홍익한의 처형 소식은 날짜까지 정확하게 조선 조정에 알려졌지만 다른 두 사람은 소식이 끊겼다. 함께 처형되었다, 10일에 살해되었다, 깊숙한 곳에 가두었다 등 소문만 무성해 가족들을 고통스럽게 했다. 1790년에 사신으로 간 서호수가 두 사람의 최후에 관한 정확한 기록을 발견했다. 훗날 이들은 영웅으로 추앙받아 영의정으로 추증된다. 1688년 숙종 때 남한산성에 이들을 기리는 사당 현절사를 세웠고 지금도 보존되어 있다.

척화파는 김류와 최명길을 비겁자로 몰아붙였다. 심지어

김류는 군비강화를 방해한 인물이 되었다. 이건 완전한 왜곡이다. 두 사람은 협상도 힘이 있어야 가능하다는 외교와 전장의 역학 관계를 한 번도 무시하지 않았다. 팔도 근왕군의 궤멸에 책임이 큰 사람은 오히려 인조와 척화파였다.

굴욕을 감수하고 화해를 해야 한다는 선언과 최명길이 작성한 비굴한(?) 문서를 보고 척화파가 울분을 토하며 눈물만 쏟고 있을 때 강온양면으로 군사 조치를 강행한 사람도 주화파였다. 종전 직후에 비로소 인조는 척화파를 거세게 비난했다.

"근래 사대부들이 허황된 명분만 숭상하고 실제적인 일은 힘쓰지 않기 때문에 자존심만 앞세운 나머지 생령(백성을 뜻한다)에게 해를 끼치는 결과를 초래했다. 이기심 때문에 백성을 병들게 하는 풍조를 징계하지 않을 수 없다."

그러나 이 메시지 또한 대단히 정치적인 것이다. 실제로 척화파 중 처벌을 받은 사람은 소수의 하급 관원이다. 인조 스스로 전시용 본보기였다고 암시를 던졌다. 실제로 조선은 날이 갈수록 명분론이 더 강해졌다. 공식문서에는 청의 연호를 사용했지만, 사적 문서, 묘비 등에는 명의 마지막 연호인 숭정을 계속 사용했다. 명의 연호는 1644년 숭정 17년으로 끝나는데, 조선에서는 그다음 해를 숭정 후 원년으로 삼앗다. 새로운 연호를 창조한 것이다. 이런 태도는 나중에 거의 종교적 근본주의처럼 된다. 예전에 필자는 조선 후기 사대부가 바위에 쓴 낙서를 본 적이 있는데 그 사람은 자신을 대명의 유민이라고 적어 놓았다.

주제를 전쟁에 대한 군사적 반성에 국한하면 인조의 비판에도 불구하고 척화파는 전혀 반성하지 않았다. 전쟁이 끝나자 정신승리와 마녀사냥이 휩쓸고 지나가면서 이길 수 있는 전쟁에서 졌다는 논지가 확대되었다. 물론 동의하지 않는 사람도 있었지만 점점 소수가 되었다.

병자호란의 참패는 앞 세대에 벌어졌던 임진왜란, 정묘호란의 교훈을 외면한 결과였다. 반성하고 많은 준비를 했다고 하지만 전쟁에서 명분과 국내 사정을 먼저 따지고, 적의 입장에서 분석하는 것을 비난하는 습관은 여전했다. 개혁은 형식뿐이고 전쟁을 통해 배워야 할 가장 중요한 교훈은 채워지지 않았다.

김상헌은 인조가 산성을 나서던 날 목을 매 자살을 시도했지만 구출되었다. 정온은 집에서 할복을 시도했으나 피가 조금 나는 수준에 그쳤다. 종전 후에 잠시 이들에게 책임을 추궁하는 분위기가 있었지만 이 자살소동 때문에 적당히 넘어갔다. 나중에 척화파가 영웅으로 추앙되면서 김상헌은 좌의정까지 올랐고, 효종이 즉위한 뒤에는 북벌 분위기 속에 원로로 존경받았다. 손자인 김수항, 증손 김창집은 영의정이 되었으며, 대대로 명문가가 되어 안동 김씨 세도가들이 그의 집안에서 나왔다.

정온은 김상헌과 반대로 전후에 바로 사직하고 낙향해서 초야에 묻혀 살았다. 산성에서 의외의 재능을 보였던 나만갑은 종전 후에 오히려 삶이 꼬였다. 산성의 공을 인정받지 못하고 말이 너무 거세고 분쟁을 일으킨다는 평가를 받은 채 바로 유배되었으며, 복귀하지 못했다.

무신들의 처벌과 문신들의 건재

임경업은 몇 번의 공세를 물리치며 종전까지 백마산성을 사수했지만 영웅이 될 기회를 놓쳤다. 하지만 후대에 그는 전설과 소설에서 영웅이 되었다. 청군이 남한산성에 몰린 틈을 타서 심양을 치려고 했는데, 인조가 항복하는 바람에 뜻을 이루지 못했다는 이야기까지 생겼다.

전공을 세울 기회는 놓쳤지만 그의 재능은 과장이 아니었다. 명과 청이 임경업의 재능을 알아보았다. 명은 그를 대청 전선에 투입하려고 했고, 청도 정방산성에서 능력을 보인 임경업과 이완을 영입하려 했다.

양쪽에서 제안을 받은 임경업은 명군으로 투신했다. 명과 청, 조선 3개국을 돌아다니며 파란만장한 모험을 한 임경업은 결국 김자점에 의해 처형당했다. 임경업을 골수 친명주의자로 보는 견해도 있지만 충실한 무인이자 군사적 야심가로 보는 게 옳을 듯하다. 그는 평생 주인공이 되지 못하고 재능과 가능성만 안은 채, 비운의 조연으로 역사 속에 묻혔다.

이수림과 오영발은 산성 전투에서 살아남았고 청으로 끌려가지도 않았다. 인조는 이들의 은공을 잊지 않고 군장교직, 종6품 현감, 왕실 관청의 관원 등으로 꾸준히 등용했다.

살아남은 팔도 근왕군의 지휘관들은 거의 다 패전의 책임을 지고 처벌을 받았다. 한 번씩 유배는 갔지만 다들 복귀했다. 인조는 어쩔 수 없는 일이었지 비겁해서가 아니라고 변호했다. 그러나 대부분이 평생 비난을 받았다.

두 사람은 역모로 처형되었다. 김자점은 전후에 책임을 지고 유배를 갔지만 극심한 비난에도 불구하고 복직해서 영의정까지 올랐다. 탁월한 수완가였다고 말할 수 있지만 효종 때 북벌에 반대하다가 청에 북벌 준비를 밀고했다는 죄로 처형당했다. 군지휘권을 두고 김자점과 서열 1, 2위를 다투고 연락 두절로 인조의 애간장을 타게 했던 심기원도 엄청난 비난에 시달렸지만, 중요 군사보직을 다 거치고 좌의

정까지 승진했다. 그런 심기원도 1644년 갑자기 역모에 걸려 처참한 최후를 맞았다. 김자점의 음모였다는 설도 있고 인조의 오래된 원한이 작용했다는 설도 있는데 사건의 진상은 미스터리로 남아있다.

군지휘관들은 한 번씩 형식적 처벌이라도 받고 평생 비난에 시달렸지만, 산성의 제갈량들은 승승장구했다. 임담은 감사를 거쳐 대사헌, 판서를 지냈다. 효종 3년 청국 사신을 환송하는 임무를 맡아 국경에 갔다 돌아오는 길에 평안도 가산에서 죽었다. 단짝 황일호는 소현세자를 따라 청에 갈 관원 후보로 뽑혔는데 노모가 있다는 이유로 빠져나갔다. 그 뒤 문무겸비의 인재로 인정받아 의주부윤까지 승진했다.

1641년 청 관원, 특히 청국에 부역한 조선인들과 알력이 있던 황일호는 명으로 투신한 의주 상인을 보호하고 명과 내통했다는 혐의를 받아 처형되었다. 전쟁 때 청 측 통역관으로 활약한 박씨라는 인물과 김돌쇠, 정명수가 주동했다고 한다. 정명수는 평안도 은산의 관노였는데, 정묘호란 때 포로가 되었다. 역관으로 황제의 수족으로 활약했던 그는 청 사람들보다 더 가혹하게 조선인을 괴롭혔다.

또 한 명의 독전어사 정뢰경은 소현세자를 따라 심양에 갔다. 황일호의 죽음을 목격했던 그는 다시 한번 정의로움을 발휘해 역관 정명수를 제거하려는 계략을 세웠는데, 음모가 탄로 나 살해당했다.

　김류와 최명길은 약간의 굴곡은 겪지만 죽을 때까지 정계에서 활발하게 활동했다. 하지만 비난은 극심했다. 사실상 전쟁 준비는 그들이 했고 군사 분야에서 척화파는 방해가 되면 되었지 실무적인 도움을 준 적이 없음에도, 그들 때문에 이길 수 있는 전쟁에 패했다는 비난을 받았다.

　인조는 교묘하게 이 상황을 즐겼다. 국내 여론에서 대의명분을 상실한 신하들은 왕에게 의존할 수밖에 없었다. 인조는 이들을 곤란하게 할 뿐 배척하지는 않았다.

만주에 뿌려진 조선의 씨앗

　청에 포로로 끌려간 사람들은 거의 잊혔다. 도르곤이 귀환하기 전날인 2월 7일 강화도에서 붙잡힌 포로 중 1,600명을 돌려받았지만 그들이 전부는 아니다. 종실, 명문가 사람들조차 다 석방되지 못하고 청에 끌려갔다.

　인조는 강화에 있던 왕족 회은군 이덕인을 청에 사신으로 보내 종실 포로를 찾아오게 했다. 포로를 돌려받기 위해 사적으로도 교섭이 있었다. 몸값을 지불하고 되찾아 오는 방식이다. 인조는 석방금을 지불할 수 없는 가난한 백성을 위해 국고에서 은 100냥을 내놓았다. 이건 당치않은 금액이었다. 산성에서 청과 강화 협상을 할 때 뇌물로 책정한 금액이 정명수에게 은 1천, 용골대와 마부대에게 은 3천 냥이었다.

당장 재정에 여유가 없다 하더라도 요즘 말로 펀드 조성이라도 꾸준히 해야 하는데 은 100냥마저 일회성 정책으로 끝났다. 나중에 심양에서 조선 포로들이 소현세자가 살던 저택 앞에 모여 시위하는 사태까지 벌어졌지만 조선 정부는 끝내 외면했다. 오히려 소현세자가 현지에서 기금을 마련해 농장을 조성하고 조선 포로의 정착을 돕는 사업을 벌이자 인조는 소현을 의심하게 되었다.

끝내 조선으로 돌아오지 못한 사람들은 만주에 조선인 촌락을 형성하고 살았다. 그중에는 지역 관료나 무장으로 출세한 사람도 있었다. 1720년 청에 사신으로 갔던 이의현은 요동에서 의주 사람의 후손이라는 관원을 만났다. 청에서 출세한 조선어 통역관들은 대부분 조선인의 후예들이었다. 하지만 이들의 존재도 결국 역사 속에 묻혔다.

북벌의 시작

소현세자는 청에 끌려가 사람들 앞에서 춤을 추는 등 온갖 모욕을 당했다는 소문이 돌았지만 그렇지는 않았다. 도르곤과 용골대는 정치적 의도가 우선이긴 했지만 진심으로 소현의 인격을 존중하고 좋아했던 것 같다. 소현은 북경에서 선교사 아담 샬과 교제하며 근대 과학의 힘에 눈을 떴고 귀국 후 포교 허용까지 말했다고 한다.

인조는 심어놓았던 스파이를 통해 이런 동향을 속속들이 보고받았다. 시간이 흐르면서 어느새 소현은 자랑스러운 아들에서 왕좌를 위협하는 제1의 정적이 되어 있었다. 소현은 귀국하자마자 갑자기 사망했는데 지금까지 독살설이 제기되고 있다. 소현세자의 부인 강빈은 인조를 독살하려 했다는 모함으로 사약을 받고 죽었으며 아들들은 제주로 귀양을 가야했다.

동생인 봉림대군 효종의 성격은 소현과는 정반대였다. 그는 청의 군사 분야에만 관심이 높았고, 청이 했으면 우리도 할 수 있다는 논지로 청에 대한 복수를 기획했다. 북벌을 추진하던 효종은 갑작스러운 의료사고로 사망한다. 이 역시 암살 의혹이 꾸준히 제기되고 있다.

INFOGRAPHY

병자호란 주차별 지도 | 1주차

1636년 12월 8일~1636년 12월 14일

이 인포그래픽은 '바다루' 님의 자료를 기반으로 레드리버에서 편집했습니다. 본문 내용과 차이가 있을 수 있으며 자세한 문의는 판권면에 기재된 번호로 연락해주세요. (바다루 블로그: blog.naver.com/demon_illu)

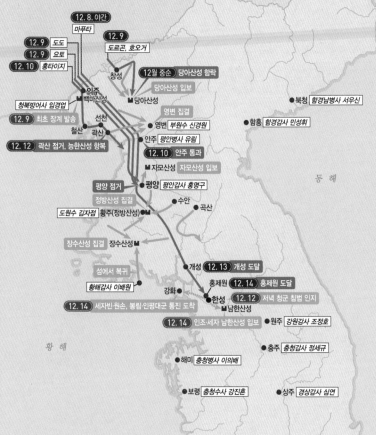

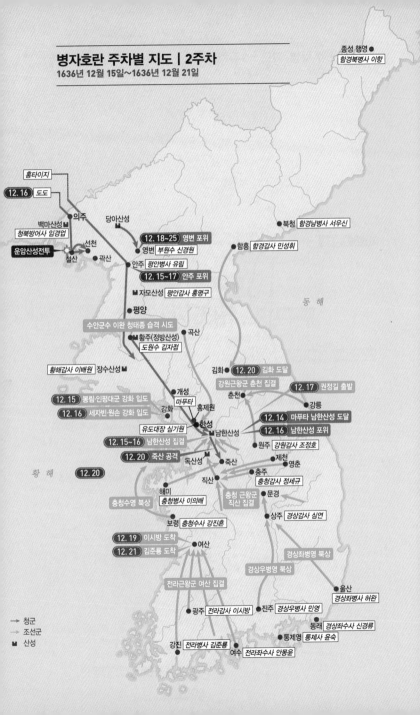

병자호란 주차별 지도 | 2주차
1636년 12월 15일~1636년 12월 21일

종성 행영 ●
함경북병사 이항

홍타이지
`12. 16` 도도

백마산성 ■
청북방어사 임경업

운암산성전투

의주
당아산성

북청 ● 함경남병사 서우신

`12. 18~25` 영변 포위

영변 부원수 신경원

함흥 ● 함경감사 민성휘

선천
철산 ● 곽산

안주 평안병사 유림

`12. 15~17` 안주 포위

■ 자모산성 평안감사 홍명구

● 평양

수안군수 이완 청태종 습격 시도

● 곽산

● 황주(정방산성)
도원수 김자점

황해감사 이배원 장수산성 ■

● 개성
마푸타
홍제원
강화

김화 ● `12. 20` 김화 도달

강원근왕군 춘천 집결

`12. 17` 권정길 출발

춘천
● 강릉

`12. 14` 마푸타 남한산성 도달

`12. 15` 봉림·인평대군 강화 입도

`12. 16` 세자빈·원손 강화 입도

유도대장 심기원

한성
남한산성

`12. 16` 남한산성 포위

`12. 15~16` 남한산성 집결

원주 강원감사 조정호

`12. 20` 죽산 공격

독산성 ■ 죽산

제천
영춘

`12. 20`

충주 충청감사 정세규

직산

충청 근왕군
직산 집결

해미
충청병사 이의배

문경

충청수영 복상

상주 경상감사 심연

보령 충청수사 강진흔

`12. 19` 이시방 도착

`12. 21` 김준룡 도착

여산

경상좌병영 북상

경상우병영 북상

전라근왕군 여산 집결

울산 경상좌병사 허완

광주 전라감사 이시방

진주 경상우병사 민영

동래 경상좌수사 신경류

강진 전라병사 김준룡

여수 전라좌수사 안몽윤

통제영 통제사 윤숙

→ 청군
→ 조선군
■ 산성

동 해

황 해

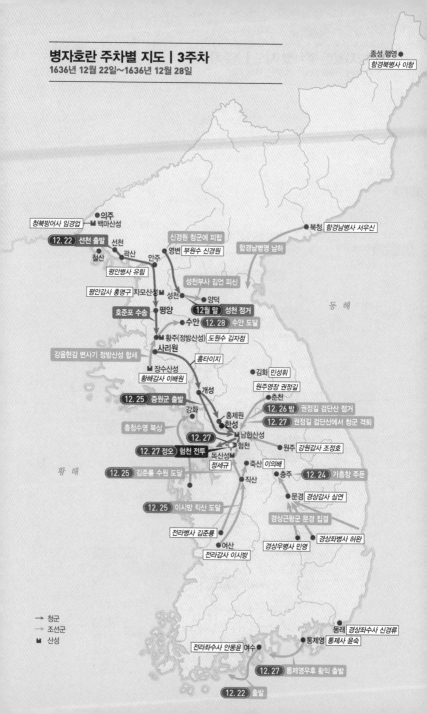

병자호란 주차별 지도 | 3주차
1636년 12월 22일~1636년 12월 28일

종성 행영 ●
함경북병사 이항

청북방어사 임경업
의주 ●
백마산성

12.22 선천 출발
선천
철산
관산
안주
평안병사 유림

북청 ● 함경남병사 서우신

신경원 청군에 피랍
영변 ● 부원수 신경원
함경남병영 남하

동해

평안감사 홍명구
자모산성
성천부사 김언 피신
성천 ● 양덕

12월 말 성천 점거
호준포 수송
평양
수안 12.28 수안 도달
황주(정방산성) 도원수 김자점

강음현감 변사기 정방산성 합세
사리원
홍타이지

장수산성
황해감사 이배원

김화 ● 민성휘
원주영장 권정길
춘천 권정길 검단산 점거
12.26 밤
홍제원 12.27 권정길 검단산에서 청군 격퇴

12.25 증원군 출발
개성

강화
충청수영 북상
한성
남한산성
12.27
원주 강원감사 조정호
12.27 정오 험천 전투
험천
12.25 김준룡 수원 도달
독산성
정세규
죽산 이의배
직산
충주 12.24 가흥창 주둔
문경 경상감사 심연

황해

12.25 이시방 직산 도달
경상근왕군 문경 집결
전라병사 김준룡
여산
경상우병사 민영 경상좌병사 하완
전라감사 이시방

청군
조선군
산성

동래 경상좌수사 신경류
통제영 통제사 윤숙
전라좌수사 안몽윤
여수
12.27 통제영우후 황익 출발

12.22 출발

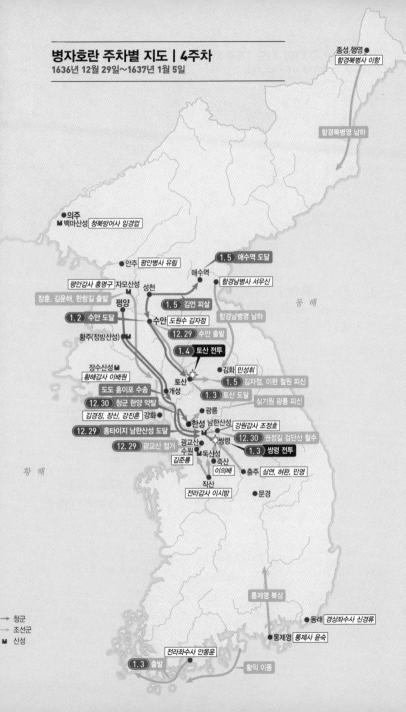

병자호란 주차별 지도 | 4주차
1636년 12월 29일~1637년 1월 5일

종성 행영 ●
함경북병사 이항

함경북병영 남하

의주 ●
⛰ 백마산성 *청북방어사 임경업*

안주 ●
평안병사 유림

평안감사 홍명구 자모산성 성천

1.5 애수역 도달

애수역

함경남병사 서우신

장훈, 김운해, 한항길 출발

1.5 김언 피살

1.2 수안 도달

평양

동 해

수안 *도원수 김자점*

함경남병영 남하

황주(정방산성) ⛰

12.29 수안 출발

1.4 토산 전투

장수산성 ⛰
황해감사 이배원

김화 *민성휘*

도도 홍이포 수송

토산

1.5 김자점, 이완 철원 피신

12.30 청군 한양 약탈

개성

1.3 토산 도달

심기원 광릉 피신

김경징, 장신, 강진흔 강화

광릉

12.29 홍타이지 남한산성 도달

한성 남한산성

강원감사 조정호

12.29 광교산 점거 광교산

12.30 권정길 검단산 철수

쌍령

1.3 쌍령 전투

수원 *김준룡* 독산성

주산 *이의배*

직산 *전라감사 이시방*

충주 *심연, 허완, 민영*

황 해

문경 ●

통제영 북상

동래 ●
경상좌수사 신경류

통제영 ● *통제사 윤숙*

전라좌수사 안몽윤

1.3 출발

황익 이동

→ 청군
→ 조선군
⛰ 산성

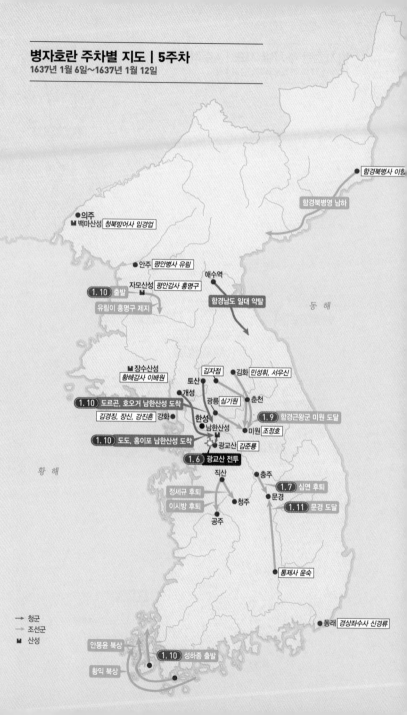

병자호란 주차별 지도 | 5주차
1637년 1월 6일~1637년 1월 12일

함경북병사 이흥

함경북병영 남하

의주
백마산성 청북방어사 임경업

안주 평안병사 유림

자모산성 평안감사 홍명구
1.10 출발
유림이 홍명구 제지

애수역

함경남도 일대 약탈

동 해

장수산성
황해감사 이배원

김자점
토산
개성
광릉 심기원
한성
남한산성

김화 민성휘, 서우신

춘천

1.9 함경근왕군 미원 도달

1.10 도르곤, 호오거 남한산성 도착
김경징, 장신, 강진흔 강화

미원 조정호

1.10 도도, 홍이포 남한산성 도착

광교산 김준룡
1.6 광교산 전투

직산

충주
1.7 심연 후퇴

정세규 후퇴
이시방 후퇴
청주

문경
1.11 문경 도달

공주

통제사 윤숙

황 해

→ 청군
→ 조선군
▲ 산성

동래 경상좌수사 신경류

안몽윤 북상

1.10 성하종 출발

황익 북상

병자호란 주차별 지도 | 6주차
1637년 1월 13일~1637년 1월 19일

●의주
■ 백마산성 청북방어사 임경업

●안주 평안병사 유림

유림, 홍명구 합세

1.10 출발

●평안감사 홍명구

●함경북병사 이항

함경북병영 남하

동 해

●황주(정방산성)

장수산성 ■
황해감사 이배원

1.16 철원부사 유질 피살

●철원

●개성

1.16 로오사 귀국 출발

김경징, 장신, 강진흔 강화 ●

1.19 강화도 공락군 출발

홍타이지

●미원 김자점, 심기원, 민성휘, 조정호

■
남한산성

용문산 일대 약탈

음성 약탈

가흥창 약탈

천안 약탈

●충주

1.14 윤숙 조령 통과

온양, 신창 약탈

광덕산 일대 약탈

●천안

●문경 통제사 윤숙

공주

●회덕

이시방 회덕 도달

1.18 경상근왕군 2차 집결

황 해

안몽윤 북상

성하종 북상

황익 북상

●동래 경상좌수사 신경류

→ 청군
→ 조선군
■ 산성

임경업 로오사 습격

의주

백마산성

청북방어사 임경업

선천

청성첨사 김여기 로오사 습격

곽산

안주

유림, 홍명구

동해

곽산

청군 격퇴

함경북병사 이항

평강

이항 합세

장수산성 황해감사 이배원

김화

1. 26 청군 격퇴

1. 23 와르카 출발

김경징, 이직, 장신, 강진흔

춘천

강화

홍타이지

춘천 도달

강화함락 인지 후 용매도 입도

미원 김자점, 심기원, 민성휘, 조정호

원손, 김경징, 장신 피신

남한산성

1. 22 강화 함락

황해

연풍 점거

조령 일대 약탈

통제영, 전라수군 안흥진에 집결, 강화함락 인지

안흥진

1. 25

통제사 윤숙

청주

문경 경상감사 심연

공주

속리산 일대 약탈

회덕

1. 23 이시방 청주 입성

1. 23 공주 약탈

전주

동래 경상좌수사 신경류

→ 청군
→ 조선군
⚑ 산성

동해

●의주
■백마산성 | 청북방어사 임경업

유림, 홍명구 | 2.1 와르카 재출발
1.28 김화 전투 → 김화 | 1.29 유림 낭천으로 탈출

성하종 강화 정박
황해감사 이배원 ●
2.2 홍타이지 귀국 출발
강화 | 1.30 항복의식 거행, 인조 창경궁 환궁
안몽윤 교동 정박 | 한성●
황익 교동 정박 | ●미원
남한산성 | 2.2 김자점, 심기원 등 종전 인지
2.3 도르곤 망원정 주둔

황해

안흥진 ●
2.2 2차 경상근왕군 출발
●통제사 윤숙
청주 ● | ●문경 경상감사 심연
2.1 이시방 휘하 장군 청군 습격

→ 청군
→ 조선군
■ 산성

참고문헌

사료

《조선왕조실록》 　　　《연려실기술》
《명사》 　　　《산성일기》
《청태조실록》 　　　《연행록선집》
《청태종실록》 　　　《남한일기》
《명신종실록》 　　　《대동야승》
《승정원일기》 　　　《패림》
《비변사등록》

문집

김상헌, 《청음집》 　　　이건창, 《당의통》
나만갑, 《병자록》 　　　이덕무, 《청장관전서》
남구만, 《약천집》 　　　이식, 《택당집》
박세당, 《서계집》 　　　이익, 《성호사설》
박제가, 《정유각집》 　　　이정구, 《월사집》
박지원, 《열하일기》 　　　이항복, 《백사집》
선약해, 《심양일기》 　　　장유, 《계곡집》
송시열, 《송자대전》 　　　정충신, 《만운집》
신충일, 《건주기정도기》 　　　조익, 《포저집》
신흠, 《상촌고》 　　　최명길, 《지천집》
원두표, 《탄수실기》 　　　허균, 《성소부부고》
유몽인, 《어우야담》 　　　허적, 《수색집》

단행본

구범진, 《병자호란 홍타이지의 전쟁》, 까치, 2019
김재근, 《한국의 배》, 서울대학교 출판부, 1994
류재성, 《병자호란사》, 국방부 전사편찬위원회, 1986
마크 C 엘리엇, 양휘웅 옮김, 《건륭제》, 천지인, 2011
마크 C 엘리엇, 이훈·김선민 옮김, 《만주족의 청제국》, 푸른역사, 2009

육군군사연구소, 《한국군사사》, 경인문화사, 2012

육군본부, 《한국군제사: 근세조선전기편》, 1968

육군본부, 《한국군제사: 근세조선후기편》, 1977

임계순, 《청사, 만주족이 통치한 중국》, 신서원, 2000

차문섭, 《조선시대 군제연구》, 단국대학교 출판부, 1973

천제셴, 홍순도 옮김, 《누르하치》, 돌베개, 2015

한명기, 《광해군》, 역사비평사, 2000

한명기, 《병자호란》, 푸른역사, 2013

도판 및 사진 출처

표지 - 〈호렵도 팔폭병풍〉, 국립고궁박물관

10쪽 - 대청황제공덕비(삼전도비), 윤정하

168쪽 - 남한산성 북문, 경기도남한산성세계유산센터

임용한 시간순삭 전쟁사

1

병자호란
그냥 지는 전쟁은 없다

1판 1쇄 발행 2022년 2월 23일
1판 7쇄 발행 2024년 9월 27일

지은이 임용한 조현영
펴낸이 김영곤
펴낸곳 ㈜북이십일 레드리버

인생명강팀장 윤서진
인생명강팀 박강민 유현기 심세미 황보주향 이수진
외주편집 김의경
디자인 02정보디자인연구소
인포그래픽스 02정보디자인연구소
출판마케팅팀 한충희 남정한 나은경 최명열 정유진 한경화 백다희
영업팀 변유경 김영남 강경남 황성진 김도연 권채영 전연우 최유성
제작팀 이영민 권경민

출판등록 2000년 5월 6일 제406-2003-061호
주소 (10881) 경기도 파주시 회동길 201(문발동)
대표전화 031-955-2100 팩스 031-955-2151 이메일 book21@book21.co.kr
내용문의 031-955-2403

ISBN 978-89-509-9893-6